님께

시간과 돈의 자유를 함께 누리고 싶은

드림

월 2,000만원
네트워커를 위한
웰씽킹

월 2,000만원 네트워커를 위한 웰씽킹

1판 1쇄 발행 2022년 5월 9일
1판 2쇄 발행 2023년 6월 9일

지은이 이수련
펴낸이 이기준
펴낸곳 리더북스
출판등록 2004년 10월 15일(제2004-000132호)
주소 경기도 고양시 덕양구 무원로6번길 12 대흥프라자빌딩 815호
전화 031)971-2691
팩스 031)971-2692
이메일 leaderbooks@hanmail.net

ISBN 979-11-90616-61-4 03320

리더북스는 독자 여러분의 책에 관한 아이디어와 원고 투고를 설레는 마음으로 기다리고 있습니다. 책으로 엮기를 원하는 아이디어가 있으신 분은 이메일 leaderbooks@hanmail.net로 간단한 개요와 취지, 연락처 등을 보내주세요.

W E A L T H I N K I N G

네트워크 마케팅으로 시스템 소득을 만드는 비법

월 2,000만원 네트워커를 위한 웰씽킹

ISU코치(이수련) 지음

리더북스

전국을 누비는 1인 기업가 네트워커들에게

"파랑새는 있다!"

11년 전 외국에서 유학을 마치고 사회에 첫발을 내디뎠다. 나는 파랑새를 찾으러 바쁘게 돌아다녔다. 내 인생의 행복은 무엇인가? 나에게 행복이란 인생의 주도권을 가지고 온전히 내가 책임지고 스스로 선택하는 삶을 살아가는 것이었다. 그 당시 병이 들어 자유롭게 거동을 못하시는 엄마에게 당신의 딸이 얼마나 훌륭하고 힘이 강한지를 보여드리는 게 내 삶의 동력이었다.

나는 제대로 된 사업설명회를 한 번도 경험하지 못한 채 테이블 미팅에 한 번 참여하고는 곧바로 네트워크 마케팅 사업에 발을 들였다. 지금 생각해보면 뭔가에 홀린 듯 사업에 빠져들었던 것 같다. 오래전, 계층 상승을 기대하고 유학을 떠났지만 공부는 내 인생의 아무것도 해결해 주지 않았다. 나는 또 한 번의 인생 역전을 꿈꾸며 미지의 분야에서 무모한 도전을 시작했다.

11년간 조직에서 멈추지 않고 끊임없이 도전했다. 누구보다 크고 작은 실패를 많이 경험했다. 그때 겁을 상실하고 수많은 도전을 했기에 지금의 내가 있는 것 같다. 이 사업을 하면서 건강관리에 소홀하여 1년간 입원했던 적이 있다. 퇴원하고 얼마 안 되어 엄마를 하늘나라로 보냈다. 내 인생에서 가장 가슴 아픈 날이었다. 엄마에게 멋진 삶을 보여주기 위해 이 사업을 시작했는데 나의 모든 노력이 수포로 돌아간 것 같았다.

삶은 한 치 앞을 내다볼 수 없다. 1년 동안 투병 생활을 하면서 '시련을 통해 인내를 배운다.'는 위대한 진리를 깨달았다. 시련을 겪기 전까지는 자신이 누구인지 온전히 알 수 없다. 고통스러운 시련을 통해 이런 지혜를 깨달았기에 지금 이 시간을 선물처럼 여기고 있다. 우리의 처지가 어떠하든지 꿈을 잃지만 않는다면 더 나은 내일을 기대하면서 살아갈 수 있다.

나는 국내 네트워크 마케팅 매출 1위 회사에서 11년 동안 총 20억을 벌었다. 로얄 리더스(연봉 2억 클럽)에 소속되어 월 2,000만 원 이상의 인세 수입을 받고 있다. 물론 이렇게 되기까지 수많은 대가를 지불했다. 네트워크 사업을 하면서 겪었던 수많은 시행착오들을 네트워커들에게 알려주고자 이 책을 집필했다.

스폰서의 안내를 받는 경험 사업임에도 불구하고 조언을 구할 곳 없이 홀로 사업을 하는 네트워커들이 많았다. 공식 강의를 통해 해소되지 않는 현실적인 문제에 대한 명쾌한 해답을 제시해 네트워커들을 속 시원하게 해주고 싶었다.

2년 전 코로나19가 시작되면서 전국 센터가 일시 폐업을 했을 때 발빠르게 유튜브 라이브로 실시간 조회를 진행했었다. 그때 매주 토요일 밤마다 한 주도 쉬지 않고 네트워크 사업자들과 실시간으로 질의응답을 하는 시간을 가졌다. 이 책에는 2년 가까이 사업자들과 주고받은 실질적인 고민들이 담겨있다. 어떤 사연은 읽으면서 많은 공감을 했지만, 어떤 고민은 이런 것이 문제가 된다는 말인가 하며 냉소적으로 받아들인 것도 솔직히 있었다. 그러나 어느 것 하나 쉽지 않고 저절로 이루어지는 것은 없다. 사업자들의 다양한 고민을 들으면서 나름의 철학에 의거해서 답변을 제시했지만, 네트워크 마케팅 사업에는 수학처럼 정해진 공식은 없다. 모든 사업자가 다양한 목적을 가지고 서로 다른 경험을 토대로 이 사업을 하다 보니 똑같은 문제에서도 여러 가지 해답이 나올 수 있다.

네트워크 마케팅 사업은 직급과 소득에 따라 사업자들의 고민과 문제가 달라지는 사업이다. 초보 네트워커부터 조직을 이끄는 리더들 모두 고민을 안고 사업을 하고 있다. 그 고민을 4가지 챕터로 나누고 수많은 고민 중 120문항을 뽑아 이 책에 실었다.

기존에 출간된 네트워커를 위한 Q&A집을 살펴보았으나 대부분 내용이 수박 겉핥기식인데다 구체적인 해결책을 제시하지 못했다. 그래서 공식 교과서에는 찾아볼 수 없는 네트워크 메신저로서의 솔직하고 현실적인 조언을 담았다.

이 책을 읽는 네트워커들이 자신들의 고민과 비슷한 것을 발견하고 위로를 받길 바란다. 뜨끔한 충고에 큰 깨달음을 얻고 자신을 되돌아보는 시간이 되었으면 한다. 필력이 부족하지만 나만의 철학과 생각에 공감하는 분들도 계시리라 기대한다.

이 글을 쓰는 동안 격려해주신 리더북스 이기준 대표님께 감사의 말씀을 전한다. 내 유튜브 채널 〈ISU코치의 네고해〉(구, 수련TV) 구독자 분들께도 감사의 말씀을 올린다. 끝으로 부족한 나 한 사람을 위해 늘 헌신하는 남편 박기태 군에게도 진실한 사랑을 표하고 싶다.

네트워크 메신저 ISU코치

contents

1장

네트워크 사업 입문자를 위한 웰씽킹

2장

현장에서 활동하는 중급 사업자를 위한 웰씽킹

3장

조직을 구축하는 리더를 위한 웰씽킹

4장

행운의 기회를 만드는 네트워커를 위한 웰씽킹

1장

네트워크 사업 입문자를 위한 웰씽킹

01

다단계와 네트워크 마케팅의 차이

Q. '다단계'와 '네트워크 마케팅'의 차이를 알고 싶습니다.

'네트워크 마케팅'을 영어 사전에서 검색해 보면 '다단계 판매'라고 직역되어 있다. 종종 사람들이 내 직업을 물어볼 때 나도 모르게 말문이 막힐 때가 있다. '네트워크 마케팅'이라고 하면 그나마 괜찮은데 '다단계 사업자'라고는 나조차도 소개를 안 하게 된다. 다단계 사업을 하면서도 자꾸만 스스로는 다단계를 하는 게 아니라고 말하고 싶어질 때가 있지 않았나? 심지어 어떤 사람은 "우리는 착한 다단계 회사예요."라고 말하기도 한다. '착하다, 나쁘다.'라는 수식어를 붙인다는 자체가 이미 스스로 이 산업에 대해 가치평가를 낮게 하는 것이다. 사람들의 선입견을 의식하고 있다는 얘기다.

사실 1990년도 초만 하더라도 다단계 하면 주수도 회장이나 조희팔 사건 같은 수많은 피해사례를 떠올렸다. 과거 30년 동안 이 업계는 많이 정화되었다. 그런데도 아직까지 다단계라고 하면 색안경을 끼고 보는 사람이 있는 건 사실이다. 업계 스스로 다단계라는 용어 자체가 주는 부정적인 느낌을 좀 자정해보려는 움직임도 있었다. 그러나 이 용어 자체는 어떠한 불순한 의도 없이 이 산업의 특성을 잘 설명해주고 있다. 네트워크 마케팅이란 말 그대로 '소비자들을 유통 그물망으로 짜는 일'이라는 뜻이다. 다단계라는 용어는 수익 정산의 구조가 단단계가 아닌 다단계 방식으로 지급해준다는 보상 시스템의 특징을 설명한다.

용어 자체를 정화하려는 노력보다 이 사업을 대하는 일반인과 사업자들의 기본자세와 태도가 중요하다. 정보가 다 오픈된 요즘 같은 때에도 불법 다단계 회사와 합법적인 네트워크 마케팅 사업을 구분하지 못하는 사람들이 있다. 불법 다단계 회사에 빠지는 것은 사이비교회에 빠지는 것과는 사람들의 접근 의도가 조금 다르다. 그들은 몰랐다기보다는 마음 깊숙이 있는 사행성에 대한 욕망이 꿈틀거린 것이다. 불확실한 시대를 살아가지만 쉽고 빠르게 돈이 되는 일은 이 세상에 없다는 것을 끊임없이 자각해야 한다.

네트워크 사업을 성공적으로 해 나가려면 네트워크 산업 자체가 유통의 혁명이며 소비자에게 이득을 준다고 확신해야 한다. 용어 자체가 주는 거부감을 없애는 근본적인 방법은 회사와 사업자들의 성숙함뿐이다. 피해 사례가 차츰 사라지고 평범한 성공자가 더 많이 탄생하면 다단계라는 용어도 역주행하는 날이 올 것이다. 다단계 사업은 평범한 서민이 거대한 부를 거머쥘 수 있는 사업이다. 스스로 내가 하는 일에 프라이드를 가지고 열심히 전진해보자. "나는 멋진 다단계 사업자입니다." 라고 자신 있게 말할 수 있는 날이 올 것이다.

네트워크 메신저의 촌철살인
한글과 영문의 차이겠지?

02

네트워크 사업으로 정말 돈 버는 사람들이 있나요?

Q. 얼마 전 참석한 사업설명회에서 강사님의 지난달 수입금액을 듣고 깜짝 놀랐습니다. 늘 부자가 되고 싶었던 저는 가슴이 콩닥콩닥 뛰면서 '나도 한번 도전해볼까?' 하는 생각이 들었습니다. 그런데 여태껏 제 주변에는 네트워크 사업으로 돈 벌었다는 사람들이 없어서 결정하는 데 확신이 안 서네요. 정말 돈 버는 사람들이 많이 있나요?

내 주위에는 네트워크 사업으로 소위 월 1,000만 원 이상 번다는 사람들이 하나둘이 아니다. 어디선가 내 주변 5명의 평균이 나의 수준이라는 글귀를 본 적이 있다. 내가 어떤 위치의 사람이 되고 싶거든 그런 사람들과 어울려야 한다. 나는 무언가를 시작하려고 할 때 그 분야에서 잘나가는 사람들을 먼저 만나서 물어보고 결정하는 편이다. 이왕이면 잘하는 사람을 만나 '나도 저렇게 되어야지.' 하면서 그를 따라 해야 승률이 높을 것이다. 정보를 준 스폰서에게 돈을 많이 버는 스폰서들을 좀 만나게 해달라고 부탁해보자. 그들과 차도 마시고 얘기를 나눠보면 큰 인사이트를 얻을 수 있다.

주위에 네트워크 사업으로 돈 버는 사람을 못 봤다는 것은 적극적으로 찾아보지 않았기 때문이다. 매출금액의 35%까지는 무조건 사업자에게 풀리는 네트워크 회사에서는 누군가는 반드시 수당을 받게 되어 있다. 즉, 연간 1조 원의 매출이 발생하는 회사라면 총 3,500억 원이 사업자들 사이에서 풀렸다는 얘기다. 결국 다단계 사업에서 돈 벌었다는 사람을 못 봤다는 말은 장님이 코끼리를 만지고 얘기하는 것과 똑같다. 내 주변에 없다면 더 넓은 부자들의 세상으로 나가야 한다.

어느 분야이든 마찬가지로 네트워크 사업에서도 성공하는 사람들은 20% 안팎으로 존재한다. 35% 안에서 수당이 풀리니까 열심히 하면 더 많이 받고 게으름을 피운 사업자들은 적게 받는다. 미국의 경우 백만장자 중 20%가 네트워크 사업자들인 만큼 많은 부자들이 쏟아지는 산업이다. 그런데도 여태까지 그 사실을 잘 몰랐던 이유는 사람들이 긍정적인 이야기보다 부정적인 이야기를 잘 기억하기 때문이다. 아마도 주위에 네트워크 사업으로 이미 돈을 버는 사람이 있을 것이다. 대체로 그런 얘기는 사람들의 시기 때문에 나한테까지 도달하기 전에 묻혔을 가능성이 크다.

정보를 준 스폰서에게 고소득자를 만나게 해달라고 부탁을 해보자. 30분 정도 커피 타임을 가지고 싶다고 하고 평소에 궁금했던 질문 세 가지 정도를 준비해서 만나보자. '나를 만나줄까?' 따위의 걱정은 할 필요가 없다. 대부분의 고직급자들은 늘 신규 사업자들을 눈여겨보고 사람을 찾기 때문에 흔쾌히 허락할 것이다. 그들을 만나면 남다른 긍정 에너지를 느낄 수 있다. 아마 그들을 만나고 난 후 행사장에 가면 성공한 사람들이 한눈에 들어올 것이다. 그리고 마음속으로 이렇게 외쳐보자.

"He can do, She can do! Why not me?"

이 바닥에선 평범한 사람들이 죄다 신화를 쓴 사람들이니 이제 안심하고 전진해보자.

네트워크 메신저의 촌철살인

이상하네? 내 주위에는 많은데…….

03

부업으로 하고 싶은데,
회사를 선정할 때의 기준은?

Q. 네트워크 마케팅을 부업으로 하나쯤 해야겠다고 생각하고 있습니다. 회사를 선정하는 기준이 있을까요?

요즘엔 다니는 회사의 월급 이외에 추가적인 수입을 얻기 위해 N잡러로 사는 분들이 많다. 네트워크 사업을 부업으로 하려는 사람들도 늘어나는 추세다. 어떤 네트워크 회사를 선정할지가 이들의 최대 관심사다.

부수입을 목적으로 네트워크 사업을 시작하려는 사람들은 공격적인 마케팅을 내세우는 회사는 피하는 게 좋다. 이런 회사는 돈을 빨리 벌어야 하는 전업자들에게 유리하기 때문이다. 퇴근 후에 적은 시간을 들여 소비자를 구축하기 쉽고 제품력이 뛰어나 재구매율이 높은 회사를 추천한다. 그중에 경영자의 철학에 공감하고 회사의 주력 아이템이 맞는 회사를 선택하는 게 무난하다.

대한민국에는 130여 개의 네트워크 회사가 있다. 반드시 알아둘 것이 있다. 어느 회사든 성공자와 실패자는 똑같이 존재한다는 사실이다. 어떤 회사를 선택하든 본인이 어떻게 하느냐에 달려 있는 것이다.

신규 사업자들이 나에게 "어떤 네트워크 마케팅 회사를 선택해야 하나요?"라고 물으면 나는 몇 가지 기준을 제시해준다.

❶ 검증된 회사를 선택한다

사람들은 선점이 중요하다고 말하지만, 줄만 섰는데 자동으로 돈을 주는 회사는 없다. 신생 회사보다는 최소 3년은 검증된 회사를 선택하는 게 안전하다.

❷ 사업자가 너무 많은 회사는 피한다

사업자가 너무 많은 회사는 경쟁이 치열하므로 피하는 게 좋다.

❸ 꾸준히 성장하는 회사가 안전하다

네트워크 사업을 하는 궁극적인 목적은 평생 나와 자녀에게 지급될 인세 소득 때문이다. 이를 위해서 회사가 꾸준히 성장하고 있는지, 앞으로도 생존할 수 있을지 가능성을 따져봐야 한다.

❹ 경영자의 도덕성

회사의 성장률, 재무구조도 중요하지만, 무엇보다 경영자의 도덕성을 검증해야 한다. 검색해서 나오는 자료보다는 경영자의 직강을 들어 보면 더 확실히 알고 느낄 수 있다.

❺ 보상 플랜을 알아본다

대부분의 회사는 사업자에게 후한 마케팅을 펼친다고 선전한다. 심지어 '우리는 돈을 더 준다.'라는 식으로 무리수를 두며 얘기하는 사업자도 있다. 네트워크 회사는 매출액의 35% 안에서만 풀어주게끔 제한되어 있다. 다른 회사보다 지급률이 더 높은 회사는 없다. 분배의 방식이 다른 것이니 선호하는 마케팅을 선택하면 된다.

돈을 빨리 버는 마케팅보다는 지속적으로 오랫동안 인세 수입이 나오는지를 따져봐야 한다. 지인들이 많고 영업력이 뒷받침된다면 추천인 수당이나 매칭 보너스가 있는 마케팅이 유리하다. 한편, 회사의 전체 매출이 너무 적은 회사는 사업자에게 돌아가는 몫 35%도 적으니까 불리하다.

❻ 제품이 자발적으로 재구매가 되는가?

내가 가장 중요하게 생각하는 포인트는 '제품이 자발적으로 재구매되는가'의 여부다. 재구매가 되어야 최종 목적인 인세 소득을 만들기가 쉽다. 영업하지 않는데 어떻게 사람들이 스스로 재구매하느냐고 반문하는 사람들이 많은데, 직접 제품을 써보고 좋아서 지인들에게 추천했더니 별다른 영업을 안 했는데도 인세 수입으로 이어지는 사람들이 꽤 있다. 내 파트너 중에는 수당에는 일절 관심이 없고 제품이 필요해서 몇 년씩 자가 구매하는 소비자들도 있다. 이를 위해 타 회사가 따라 하기 힘든 특화된 제품 개발에 힘쓰는 것이다. 저절로 팔려나가는 아이템만 있으면 인맥이 없고 영업력이 떨어져도 누구나 좋은 성과를 낼 수 있다.

네트워크 마케팅 회사를 선택할 때는 전업으로 매달리든 부업으로 하든 이 사업을 하려는 목적, 할애할 수 있는 시간을 따져서 적합한 회사를 선택하면 된다. 그 회사에서 돈을 못 번 사람의 후기는 읽을 필요가 없다. 실패한 사람은 어디에나 있으니까. 그보다는 성공한 사업자들이 어떻게 그 자리까지 올라갔는지를 들어보는 것이 좋다.

가장 마음에 드는 3~4개 회사의 사업설명회에 참석해보자. 그 회사의 주력 제품을 써보고 이 정도 제품이라면 자신 있게 권할 수 있겠다 싶으면 도전해보자. 3개월은 배운다는 생각으로 회사와 제품에 관해 공부하고, 세미나에 참석하다 보면 스스로 할 수 있겠다는 자신감이 생길 것이다.

네트워크 메신저의 촌철살인

부업으로 하는 거라면 소비자를 구축하는데 너무 어렵지 않은 제품력이 뛰어난 회사가 좋아.

04

네트워크 사업은 전도유망한 사업인가요?

Q. 네트워크 마케팅은 앞으로도 계속 성장 가능한 전도유망한 사업이 맞나요?

10년 전, 나는 스마트폰 하나로 글로벌 사업이 가능하다는 얘기를 듣고 이 사업에 뛰어들었다. 해외 유학을 다녀와서 네트워크 사업을 하겠다고 나서자 주변 사람들은 이해할 수 없다는 반응을 보였다. 나는 시대를 앞서가는 미래지향적인 사업을 한다는 자부심이 있었다. 10년이 지난 지금, 코로나 팬데믹으로 4차 산업혁명이 가속화되는 것을 지켜보면서 내 선택이 옳았다는 것을 실감했다.

얼마 전 벼랑 끝에 내몰린 자영업자들이 삭발식을 하는 것을 뉴스로 보았다. 안타까웠고 마음이 무거웠다. 한편으로는 소비생활을 하는 사람들이라면 누구나 네트워크 사업을 하면서 새로운 소비문화를 만들어야 한다는 것을 새삼 일깨워주기도 했다.

코로나19가 전염되기 오래전부터 학자들은 계속해서 직업의 종말 시대가 올 거라고 예고했다. 지난 100년간의 사회적, 기술적 발전이 '직업의 종말'을 앞당겼다. 지식인은 넘쳐나고 더는 대학 졸업 후에 평생직장에서 일하는 시대가 아니다. 전문직도 경쟁이 치열해서 상위 그룹에게만 일감이 몰린다. 이제는 새로운 레버리지 포인트를 설정하는 사람만이 살아남는 시대가 되었다. 인터넷의 발달로 시공간을 초월해 과거보다 더 안전하고 쉽게 수익성을 창출하게 되었다. 이것들을 적극적으로 실현해서 수익을 창출하는 대표적인 산업이 바로 네트워크 비즈니스다.

오래전 출간된 테일러 피어슨의 《직업의 종말》에서는 마치 네트워크 사업의 미래를 본 듯이 직업에 대해 이렇게 기술해놓았다.

'직업이란 자유와 의미를 가져다줄 뿐만 아니라 수익성까지 창출해서 사람의 근본적인 욕구를 충족시켜 준다.'

'인간의 핵심 동기는 돈, 자유 그리고 일을 하는 의미의 발견에 있다.'

네트워크 사업은 조직이 커지면 커질수록 가족과 더 많은 시간을 보낼 수 있다. 무엇보다 보람이 있는 것은 이 사업이 다른 사람들을 도우면서 많은 부를 창출하는 일이라는 것이다. 남이 주는 기회가 아닌 온전히 자기만의 삶을 살아가게 되는 것이 이 사업의 장점이다.

게다가 네트워크 사업은 사람과 사람이 직접 대면하여 구전 마케팅을 펼치므로 절대로 기계가 대신 할 수 없는 산업이다. 포스트 코로나 시대에는 건강과 아름다움에 대한 관심이 더욱 높아지고 있다. 이런 흐름에 발맞춰 네트워크 회사의 주력 상품인 뷰티와 헬스 제품의 수요는 급증하고 있다. 사람이 필요한 마케팅, 사람의 존엄성 유지를 위해 꼭 필요한 제품은 앞으로도 소비자에게 사랑받을 것이다. 정보기술은 갈수록 발달하겠지만 그럴수록 사람들은 서로를 더욱 그리워할 것이다.

안정적인 직업이란 더는 존재하지 않는다. 직업을 딱 하나만 갖기에는 위험한 시대를 살고 있다. 바이러스가 인류를 계속 위협하더라도 내 사업의 팬층이 있으면 생존에는 문제가 없다. 뉴노멀 시대에 네트워크 사업만큼 완벽한 맞춤형 사업도 드물다.

네트워크 메신저의 촌철살인

예스! 현 시대가 겪는 어려움이 오히려 특권으로 작용하는 산업이야.

05

시간적 자유가 부러운데, 직장인도 도전할 수 있을까요?

Q. 최근 전쟁터 같은 직장생활에 회의가 느껴지면서 자유롭게 사업하는 3년 차 네트워커 친구가 부럽습니다. 얼핏 보니 여행도 많이 다니는 것 같더라고요. 일반 직장생활만 하던 저도 도전할 수 있을까요?

물론 당연히 일반 직장인들도 도전할 수 있다. 처음부터 이 산업에 최적화된 사람이 특별히 정해져 있는 건 아니다. 네트워크 사업이야말로 대부분 평범한 사람들이 도전해서 성공을 일구는 산업 분야다.

직장생활에 회의감을 느끼는 직장인이 네트워크 사업을 시작한 지 3년 된 친구가 부럽다고 했다. 시간을 자유롭게 쓰고, 돈을 잘 버는지 여유가 느껴지고, 여행도 많이 다닌다고 했다. 그러면서 자신도 네트워크 사업을 하고 싶다고 했다.

나는 그분에게 이렇게 말해주었다.

"친구분이 네트워크 사업 3년 차라고 하셨는데, 부러워할 만큼 돈을 잘 벌고 여유 있는 정도는 아닐 거예요. 여행도 회사에서 보내주는 승급 여행이거나 비즈니스 트립 중 하나일 겁니다. 친구의 겉모습에만 매료되어 이 사업을 선택하면 후회할 수도 있어요. 네트워크 사업을 통해 얻는 소득의 성질, 특성 그리고 소득을 만드는 방법 등을 정확히 알고 사업을 시작해야 합니다."

네트워크 사업을 하면 비교적 시간을 자유롭게 쓸 수 있기는 하다. 그런데 이 사업은 직장인이 일하고 받는 월급과 다른 보상 시스템을 적용하고 있다. 처음엔 할애한 시간만큼 비례해서 돈으로 정산되어 나오지 않는다.

네트워크 사업을 흔히 '파이프라인 사업'이라고 표현한다. 식수를 얻기 위해 공사를 하는데, 처음엔 긴 수도관을 설치하는 작업에 대부분 시간을 쓴다. 수로를 연결하는 동안엔 물을 마실 수 없다. 그동안 어떻게 견딜지를 따져봐야 한다.

물론 물을 구할 때마다 노동하는 게 싫었던 사람은 끝까지 인내해서 그 시간을 버텨낼 수도 있다. 탄탄한 수로가 깔리고 수도꼭지를 틀면 그때부터는 물이 콸콸 쏟아진다. 그 후로는 충분히 만족할 수 있다. 당장 지금 목이 마른 것을 참을 수 있다면 네트워크 사업에 도전해볼 만하다. 힘든 작업이 다 끝난 후에는 언제라도 수도꼭지를 틀면 물을 마실 수 있는 기쁨이 크다.

네트워크 사업을 시작하기 전에 스스로 현재 재정 상태를 점검하고 원하는 라이프스타일을 고민해봐야 한다. 확실한 사업의 'Why'가 있는 사람만이 끝까지 인내할 수 있는 일이기 때문이다. 네트워크 사업은 특별한 기술은 필요 없지만, 소득이 만들어지는 '인내의 시간'을 버티는 사람만이 성공하는 사업이다.

'회사 안이 전쟁터라면 회사 밖은 지옥이다.'라는 말이 있다. 회사 밖은 그야말로 100% 자기 실력만으로 살아남아야 하므로 회사생활보다 더 힘들 수 있다. 네트워크 사업은 포기하고 싶은 나 자신과 경쟁해야 하고 인내의 시간을 버텨내야 하므로 쉽지 않은 일이다. 남들이 부러워서 시작하지 말고 본인이 가장 잘할 수 있는 일의 형태를 선택하는 것이 바람직하다. 계속해서 '나는 어떤 삶을 살고 싶은가?'를 생각해야 한다.

네트워크 메신저의 촌철살인

그저 부러워서 친구 따라 강남 가다간 배곯을 수 있어.

06

코로나 시국엔 창업보다 네트워크 사업이 더 유리한가요?

Q. 최근 퇴사하고 소일거리 삼아 작은 식당을 운영해볼까 알아보고 있는 중입니다. 얼마 전 친척분이 제 소식을 듣고 찾아오셔서 창업을 극구 말리셨어요. 그러면서 본인과 같이 네트워크 사업을 시작하면 도와주겠다고 하시네요. 코로나 시국엔 창업을 하는 것보단 네트워크 사업이 더 유리한 걸까요?

퇴직하고 작은 식당을 운영하면서 소소하게 생활비 정도를 벌겠다는 것인데, 요리하는 것을 좋아하고 사람들에게 나누는 것을 좋아한다면 극구 말리고 싶지는 않다. 많은 돈을 투자해서 시작하는 창업이 아니라면 말이다. 창업한다고 모두 돈을 잃는 것도 아니고 코로나19로 힘든 시기에도 문전성시를 이루는 식당은 많이 있다. 어떤 시기든 무슨 사업을 하든 그걸 시작하는 사람의 태도와 정신자세,

준비가 가장 중요하다.

친척분이 창업하지 말고 차라리 네트워크 사업을 하라고 권유한 것도 이해할 만하다. 네트워크 사업의 가장 큰 장점은 거의 자본을 들이지 않고 자신의 쇼핑몰을 창업하는 것과 같다. 회사와 스폰서의 시스템과 시간을 활용할 수 있다는 장점이 있는 사업이기도 하다.

그러나 창업이든 네트워크 사업이든 만만하게 생각하고 덤벼들 일은 아니다. 친척분이 도와준다고 해도 모든 사업은 온전히 나로부터 시작되는 비즈니스여야 한다. 스폰서가 친척일지라도 내 사업의 결과는 온전히 내가 책임을 져야 한다.

퇴직하고 소일거리 삼아 즐기면서 하고 싶겠지만, 무엇을 하든지 대충해서는 좋은 성과를 내기 어렵다. 퇴직 후에 무엇을 시작하든 충분히 공부하고 진지하게 연구한 뒤 시작해야 한다. 마음은 소일거리 삼아 즐기면서 하고 싶지만 무엇을 하든지 대충해서는 결과를 내기 어려운 세상이다.

네트워크 메신저의 촌철살인

무엇을 하든 진심을 다해서 해.

07

가입비, 추천인 수당, 월간유지비가 없는 회사가 좋은 건가요?

Q. 다단계 회사를 고를 때 진입비(가입비), 추천인 수당 또는 월간 유지비가 없는 회사가 좋은 건가요?

내가 속한 회사는 사업자가 되기 위한 금전적 요건, 즉 진입비가 일절 없는 회사이다. 수당을 받기 위해 매달 제품을 사는 자격조건인 월간 유지비도 없다. 한마디로 누구에게도 부담을 주지 않는 보상 플랜이다. 그러다 보니 단순 소비자로 가입했다가 자연스럽게 사업자로 전환하는 케이스가 많다. 대부분의 사업자들은 마케팅의 이런 부분을 만족스럽게 생각한다. 그런데 사업을 공격적으로 하는 몇몇의 사업자들은 이런 부분을 지적하기도 한다.

네트워크 회사의 보상 플랜은 우월함으로 논할 게 아니다. 추구하는 방향과 성격이 조금씩 다르기 때문이다. 사업자의 성향과 사업을 하는 배경에 적합한 회사를 선택해야 한다.

사람들은 다단계 사업자가 다음 달 수당을 받기 위해 과도한 사재기를 하는 게 문제라고 생각한다. 월간 유지비 조항이 없으면 그토록 우려하던 돈을 잃는 일 같은 건 없겠다고 안심한다. 그런데 재미있는 건 유지비 조항이 없는 보상 플랜 회사에서도 어느 그룹이건 사재기 행각은 존재한다는 사실이다. 물론 거기에 따른 피해자도 종종 발생한다. 보상 플랜에 의무조항이 없어도 수당을 더 받을 목적으로 과도한 베팅을 시도하는 사업자는 어디에나 존재한다. 따라서 회사의 마케팅이 어떠한가보다는 그걸 사업에 적용하는 사람이 어떤 성향의 사람인지가 더 중요하다.

"우리 회사는 사업자가 아닌 순수한 소비자 매출로 굴러가는 회사입니다."라고 자랑하는 회사들이 있다. 현실적으로 수당을 받지 않는데 순수하게 평생 단일 브랜드만 고집하는 생필품 구매 고객은 극히 드물다. 고객은 언제든 더 좋은 혜택을 주는 제품으로 갈아탈 준비를 한다. 그래서 일부 회사들은 자동 구매계약에 동의한 회원을 모집해서 매달 금액만큼 제품을 보내준다. 소비자들에게는 브랜드 자체가 마음에 드는데 나중에 수당까지 받으니까 손해가 될 게 없는 것이다. 이런 방법은 장기적으로 다단계 회사의 재무구조를 안정적으로 유지하는 데 도움이 된다.

전혀 자사 제품을 쓰지 않는데도 줄을 잘 섰다는 이유로 수당을 꼬박 꼬박 받는 사람들도 있다. 의무구매 조항이 없는 회사가 가지고 있는 마케팅 플랜의 맹점 중 하나이다. 반대로 회원들 중에는 의무구매 조항이 싫다는 사람도 있다. 회사가 매달 자동으로 금액을 차감해 가는 게 싫다면 수당을 받지 않는 단순 소비자로 남으면 되는 것이다.

수당은 받고 싶은데 회원으로서 제품은 써도 그만, 안 써도 그만이라고 생각한다면? 적어도 그 회사에서 수당을 받는 사람이라면 최소한 금액만큼의 생필품 정도는 쓰는 것이 당연하다고 본다. 회원을 가입시켜도 재화의 이동이 언제 일어날지 몰라 기약 없이 기다리는 것은 사업자들에게는 희망고문 같은 일이다.

네트워크 비즈니스는 사업을 시작하기 위한 매몰 비용이 필요 없다는 뜻에서 '무자본 사업'이라고 일컫는다. 현재 대한민국의 다단계 회사 월간 유지비는 평균 10~20만 원 내외다. 사업을 경영하기 위한 월 유지비는 사업자가 내는 최소한의 월세라고 생각하면 된다. 사업자는 인터넷 프랜차이즈 매장을 경영하는 것과 다름없다. 그런 의미로 최소한의 구매자격 요건이 있는 보상 플랜은 사업자에겐 좋은 것도 나쁜 것도 아닌 필요한 것이라고 생각한다.

네트워크 메신저의 촌철살인

자신의 사업적인 성격에 어울리는 회사를 찾아야 해.

08

친구가 네트워크 사업을 해서 돈을 많이 잃었다는데 왜 그런 걸까요?

Q. 친구가 네트워크 사업을 해서 돈을 많이 잃었다고 하네요. 불법 피라미드가 아닌 합법적으로 등록된 회사에서 일했다고 하던데 그럴 가능성이 있는 이유는 뭔가요?

어떤 분야든 똑같은 조건에서도 성공하는 사람도 있고 실패하는 사람도 있기 마련이다. 서울대를 나와서 병원을 개업해도 천차만별이고, 이런 코로나 시국에도 사업을 시작해서 돈을 많이 버는 사람이 있다. 합법적인 무자본 네트워크 사업을 하면서도 간혹 돈을 많이 잃는 사업자들이 있다. 대개는 돈이 있으니까 본인의 경제적 능력을 지렛대 삼아 자본을 투여해 처음부터 조직을 구축하려고 덤벼들었던 사람들이다. 그들은 지인들이 하루빨리 제품을 써보기를 바라는 마음이 앞서서 제품에 관해 제대로 설명해주지도 않고 선물로 돌리기도 한다. 어떤 사업자는 코로나19로 비대면이 장기화되자 방송시스템 설치에 거액을 투자하기도 했다. 돈을 투자하면 조직이 더 빨리 구축될 거라고 나름 계산했던 것이다.

그러나 네트워크 사업은 돈을 투자한다고 사업의 속도가 정비례로 커지지 않는다. 사업의 특성상 조직이 커지는 임계점에 도달하려면 반드시 시간이 걸린다. 문제는 소득이 나오지 않는 구간에서 고정 지출을 계속 감당할 수 있느냐가 관건이다. 돈을 써서 조직을 구축하는 사업자의 가장 큰 실수는 자신이 해야 할 것을 돈이 대신해 줄 거라고 의지하는 것이다. 자본을 투입하면 사업이 속도를 낼 거로 기대하지만 돈이 대신해서 조직을 만들어주거나 과정을 생략해 주지는 않는다. 내가 발로 뛰지 않고, 사업설명을 안 해도 저절로 커지는 조직은 없다.

네트워크 사업은 경비를 스스로 관리해야 하므로 지출에 신경을 써야 한다. 소득이 커지면 네트워크 사업자들이 내는 세금도 점점 많아진다. 일부 사업자들은 통장으로 들어오는 수입이 전부 순수입인 줄 착각하고 무분별하게 다 쓰고는 세금을 미리 대비 못 해 어려움을 겪기도 한다. 경리직원 없이 나 혼자 꾸리는 사업인 만큼 예산관리부터 세금 신고와 납부까지 경영을 철저히 해야 한다. 처음부터 사업경비를 구분해서 별도로 관리하는 습관을 길러야 한다.

합법적인 네트워크 사업이라도 사업자가 무리하게 욕심을 부리면 돈을 잃기가 쉽다. 꿈과 목표 설정이 중요한데 자칫 과도한 목표를 세워

무리한 직급 도전을 해서 손해를 많이 본다. 특수한 경우이지만, 사업자 간의 금전거래를 해서 불필요하게 손해를 보는 사업자도 있다. 이럴 경우 누구에게도 보상을 받을 수 없음을 기억해서 재정 관리는 내 손으로 철저히 하는 습관을 들여야 한다. 독립 자영업 사장인 만큼 반드시 본인만의 기준을 가지고 직접 발로 뛰어 무너지지 않는 인세 소득을 만들어야 한다. 일을 어렵게 배우면 조직은 쉽게 무너지지 않으므로 탄탄하게 인세 수입을 만들 수 있다.

네트워크 메신저의 촌철살인

똑같은 삼성맨이라 해도 모두 강남에 집 사고 좋은 차 타는 게 아니야.

09

다단계 사업은 윗사람만 돈 버는 구조가 아닌가요?

Q. 다단계 사업은 윗사람만 돈 버는 구조가 아닌가요?

네트워크 사업의 최고의 장점은 내 산하 회원들의 매출을 공유해주는 다단계 보상방식이라는 것이다. 종종 "윗사람만 돈 버는 구조가 아닌가요?"라는 질문을 받는다. 이럴 때 나는 마음속으로 '그러게요. 왜 윗사람만 좋은 일을 하시나요. 하필 네트워크 사업에서?'라고 답을 하곤 한다.

롭 무어는 《레버리지》에서 '타인의 시간과 재능과 노력을 돈으로 바꾸는 레버리지 능력이 중요하다.'라고 했다. 그는 현대인은 모든 개인이 다른 개인을 섬긴다고 표현했다. 타인의 시간과 노동을 활용해 시스템을 만드는 사업이 네트워크 비즈니스다. 이런 사업을 하면서 윗사람만 돈을 벌게 놔둔다면 굳이 이 사업을 할 이유가 없다.

대부분의 조직 구조는 다단계 형태로 이루어져 있다. 맨 위의 CEO나 보스가 수익의 가장 많은 부분을 가져가고 그다음 직위 순으로 분배를 한다. 직장에서 말단직원은 야근하고 가장 많은 시간을 근무하지만 가장 적은 월급을 받는다. 그 직원은 언젠가 높은 자리로 승진하여 많은 월급을 받는 날을 손꼽아 기다린다. 드디어 말단직원은 주임을 거쳐 대리가 되었고 더 많은 월급을 받게 되었다. 그런데 매일 노는 것 같았던 바로 위 대리도 덩달아 과장으로 승진했다. 이것이 일반직장의 구조이다. 이변이 없는 한 나보다 먼저 입사한 상사의 소득을 따라잡을 가능성은 없다. 그러나 네트워크 사업의 보상 시스템은 일반직장과는 달리 스폰서의 소득을 얼마든지 추월할 수 있다.

물론 네트워크 마케팅 조직도 직급은 계단식으로 되어 있다. 하지만 실제로 정산되는 보상방식은 직급과는 무관하다. 철저히 매출 결과 중심으로 보상을 받기 때문에 직급이 높다고 꼭 고소득을 보장해주지는 않는다. 먼저 회원으로 가입했다고 소득이 더 많은 것도 아니다. 네트워크 사업에서는 승진의 시기도 사업자들이 스스로 결정한다. 직급에 관계없이 각자 증명해낸 결과만큼을 매번 정산받는 시스템이다. 윗사람만 돈을 버는 구조가 아닐뿐더러 365일 늘 윗사람의 위치에 줄곧 머물러 있는 사업자도 없다.

롭 무어의 《레버리지》에는 네트워커들의 정곡을 찌르는 문장이 나온다.

'아무도 당신을 위해 일하고 있지 않다면 당신이 다른 사람을 위해서 일하고 있는 것이다.'

'그들은 당신에게서 돈을 벌고 있다.'

이런 글을 읽을 때면 별 성과 없이 귀가하거나 초대 없이 혼자 세미나를 듣는 네트워커들이 생각난다. 네트워크 사업이야말로 회사의 시스템과 스폰서의 후원으로 조직을 키우는 일이 중요하다. 사업자에게 가장 필요한 스킬은 레버리지 능력을 키우는 것이다.

네트워크 사업은 회사가 많은 돈을 투자해 다양한 테스트를 거쳐 출시한 제품을 취급한다. 사업자는 그 제품을 입소문 내서 알리기만 하면 된다. 스폰서가 마련한 STP 현장에 유망 파트너를 데리고 가서 앉히기만 하면 된다. 네트워크 사업을 하면서 열심히 팔고만 다니는 사업자가 있다면 그 사람은 안타깝게도 윗사람만 돈을 벌게 해주고 있는 것이다. 회사와 스폰서가 마련해준 비즈니스 툴을 적극적으로 내 사업에 활용해야 한다. 여러분은 레버리지를 잘 하고 있는가? 레버리지를 당하기만 하는 건 아닌가? 회사와 스폰서한테 레버리지 당하지만 말고 이제부터는 적극적으로 내가 레버리지를 해보자.

네트워크 메신저의 촌철살인

그러게, 이용당하지 말고 활용하자!

10

네트워크 사업에 실패하는 사람들의 공통점

Q. 네트워크 마케팅 사업에서 실패하는 사람들의 공통점은 무엇인가요?

네트워크 사업에선 '실패했다'보다는 '포기했다'라는 표현이 더 적합하다. 자본을 투자하는 사업이 아니기 때문이다. 네트워크 사업은 본인의 처지에 맞게 시간과 열정을 써서 원하는 만큼의 인세 수입을 만드는 일이다. 많은 사람이 야심차게 시작해서 만족할 만큼의 수입이 나오지 않으면 중도에 포기한다. 네트워크 사업에서 받는 소득의 성격, 소득이 나오는 방법, 사업의 목적에 대한 깊은 이해 없이 시작한 사람들은 쉽게 실망할 수 있다. 그들은 투자가 없으니 쉽게 시작했다가 생각한 만큼의 속도가 붙지 않으면 혼란에 빠진다. 내가 갈등하는 순간 조직은 정체하고 결국 여태까지 한 노력까지 포기해버리는 안타까운 결과로 이어진다.

네트워크 마케팅에서 나오는 소득은 방판 영업에서 세일즈로 돌려받는 것과는 차이가 있다. 고객에게 알리는 시점과 소득으로 돌려받는 시점이 엄연히 다른 마케팅이다. 소비자 그룹이 만들어지기까지 일정한 시간이 걸리지만 한번 탄력을 받으면 소비자가 다른 소비자를 데려와 조직은 순식간에 2의 n승으로 불어난다. 소득이 빨리 안 늘어나는 구간부터 단기·중기·장기 목표를 처음부터 설정하고 최종 목표까지 사업자는 예상할 수 있어야 한다. 미래의 성공한 내 모습을 마치 이룬 것처럼 상상하면서 인내의 시간을 버텨내야 한다. 활동량과 비교해 지금 당장 내 통장에 들어오는 수입만 비교하고 있으면 금방 지칠 수 있는 사업이다.

'피플 비즈니스'라고 부르는 네트워크 마케팅은 말 그대로 인간관계를 기반으로 유통조직망을 짜는 일이다. 판매 스킬보다 중요한 건 사람에 관한 깊은 공부다. 학식보다 서로를 포용하고 이해하는 유연성이 더 필요하다. 보상 플랜 자체가 파트너가 잘되면 자연스럽게 내가 성공하는 구조인 만큼 소탐대실을 경계해야 한다. 항상 언행일치에 힘쓰고 파트너에게 무슨 일이 있어도 거짓말을 해서는 안 된다. 한번 파트너의 신뢰가 깨지면 조직을 복구하는 데 큰 비용과 시간이 들어간다. 내가 앞으로 받을 수당은 세일즈를 잘해서라기보다 인내와 포용의 결과인 것을 명심해야 한다.

부자들은 자신의 노동과 시간 대신 시스템을 만들거나 시스템을 이용해 자산을 구축하는 사람들이다. 네트워크 사업은 회사가 대신 제품과 시스템을 만들어주면 나는 그것을 이용해서 조직을 구축하는 사업이다. 내 기량을 뽐내기보다 서로를 매개하는 능력이 큰 사람이 빠르게 성공할 수 있다. 영리한 스폰서들은 파트너들을 늘 격려하고 칭찬해서 자신이 하는 일을 완벽하게 복제를 시킨다. 나처럼 일하는 파트너를 만들고 싶다면 누구나 따라 하기 쉽게 복제의 과정은 무조건 심플한 것이 최고다. 할 수 있어도 나만의 개인기를 절제하는 것이 이 사업에서는 중요하다. 혼자 하지 않으려고 선택한 사업인데 혼자만 열심히 하는 사업자가 제일 안타깝다.

네트워크 메신저의 촌철살인

포기하는 게 실패야.

11

성공하는 데 필요한 정신적 요소는 무엇인가요?

Q. 네트워크 사업은 "태도가 전부다."라고 말하는데, 이 사업에서 성공하기 위해 가장 필요한 정신적인 요소는 무엇입니까?

모든 정보가 오픈되면서 네트워크 사업자의 지식은 거의 평준화가 되었다. 지금은 사업자의 정신적인 태도가 조직의 성패를 가른다. 주도적인 자세, 사람을 대하는 법, 어려움을 극복하는 정신 등 비인지적인 요소들이 조직 성장에 큰 영향을 끼친다.

처음엔 나도 테크닉이 뛰어난 사람을 선호했지만 지금은 인품을 최고의 덕목으로 친다. 개인적인 역량은 뛰어나지만 타인과 협력이 부족한 사람은 결국 조직을 와해시킨다. 네트워크 사업은 고객과 파트너가 곧 자본인 만큼 나에게 오게 하고 머물게 하는 능력이 있는 사람이 조직을 크게 성장시킬 수 있다.

네트워크 사업에서 좋은 사업자는 꿈꾸는 능력이 뛰어난 사람이다. 나무에 비유하자면 이런 나무는 비록 키가 작아도 올가을엔 반드시 빨갛고 달콤한 열매를 맺을 거라는 꿈을 가지고 있다. 키가 작은 만큼 다른 나무보다 양분을 더 흡수하기 위해 더 단단하게 뿌리를 내린다. 간절함이 있으니까 매일 뜨겁게 내리쬐는 뙤약볕도 불평 없이 온몸으로 흡수한다. 이 나무와 같이 성공하는 사업자는 본인에게 주어진 모든 여건을 불평 없이 긍정적으로 받아들인다. 내가 꿈을 외치면 응원해주는 사람들이 나에게 다가오게 되어 있다.

네트워크 사업에서 성공하는 사업자들은 모두 대인관계가 뛰어나다. 그들은 학식이 뛰어나지는 않더라도 다른 사람을 깊이 이해하고 포용하는 능력이 남다르다. 자신이 아는 것만 옳다고 주장하지 않고 팀원들의 장점을 찾아내고 인정해주는 유연함이 있다. 팀원들은 능력은 있지만 '나 몰라라'하는 차가운 리더를 따르지 않는다. 네트워크 사업은 사람을 좋아하고 다른 사람의 문제를 그냥 지나치지 않고 돕는 사람들에게 유리한 사업이다.

성공하는 사업자가 되려면 어려움을 겪더라도 빨리 털고 일어나는 회복탄력성이 높아야 한다. 실수했을 때 본인의 잘못을 인정하고 다시는 반복하지 않는 태도가 중요하다. 1등이 아니어도 괜찮으니까 자신의 사업 속도에 맞춰 꾸준히 포기하지 않는 자세가 필요하다. 스폰서, 파트너와 함께하는 사업인 만큼 너무 완벽하려는 성향이 전체를 힘들게 할 수도 있다. 작년보다 그럭저럭 성장했으면 만족해하는 마음의 여유를 잘 유지해야 사업과 삶의 균형을 이룰 수 있다.

학교에서 우등생이 되려면 어느 정도 타고나야 하지만 마음과 관계된 비인지적인 요소는 꾸준히 노력하면 개선이 가능하다. 물론 오랫동안 고착된 사람의 습관을 바꾸는 것은 대단히 어렵고 시간이 걸린다. 그러나 절박한 사람은 간절함으로 자신의 인성적인 약점도 바꾸어 나간다. 이런 사람들은 늘 자신의 부족함에 대해 되새김질하면서 끊임없이 배우려는 태도를 유지한다. 그래서 네트워크 사업은 조직이 커질수록 수입도 늘지만 인격도 함께 성장하는 멋진 비즈니스다.

네트워크 메신저의 촌철살인

공자님 말씀처럼, 배우고 때로 익히면 또한 기쁘지 아니한가!

12

네트워크 사업의 성패에도 운이 영향을 끼치나요?

Q. 모든 일이 그렇듯 네트워크 사업의 성패에도 운이 영향을 끼친다고 하네요. 성공하려면 네트워크 마케팅에서도 운이 중요한가요?

모든 일의 성패는 노력도 중요하지만 운도 많이 따라주어야 한다는 의미로 '운칠기삼'이라는 말을 쓴다. 네트워크 사업도 시스템에 편승해 나와 팀원들의 노력으로 유통망을 구축하는 만큼 운에 영향을 받는다고 생각하기 쉽다. 그러나 네트워크 사업에서 행운은 우연히 찾아오지 않고 적극적으로 행동해서 나에게 행운이 오게끔 하는 것이다. 성공하는 사람들은 통제할 수 없는 운에 의존하지 않고 엄청난 노력을 쏟아 행운이 다가올 확률을 높인다.

네트워크 사업에서의 행운은 특별한 사람에게 찾아오는 것이 아니다. 매사에 철저히 계획하고 준비를 많이 하는 사람에게 행운은 기회로 찾아오게 되어 있다. 평소에 팀 미팅에서 항상 손을 들고 스피치를 연습한 사업자에게 큰 무대에서 발표하는 기회가 주어지는 것처럼.

늘 자신은 운이 없다고 말하는 사람은 평소에 계획성이 없고 준비가 부족하기 때문이다. 그런 사람들은 계획과 전략이 없으니 적극적으로 행동하지 않고 결국 행운이 찾아와도 그것을 기회로 전환하지 못한다. '반복되는 운은 실력이고 반복되는 실패는 습관이다.'라는 말이 있다. 아무것도 안 하고 운이 들어오기만을 기다려봤자 아무 일도 일어나지 않는다.

사람들은 노력보다는 운을 찬양하는 경향이 있다. 자신의 노력이 부족했다는 것을 인정하는 것보다 운 탓으로 돌려야 마음이 편하기 때문이다.

골퍼 개리는 남아프리카 공화국에서 미국으로 건너가 수많은 승리를 거두었다. 다른 프로 골퍼들은 개리의 성공을 단지 자기들보다 운이 좋기 때문이라고 치부했다. 사람들은 그를 '행운아'라고 부르기 시작했고 개리는 인터뷰에서 이렇게 말했다.

"맞아요, 나는 행운아예요. 연습하면 할수록 운이 더 많이 따르는군요."

네트워크 사업에서도 행운을 얻기 위한 열쇠는 노력과 실행뿐이다. 행운도 내가 만든다는 사실을 인정하면 더 많이 노력하게 되고 결국 운이 좋아지는 것이다.

네트워크 사업에서 '운칠기삼'은 운명론이 아닌 개척론의 성격에 가깝다. 우연히 네트워크 사업을 하게 되었다고 생각하겠지만, 사실은 여러분이 어릴 때부터 더 나은 삶을 꿈꾸었기 때문이다. 그런 간절함이 있어서 남들이 쉽게 선택하지 않는 네트워크 사업에 과감하게 도전한 것이다. 이 책을 읽고 행동으로 옮기는 사업자는 이미 어제와는 다른 삶을 살게 되리라 확신한다. 네트워크 사업에서 일어나는 모든 일은 철저히 인과관계의 법칙이 적용된다. 나의 생각이 나를 행동하게 만들고 결국엔 나의 운명까지 바꾸게 된다.

네트워크 사업을 본격적으로 시작하기 전에 반드시 꿈과 목표를 설정하는 게 중요하다. 영어에서는 '~원한다.'라는 단어를 'Want'와 'Wish' 두 가지로 쓴다. Want는 내가 무언가를 이루기 위해 노력하고 행하는 목표를 의미한다. Wish도 나의 바람을 뜻하지만 나의 노력과 능력보다는 행운에 의하여 이뤄지길 막연히 기다리는 소망을 가리킨다.

네트워크 사업자들은 막연히 이루어지면 좋을 소망에 기대지 않고 시간 제한적인 목표를 분명하게 설정해야 한다. 내가 통제할 수 없는 운에 의지하지 않고 패를 많이 뒤집어 승률을 높이는 카드 게임을 한다고 생각해야 한다. 유능한 네트워커들은 행운을 내 편으로 만드는 사람들이다.

네트워크 메신저의 촌철살인

네트워크 사업을 만났다는 사실 자체가 운이 이미 작용했다는 거야. 이제 엄청난 노력으로 채울 때야.

13

실제로 인세 수입이 들어오나요?

Q. 네트워크 마케팅에서 발생하는 수입은 실제로 인세 수입이 되나요?

예스! 한번 단골 고객을 잘 만들어 놓기만 하면 고객은 시간과 공간에 관계 없이 자신이 필요할 때 쇼핑을 한다. 제품을 써보고 반한 고객들은 지인들에게 입소문을 내고 소비자들이 쇼핑한 구매 포인트가 다 내 밑으로 누적이 된다. 구매한 제품마다 일정한 PV가 책정되어 있는데 정해놓은 구간에 도달하면 현금으로 돌려준다. 네트워크 사업의 가장 큰 메리트는 내가 잠을 자거나 여행 중에도 일정 PV가 누적되면 회사가 내 통장으로 정산을 해준다는 것이다.

제품을 써본 소비자가 자연스럽게 지인에게 홍보하는 시점부터 네트워크 사업의 매력을 느낄 수 있다. 나는 10명에게 알려줬는데 어느 순간 20명으로 불어나고, 40명, 80명 이런 식으로 기하급수적으로 늘어난다. 이게 바로 아인슈타인 박사가 8대 불가사의라고 불렀던 복리의 마법이 발휘되는 순간이다. 처음엔 나의 지인 몇 명으로 시작하지만 시간이 갈수록 소개가 꼬리에 꼬리를 물면서 엄청난 소비자 그룹으로 확장된다. 그 그룹 중에서 사업으로 도전해보고 싶다는 사람이 나오면 그 때부터는 조직 확장의 속도는 몇 배로 빨라진다.

그렇다면, 주변에 싸고 좋은 제품이 넘쳐나는데 충성도가 낮은 소비자를 어떻게 브랜드 옹호자로 만들 수 있을까? 소비자를 잠깐 만나더라도 제품을 썼을 때 향후 돌아오는 혜택을 꼭 언급해야 한다. 안타깝게도, 많은 네트워커들이 소비자에게 부담을 안 주려고 "사업하라고는 안할게요. 제품만 쓰세요."라고 말한다. 네트워크 마케팅에 관심이 없는 소비자에게 사업을 강요할 필요는 없다. 그러나 네트워크 제품으로 바꾸면 큰 혜택이 생긴다는 것을 알려주고 만남을 마무리해야 한다. 소비자들을 강력하게 설득할 수 있는 요인은 '이득'에 있다. PV가 쌓이면 현금이 통장에 쌓인다는 이점을 알려주면 충성고객을 만들 수 있다.

내 조직에 많은 소비자가 생기고 그중에 사업자가 나오면서 사업이 확장된다. 끊임없이 나의 손길로 관리해주다 보면 어느새 스스로 돌아가는 셀프 조직을 만들 수 있다. 내 조직에 네트워크 마케팅 회사의 제품을 쓰는 게 이득인 회원이 많이 있으면 평생 동안 인세 소득이 나온다. 이렇게 인세 수입이 나오려면 고객에게 제품을 전달할 때 반드시 혜택을 함께 설명하는 습관을 들여야 한다. 누구를 만나더라도 "마트체인지 하고 현금으로 돌려받는 법을 알려드릴게요!"라고 마무리하자. 시간이 지나면 셀프 소비자 중에 본인의 꿈을 이루기 위해 새로운 도전을 하고 싶어 하는 셀프 사업자가 나올 수 있다. 이것이 선순환되면 어느새 여러분은 워런 버핏이 얘기한 것처럼 잠자는 동안에도 들어오는 인세 수입의 주인공이 되어 있을 것이다.

네트워크 메신저의 촌철살인

네 산하에서 네 회사의 제품을 쓰는 게 이득인 회원이 많이 있으면 평생 인세 소득이 나오는 거지.

14

네트워크 사업은 파는 일이 아니라는데, 그럼 어떻게 돈을 버나요?

Q. 스폰서님은 네트워크 사업은 파는 일이 아니라고 말하는데, 팔지 않고서 어떻게 돈이 될 수 있나요?

일반 회사는 제품을 팔아야 소비자가 사고 돈을 버는 시스템이다. 그러나 네트워크 마케팅은 방판 영업과 달리 처음에는 돈이 아니라 정보를 전달할 목적으로 제품을 판다. 인세 수입을 만들려면 브랜드 옹호자를 만들어서 그들이 끊임없는 자발적인 소비를 해주어야 하기 때문이다.

그러기 위해선 소비자들에게 제품을 사용해보고 구매하면 건강뿐 아니라 인생이 달라질 수 있다는 혜택 중심의 설명을 해야 한다. 설명을 듣다 보면 그들 중에 자신도 인생을 바꿀 기회를 찾는 사람이 반드시 나온다. 이런 의미로 네트워크 마케팅 사업은 궁극적으로 파는 일이 아니라 정보를 전달하는 사업이다.

네트워크 마케팅 초보들은 인생의 새로운 기회를 찾는 사람을 알아보기 힘들고 더군다나 말로써 비전을 설명하는 능력이 부족하다. 대신 자신이 제품을 사용해보고 좋은 점을 알리는 건 누구나 쉽게 할 수 있다. 제품을 매개로 자연스럽게 이 사업에 관심을 보이는 사람을 얼마든지 만날 수 있다. 또 제품의 장점을 전달하다 보면 누구에게 이 사업의 기회가 필요한지도 빨리 알아차릴 수 있다. 제품을 써본 고객들 중에는 탁월한 효과를 경험하고 이 아이템이라면 사업을 해보고 싶다는 사람들이 있기 마련이다. 사업엔 관심이 없더라도 이런 제품은 평생 쓰고 싶다는 충성소비자도 생긴다. 제품을 소비자 그룹에 전달하면 인생의 새로운 기회를 찾는 사람, 충성소비자 그리고 단순소비자로 자연스럽게 분류가 된다.

많은 사업자가 정보전달 사업이라는 명분 아래 매출 성과 없이 귀가하는 것을 안타깝게 느끼고 있을 때였다. 온라인커뮤니티에서 '네트워크 사업은 파는 일이 아니라는 스폰서의 말은 거짓말입니다.'라는 글을 읽었다. 그분은 아마도 "네트워크 사업도 처음엔 제품을 팔아야 합니다."라는 얘기를 하고 싶었을 것이다. 그런데 이 글은 네트워크 마케팅 초보자들이 이 사업의 개념을 잡는데 오해를 불러일으킬 소지가 있다. 네트워크 마케팅에서 물건을 파는 행위와 정보를 전달하는 것은 상반된 개념이 아니다. 방판 영업과 똑같이 초기에는 판매행위를 하지만 판매의 최종 목적이 다르다는 점을 반드시 부연 설명해줄 필요가 있다.

네트워크 마케팅 사업의 고수들은 실제로 제품 하나 팔지 않고도 곧바로 비전 제시나 보상 플랜 설명을 한다. 만약 제품 전달의 과정을 생략하고도 사업의 목적을 전달할 수 있다면 그렇게 해도 무방하다. 그러나 일반인이 도전하는 사업인 만큼 대부분은 전문적인 영업 스킬이 부족하다. 보편적으로 사람들은 제품을 사용하다가 마음의 문을 열고 네트워크 마케팅 사업에 우호적인 태도를 보인다. 제품 전달을 빠르게 많이 할수록 정보가 널리 퍼지므로 조직은 빠르게 구축될 수 있다. 일단 무차별적으로 모든 사람에게 제품을 널리 퍼트려야 한다. 어느 순간 "이 제품이 왜 이리 싸고 좋아요?", "사업성이 어떻게 돼요?"라고 물어보는 사람이 반드시 나올 것이다.

네트워크 메신저의 촌철살인

파는 일을 하는 건 아닌데 처음에 제품을 팔아서 함께할 사람을 찾아내야 해.

15

홍보용으로 제품을 샘플로 주는 건 좋은 방법이 아닌가요?

Q. 사업 초반에 홍보용으로 친구들이 주문하면 가격을 깎아주기도 했습니다. 가끔은 샘플로 쓰라고 제품 자체를 선물로 주기도 했습니다. 스폰서님께서 그렇게 사업하면 안 된다고 하시는데, 사업하면서 그 정도 투자는 할 수 있는 거 아닐까요?

사업을 하니까 금전적인 투자는 개인의 사정에 맞게 융통성을 발휘해서 할 수 있는 부분이다. 그러나 가격을 깎아주거나 정품을 샘플로 주는 행위는 사업이라기보다는 장사 마인드에 가깝다. 장사는 나 혼자 하는 것이고 사업은 파트너들을 복제시키는 일이다. 복제의 핵심은 일률적인 체계를 가지고 누구나 똑같은 행동을 반복하게 하는 데 있다. 아무런 이익이 나오지 않는 가격할인은 계속하기 어려워서 결국 중단할 수밖에 없다. 이런 식으로 경영하면 네트워크 마케팅 사업을 함께할 파트너가 없다는 것이 더 큰 문제다. 당장 가시적인 결과보다는 속도는 느려도 지속적으로 실행할 수 있는 방법을 선택하는 게 중요하다.

네트워크 마케팅 사업에 성공한 사람들 중에는 지인들에게 화장품을 샘플로 돌리고 일주일 뒤에 돈을 회수했다는 얘기를 하는 분들도 있다. 그러나 알고 보면 먼저 제품을 제공했지만 구매를 원하는 사람에 한해서 나중에 돈을 거둬들인 것이다. 그분들도 급한 마음에 제품을 먼저 보여주고 때론 공짜 선물도 해봤을 것이다. 그런데 그 방법은 돈만 버리고 대부분 효과가 없다고 했다. 사람들이 공짜 제품을 거의 써보지 않더라는 것이다. 이 사업에 관해 정확하게 설명하고 제값을 받는 원칙을 지키는 사업자가 되길 바란다. 급한 마음은 충분히 이해하지만, 본인이 필요해서 제값을 치르고 제품을 산 사람이 제대로 제품을 사용하므로 마음의 여유를 가질 필요가 있다.

네트워크 마케팅으로 조직을 구축하는 일은 프랜차이즈 지점을 다수 보유하고 있는 사업가와 비교할 수 있다. 개인이 하는 가게와 달리 프랜차이즈 매장은 전국 어디서나 동일한 레시피와 가격을 고수한다. 그래야만 시간이 지날수록 쉽게 복제가 돼서 폭발적인 규모로 확장할 수 있기 때문이다. 무언가를 결정하기 전에 사업자는 먼저 '과연 이것이 옳은 일인가'를 고민해 봐야 한다. 혼자 하는 장사가 아니므로 손해를 좀 보겠다며 간단히 생각하고 깎아주면 안 된다. 가격 파괴는 다른 사업자들에게 피해를 줄 수 있고 파트너들의 복제를 어렵게 만드는 일이다. 나중에 감당할 수 없는 일은 애초에 시작하지 않는 게 옳다.

네트워크 메신저의 촌철살인
장사를 하지 말고 사업 경영을 하려고 해.

16

직급이 올라갈수록 유지비용이 만만치 않으면 어떡합니까?

Q. 저는 이 사업을 무자본 사업이라는 메리트 때문에 시작했습니다. 사업을 진행하다 보니 매달 매출을 유지하기 위해 필요 없는 구매를 해야 할 때가 있더라고요. 가끔 스폰서도 은근히 눈치를 줄 때가 있는데 직급이 올라갈수록 유지비용이 만만치 않으면 어떡합니까?

소비자가 없는데 보여주기 식으로 가짜 매출을 계속 넣는다면 앞으로 어떻게 될까? 늘 자동으로 올라오는 가짜 매출에 익숙해진 파트너들은 매출이 안 올라오는 순간 활동이 시들해질 것이다. 결국엔 빚을 지고 파산하게 된다.

가짜 매출을 넣는 것을 네트워크 마케팅에서는 '베팅'을 친다고 표현한다. 소비자망이 아직 탄탄하지 않는데도 욕심이 앞선 것이다. 베팅은 네트워크 마케팅 사업이 낳은 구조적인 맹점 중에 하나다. 피해를 초래

해도 당장은 누군가에겐 이득을 주는 것 같으니 쉽게 근절되지 않는다. 스폰서 눈 밖에 나기 싫어 동참하고서는 남 탓을 하는 사람들은 사업의 철학이 없는 자신을 탓해야 한다. 독립 자영업에선 선택도 책임도 본인이 지는 일임을 잊지 말자.

네트워크 사업은 특별한 투자 없이 누구나 쉽게 시작할 수 있는 장점이 있다. 한편, 사업자는 각자의 재량에 맞게 지출하기 때문에 무리하게 도전을 해 돈을 쉽게 잃을 수도 있다. 이런 사업자들은 네트워크 마케팅에서 묘수를 부리면 돈이 빨리 될 거로 생각한 것이다. 꾸준히 회원을 모집하기보다는 비용을 치르더라도 빠르고 쉬운 방법으로 마중물을 붓는 방법을 선택한 셈이다. 사람들은 처음엔 겉만 보고 이런 그룹에 합류하지만 곧 속빈 강정이라는 것을 알게 되어 떠나게 된다. 엄격히 말해서 이런 보여주기식의 베팅은 유망사업자를 기만하는 행위와 같다.

파트너에게 베팅을 강요하는 스폰서가 있다면 그는 나쁜 스폰서다. 어떤 스폰서들은 베팅은 회사에서 주는 수당으로 하는 손해 보지 않는 합법적인 행위라고 둘러댄다. 그들은 도전해야만 조직이 성장한다고 파트너를 설득한다. 네트워크 마케팅 사업에서 도전은 조직의 성장을 위해서 반드시 필요하다. 베팅을 하지 말라는 말이지 도전을 멈추라는 얘기가 아니다. 신용카드를 긁어서 매출을 유지하는 것이 아니라 발로 뛰어 그날의 목표를 달성하라는 말이다. 돈을 써서 상속이 가능한 인세소득을 만들 수만 있다면 무슨 수를 써서라도 투자를 해야겠지만, 내가 내 돈으로 재고를 쌓는 일은 인세 소득을 만드는 일과는 아무런 관계가 없다.

네트워크 사업자들의 고질적인 베팅 행위는 회사와 회원들의 생존을 위협하는 제로섬 게임이다. 무리한 직급 도전으로 돈을 잃고 그만두는 사업자를 만들 뿐이다. 과잉재고로 골머리를 앓다가 이기적인 사업자들은 인터넷으로 재판매해서 가격 파괴를 하기도 한다. 베팅은 어느 누구도 이득을 보지 못하고 결국 자멸하는 길을 초래할 뿐이다. 기초공사를 탄탄하게 해서 균열되지 않는 조직을 만드는 길만이 네트워크 사업으로 돈과 시간의 자유를 얻을 수 있다. 그러기 위해선 내가 셀프 리더가 되어 셀프 소비자가 있는 셀프 조직을 만들어야 한다.

네트워크 메신저의 촌철살인

아무도 너에게 돈 투자를 강요하지 않아. 다만, 네 욕심을 경계해.

17

관계를 쌓기 전에 제품이나 사업 얘기를 먼저 해도 되나요?

Q. 고객을 만나면 제품 얘기만 하는 저에게 스폰서님께서 관계를 먼저 쌓으라고 말씀하시더라고요. 그런데 소비자를 만나고 가시적인 성과 없이 돌아오니 이번엔 그런 식으로 하면 안 된다고 하시네요. 관계를 먼저 쌓는 게 우선인가요? 제품이나 사업 얘기를 먼저 해야 하나요?

네트워크 마케팅 초보자들은 고객을 만나면 마음이 급해서 순식간에 너무 많은 정보를 쏟아내는 어리석음을 범한다. 그런 앵무새 화법은 오히려 고객을 질리게 만들고 상대방이 내 말을 듣지 않게 될 가능성이 크다. 누구나 처음 만난 낯선 사람에게는 마음의 벽을 세우고 상대방의 얘기를 듣는다. 아무리 좋은 정보를 얘기해도 높게 세운 벽에 가리어 말을 제대로 듣지 않는다. 고객에게 좋은 정보를 알려주려면 우선 마음의 벽을 허무는 작업부터 해야 한다. 서로 신뢰가 쌓이고 상대가 좋은 사람이란 확신이 들어야 고객은 제안을 받아들일 준비를 한다. 네트워크 마케팅 사업은 고객과 관계성을 먼저 쌓아 그들로 하여금 내가 하는 사업 얘기를 듣도록 만드는 일이다.

처음에 고객을 만나면 가벼운 칭찬이나 세상 돌아가는 얘기를 통해 나에 대해 호감을 갖도록 해야 한다. 상대방의 관심사나 가족들의 안부 등을 물으면서 상대방이 마음의 문을 열고 자연스럽게 말하도록 유도해야 한다. 자신이 없으면 처음부터 제품이나 사업 얘기를 하지 않아도 괜찮다. 고객과 친구처럼 대화한다는 마음으로 열심히 상대방의 얘기를 들어주자. 단, 대화를 마치기 전에 상대방에게 내가 뭘 하는 사람인지 정도는 알리고 돌아와야 한다. 제품 권유가 힘들다면 회사 로고가 그려진 제품 가방을 들고 다니면 상대방으로부터 질문을 유도할 수 있다. '견물생심'이라고 사람들은 눈에 보이면 물어보게 되어 있다.

맨날 고객과 관계만 쌓고 돌아와서 매출이 거의 없는 초보 사업자들이 종종 있다. 심지어 그게 일이라고 생각하는 네트워크 사업자들이 꽤 많다. 좋은 사람들과 만나서 티타임을 즐기면 즐겁고 재미있다. 그런데 경제적으로는 점점 힘들 것이다. 네트워크 마케팅 사업의 본질은 재화를 이동시키는 유통 사업이다. 나를 만나고 헤어진 그날 밤 고객이 구매행위로 이어져야 내가 일을 했다고 말할 수 있다. 그렇지 않고서 관계만 쌓는 일은 동아리 활동을 하고 돌아온 것과 똑같다. 매일 나의 매출 목표를 설정해놓고 고객을 만나야 의식적으로 제품 얘기를 하게 된다. 그동안 충분히 관계를 쌓았다면 이제는 내가 하는 사업의 정체를 밝힐 때다.

네트워크 메신저의 촌철살인

고객의 마음을 연 다음 네 정보가 전달되지.

18

보상 플랜을 설명해서 리쿠르팅을 하는 게 더 설득력 있지 않을까요?

Q. 사업을 시작한 지 3개월 된 초보 네트워커입니다. 저는 보상 플랜에 반해서 이 사업을 시작했는데, 스폰서님은 늘 제품 설명으로 유망 파트너를 먼저 만들라고 하십니다. 보상 플랜을 열심히 익혀서 리쿠르팅을 하는 게 더 설득력 있지 않을까요?

네트워크 마케팅은 제품에 반해서 사업에 관심을 가지기도 하고 보상 플랜에 매력을 느껴 처음부터 사업에 뛰어들기도 한다. 이렇게 접근해야 더 낫다고 정해진 건 없지만 상대가 궁금해하는 부분을 긁어 주는 게 좋은 방법이다.

일반적으로 스폰서들은 초보 네트워커들에게 고객을 만났을 때 보상 플랜 대신 제품 설명으로 유망 파트너를 먼저 만들라고 한다. 그렇게 얘기하는 이유는 초보 사업자들에게는 그게 훨씬 쉽기 때문이다. 설명하기 쉽기 때문이 아니라 초보자가 혼자 고객을 응대해야 하니까 복제를 염두에 두는 것이다. 누구나 쉽게 설명할 수 있어야 복제가 빨리 일어나니까. 어려운 걸 설명하거나 언변이 너무 뛰어난 사람의 설명을 들으면 듣는 사람은 속으로 쉽게 포기한다. '나는 당신처럼은 못하겠어요.'라고 생각을 하기 쉽다.

보상 플랜보다 제품으로 고객에게 다가가는 게 초보 사업자에게는 더 쉽고 효율적이다. 초보 사업자가 보상 플랜을 익혀 남 앞에서 유창하게 얘기하기까지는 시간이 걸린다. 설령 열심히 숫자를 익혀 마치 성공자를 흉내 내서 설명을 하더라도 듣는 이는 쉽게 감동 받지 않는다. 네트워크 마케팅은 체험 사업이라고 부르는데 진정성이 느껴지지 않기 때문이다. 또 열심히 설명을 마쳤는데 '넌 그래서 얼마를 버는데?'라는 공격성 질문을 받으면 곤란한 상황이 벌어질 수도 있다. 훌륭한 마케팅 강의는 단순히 숫자를 잘 풀어주는 것이 좋은 강의는 아니다. 실제로 사업을 통해 현실적으로 수익을 만들어본 자신의 경험이 녹아든 강의가 훌륭한 것이다.

반면 제품에 관한 얘기는 전문가가 아니더라도 누구나 쉽게 전할 수 있다. 주부들은 생필품의 최고 전문가이고 제품을 써보고 느끼는 감동을 전달하는 일은 그들에게 자연스러운 일이다. 제품을 사용해봤는데 건강이 개선되었거나 피부가 밝아졌다면 사람들이 물어보기까지 한다. 최고의 리쿠르팅 방법은 제품을 설명하기보다 제품을 통해 달라진 내 모습을 보여주는 것이다. 이런 식으로 처음엔 제품으로 고객과 공감대를 형성한 후 점진적으로 비전 제시를 하는 방법이 보편적이다. 사업 경험이 쌓이고 수입이 늘면 마케팅 강의로 제대로 실력을 발휘할 수 있는 날이 올 것이다.

네트워크 메신저의 촌철살인
가려운 곳을 긁어주는 게 빨라.

19

말재간이 없는데 이 사업을 잘할 수 있을까요?

Q. 네트워크 사업이 다른 사람을 도와주는 구조인 게 마음에 들어 최근에 이 사업을 하기로 결정했습니다. 저는 낯을 많이 가리고 워낙 말주변이 없는 터라 시작부터 큰 고민이 되네요. 저처럼 말수도 적고 말재간이 없는 사람이 이 사업을 잘할 수 있는 팁을 알려주세요.

일반적으로 영업이라고 하면 말을 잘하는 사람이 유리할 것 같지만 네트워크 사업에선 꼭 그렇지만은 않다. 네트워크 사업은 일회성 영업과는 달리 자발적인 구매조직을 만들어내야 한다. 그러기 위해선 꾸준히 신뢰를 쌓아 끈끈한 관계성을 만드는 일이 가장 중요하다. 말주변이 없는 사업자들 중에 존재감은 적어도 말 때문에 큰 문제를 일으키는 사람은 드물다. 오히려 화려한 언변과 유려한 말로 사람들을 사로잡는 사업자들은 종종 말 때문에 곤욕을 치른다. 네트워크 사업에서 일어나는 대부분의 문제는 말을 못 해서가 아니라 너무 많이 해서 일어난다.

정보 과잉 시대를 사는 현대인들은 다들 나름 똑똑하다고 생각하면서 자기주장을 펼치는데 망설임이 없다. 말주변이 없다면 굳이 상대를 설득하려고 어설프게 말잔치를 늘어놓을 필요가 없다. 다들 자신의 얘기하기를 좋아할 때 맞장구치고 잘 들어주면서 친밀감을 형성하는 편이 낫다. "사업자가 말을 안 하고 가만히 듣고만 있으라고요?"라고 반문을 하는 사람도 있겠지만, 네트워크 사업은 내 편이 많을수록 성공에 가까워지는 사업이다. 사람은 누구나 내 말을 잘 들어주는 사람을 좋아하고 또 그 사람과 가까워지고 싶어 하는 심리가 있다.

상대방의 말을 잘 들어줄 수 있다면 충분히 좋은 네트워커가 될 수 있다. 의외로 할 말을 절제하고 꼭 해야 하는 말, 상대에게 필요한 말을 구별해서 하는 게 쉽지 않다. 네트워커들이 열정을 받으면 좋은 정보를 알리고 싶은 의욕에 자칫 상대방에게 속사포처럼 말을 쏟아낸다. 그런 화법은 고객이 만나는 걸 부담스럽게 여기고 따분한 일로 받아들이게 만들 수 있다. 고객과 한 시간을 만나 얘기를 주고받았는데 나의 대화량이 더 많았다면 그날의 미팅은 훌륭한 미팅이 아닐 수 있다.

최근 예능프로그램에서 개그맨 조세호 씨의 100회 특집을 축하하러 나온 사촌형의 인터뷰를 시청한 적이 있다. "너는 착하니까 억지로 웃기려고 하지 않아도 돼. 네 모습 자체를 좋아해주는 분들이 많을 거야."
개그맨에게 억지로 사람을 웃기려고 노력하지 말라는 사촌형의 조언이 인상적이었다.

억지로 사람들을 설득하지 않아도 사람을 돕는 자체를 좋아하는 사람은 이미 네트워크 사업에 충분한 자질이 있다. 나한테 없는 모습 때문에 기죽지 말고 나의 장점을 갈고 닦아 '굿 리스너'가 되길 바란다. 출근하면 많은 사람들이 어제 있었던 일을 나에게 얘기하고 싶어 줄을 설지도 모른다.

네트워크 메신저의 촌철살인

말을 많이 해서 대박 친 사람은 못 봤어. 말재간이 없는 사람은 중박은 칠 수 있어.

20

내향적인 성격인데 사업을 잘하는 비법이 있을까요?

Q. 네트워크 사업에 관심이 많은데, 성격이 내향적이라서 걱정이 됩니다. 성격을 개조하지 않고도 저 같은 사람이 네트워크 마케팅을 잘할 수 있는 비법이 있을까요?

네트워크 사업을 할 때 어떤 성격의 사람이 더 유리할까? "내 성격은 이 사업에 너무 잘 맞는다!"라고 얘기하는 사람을 나는 만나본 적이 없다. 흥미로운 사실은 성공자들의 60%가 성공한 그 일을 우연한 계기로 만나게 되었다는 것이다. 그들도 이웃으로부터 제품을 권유받아 써보고 반해서 먼저 이 일을 좋아하게 됐다. 좋아하니까 더 알고 싶어지고 배우고 노력하다 보니 결국 전문가의 수준까지 올라가더란다. 사람들이 그들에게 잘한다고 칭찬해주고 도움이 되었다고 말해주니까 보람을 느껴 더 열심히 하게 된다. 네트워크 사업을 위한 타고난 성격이 정해져 있는 것이 아니라 좋아하게 되면 꾸준히 노력하고 결국은 잘하게 된다.

내가 하는 일, 제품과 사랑에 빠지면 누구나 고수가 될 수 있다. 장남으로 태어났지만 집안이 어려워지자 학교를 포기하고 어릴 때 우편배달부로 취직한 소년이 있었다. 일은 힘들고 피곤했지만 그는 절망은커녕 항상 마음속으로 이렇게 되뇌었다. '나는 커서 전 세계에서 가장 뛰어난 우편배달부가 될 거야.' 늘 자부심과 긍지, 패기로 똘똘 뭉쳐서 자신이 하는 업무에 열정을 가지고 최선을 다했다. 보잘것없던 우편배달부였던 그 소년이 커서 철강왕 앤드류 카네기가 되었다. 성공자들에게는 작은 일에도 최선을 기울여 비범하게 만들어낸다는 공통점이 있다.

사업자 중엔 자신감이 부족해 또는 자존감이 낮아 이 사업을 하기 힘들다고 어려움을 토로하는 사람들이 많다. 네트워크 사업에 대한 자신감은 유전적인 형질, 즉 부모로부터 물려받은 성격에서 나오는 것이 아니다. 자신감은 내가 스스로 나의 일과 제품에 대해 느끼는 강력한 확신에서 시작되는 것이다. 사람들에게 나눠주는 나의 정보가 그들을 돕는다는 강력한 믿음이 있으면 나는 차츰 자신감이 넘치게 된다. 나의 확신 있는 행동이 타인에게 인정을 받게 되면 점점 자기효능감이 커진다. 그러면 어느새 사람들은 나를 원래부터 자신감 넘치는 사람이라고 여기게 되는 것이다.

어렸을 때부터 형성된 타고난 기질은 잘 안 바뀐다. 더 좋은 성격으로 바꾸려고 노력하는 것은 효율적이지가 않다. 사람은 저마다 강점과 약점을 동시에 가지고 있는데 강점을 더욱 갈고닦는데 노력을 기울여야 한다. 남과 비교하면서 나에게 없는 부분을 만들려고 애쓰기보다는 나만의 강점을 찾아내서 이 사업에 활용해야 한다. 내향적인 사람들은 부드럽게 사람들에게 다가가니까 사람들의 마음을 비교적 잘 연다. 타고난 성격 탓은 그만하고 스스로에게 지금부터 주문을 걸어 자기충족적 예언을 실현해보자. "이 일은 나에게 딱 천직이야!" 네트워크 사업에 좋은 성격, 나쁜 성격은 없다. 나의 타고난 성격을 사업에 잘 활용하는 사람이 성공이 빠를 뿐이다.

네트워크 메신저의 촌철살인

최근엔 내향적인 리더가 뜬대.

21

몇 달째 반복하는 강의를 그만 들으면 안 되나요?

Q. 네트워크 사업이 시스템 사업이고 교육 사업인지는 알겠습니다. 몇 달째 똑같은 얘기를 반복하는 강사의 강의는 이제 그만 들으면 안 되나요?

네트워크 사업의 조직 구축의 핵심은 '복제'에 있다. 복제하는 사람이 많을수록 성공 확률이 높으므로 가장 쉬운 방법은 설명회에 참여시키는 것이다. 강의를 들은 횟수보다 강의를 통해 무엇을 배웠고, 내가 얼마나 성장했는지가 중요하다. 똑같은 장소에서 똑같은 내용의 강의를 듣고 있더라도 지금 나의 열정의 크기는 커질 수도 줄어들 수도 있다. 혹시라도 내 옆에서 함께 강의를 듣는 파트너의 숫자가 예전에 비해 늘지 않았다면 아직은 똑같은 강의를 더 들어도 된다. 제대로 강의를 들었다면 내 조직은 확장되어야 한다.

다른 나라에 여행 갈 때 가장 중요한 것은 먼저 그 나라의 문화를 익히는 것이다. 이걸 모르고서 여행을 순탄하게 하는 것도 어렵지만 생각지 못한 어려움에 처할 수가 있다. 네트워크 마케팅 사업도 마찬가지로 얼핏 보면 방판 영업과 비슷한 것 같지만 이 사업만의 공식이 있다. 개인적인 기술이 아니라 회사의 교육에 참여함으로써 누구나 성공을 할 수 있는 사업이다. 방판 영업에선 열심히 제품을 파는 게 주 업무이지만 네트워크 사업에선 세미나 초대와 참석이 곧 일이다. 네트워크 마케팅의 시스템을 따르면 당장은 변화가 안 보여도 서서히 조직이 성장하는 것을 볼 수 있다.

네트워크 사업에선 성공자들 대부분이 평범한 사람들이다. 오히려 세일즈에서 성공했던 사람들은 네트워크 사업을 시작하면 본인만의 방법으로 시작했다가 헤매는 경우가 많다. 이들은 스폰서가 하라는 대로 알려줘도 이것저것 따지는 게 많고 고민을 많이 한다. 세미나에 참여해도 스폰서들이 기대했던 묘수나 비법을 알려주지 않는다고 실망한다. 스폰서들은 늘 "행사에 무조건 참여하십시오!"라고 한결같이 얘기하니 그들의 성에 차지 않는다. 세일즈에 뛰어난 파트너들은 결국 본인의 뛰어난 개인기로 사업을 시작하고 어느 정도까지는 빠르게 성장을 해낸다. 문제는 그들을 복제하는 파트너가 나오지 않아 결국은 지쳐 이렇게 얘기하며 포기한다. "나 같은 파트너가 한 명만 나왔어도 그만두지 않았을 텐데."

네트워크 회사의 승급식에 참석해보면 성공자들의 공통적인 무대 소감을 들을 수 있다. 마치 정해진 대본을 읽는 것처럼 그들은 하나같이 똑같은 얘기를 한다.

"아무것도 모르는 제가 오늘의 자리에 오를 수 있었던 이유는 오로지 시스템에서 시키는 대로 했을 뿐입니다."

이런 겸손한 스피치를 들으면 '나도 시스템에 빠지지 않으면 성공을 할 수 있겠다!'라고 희망을 가지게 된다. 늘 하던 얘기가 다르게 들리고 늘 보던 사람인데 열정의 온도가 유독 다르게 느껴지는 순간이 있다. 그 때부터 내 사업이 본격적으로 시작되는 것이다. 얼마나 들었는지 강의의 횟수가 중요한 것이 아니라 얼마나 다르게 들리는지가 성장의 잣대다.

네트워크 사업을 위해 교육에 참석하는 이유는 지식의 습득 때문만이 아니다. 지식을 얻음으로써 확신을 가지게 되고 확신은 열정으로 연결된다. 같은 장소에서 다 함께 열정을 받으면 팀원 모두 행동의 변화가 일어남으로써 역동적인 조직으로 바뀐다. 그래서 성공한 리더는 늘 한결같이 동일한 세미나 장소에서 동일한 자세로 파트너를 맞이하는 것이다. "매번 듣던 건데 오늘은 다르게 들리네요. 갑자기 속에서 뜨거운 것이 올라옵니다! 왜 그동안에는 몰랐었는지. 저도 반드시 성공할 거예요."라고 언젠가 고백할 날이 올 것이다. 몇 달째 똑같은 얘기를 반복하는 강사를 탓하지 말고 몇 달째 뜨뜻미지근한 내 마음에 경각심을 가져야 한다.

네트워크 메신저의 촌철살인

강사의 강의 내용은 바꿀 수 없지만 함께 듣는 구성원과 들을 때 네 마음의 온도는 바꿀 수 있어.

22

지인들보다는 모르는 사람을 공략하는 게 나을까요?

Q. 저는 예전에 부업으로 타사의 네트워크 사업을 몇 번 해본 적이 있습니다. 그래서 그런지 지인들이 저의 새로운 시작을 좋게 봐주지 않네요. 찾아가도 시큰둥하고 제품조차 써주지 않는데, 아예 모르는 사람을 공략하는 게 나을까요?

사업자 중에 콜드컨택만 하면서 처음부터 일절 지인 영업을 하지 않는 사람이 있다. 그들에게는 친한 사람으로부터 받는 거절이 더 아프기 때문이다. 기본적으로 영업의 기본기가 탄탄한 사람은 아무에게나 선뜻 말을 거는 게 쉬우니까 이 방법도 나쁘지 않다.

한편 네트워크 사업은 인간관계를 기반으로 유통조직을 구축하는 일이다. 처음부터 모르는 사람으로부터 출발한 조직은 유대관계가 약해서 자칫 응집력이 적은 단점이 있다. 지인들이 나를 응원하지 않는다고 콜드영업만 고집하지 말고 그들 중에 나를 돕는 사람을 찾아내야 한다. 네트워크 사업은 도무지 누가 잘할지 알 수 없는 사업인 만큼 두 가지 방법을 동시에 쓰면서 조직을 만들어야 한다.

사람들이 선뜻 관심을 가지고 내가 하는 일에 귀 기울여주지 않는다고 서운해할 필요는 없다. 나의 과거 모습을 잘 아는 그들은 나를 새로운 사업의 전문가로 인식하는 데는 시간이 걸릴 뿐이다. 사람들에게 내 모습이 한 가지 일을 꾸준히 못하는 사람으로 비쳐졌다는 걸 인정해버리면 마음이 덜 상할 것이다. 새로운 사업을 시작할 때마다 나는 그 당시 최고의 도구를 만났다고 지인들에게 알렸을 것이다. 그러고 보면 지금의 시큰둥한 지인들의 반응은 당연한 것이다. 그러나 사업에 잘 정착하고 성과를 내면 지인들이 먼저 나에게 물어볼 것이다. 그때는 다른 사업을 만났다고 얘기하는 대신 예전과는 다른 태도로 사업에 임하는 새로운 모습을 보여주면 된다.

지인 명단으로 사업을 시작한다 해도 대부분은 인맥이 제한적이어서 얼마 지나지 않아 명단은 끝이 나버린다. 웜컨택이든 콜드컨택이든 한 가지에 의존하지 말고 지속적으로 소개를 받아 내려가야 한다. 이 사업은 끊임없이 명단에 새로운 사람을 소개받아 명단을 확장하는 사업이다. 그들로부터 파생될 '지금부터 알게 될 새로운 사람들'까지 염두에 두는 것이다. 그러기 위해선 누구를 만나든 사람들에게 소개를 해달라고 요청할 수 있어야 한다. 네트워크 사업은 절대 혼자의 능력으로는 성공이 어려운 데도 사람들은 의외로 도움 요청을 꺼린다. 스티브 잡스도 "꿈을 이룬 사람은 도움을 청하는 방법이 다르다."라고 말하면서 도움의 중요성을 강조했다.

성공하고 싶은 간절한 마음이 있다면 자존심을 내려놓고 어떻게 하면 지인들을 내 편으로 만들 수 있을까 고민해야 한다. 열심히 하는 모습, 포기하지 않는 모습, 성장하는 모습을 보이면 결국은 조금씩 마음의 문을 열게 된다. 지인들에게는 직접적인 설명보다는 SNS 등을 통해 내가 꾸준히 사업을 잘하고 있다는 것을 알리는 것도 좋은 방법이다. 든든한 내 지원군이 나올 때까지는 콜드영업도 동시에 병행해야 한다. 중요한 건 지인을 만나든 콜드컨택을 하든 이번 사업이 나의 생애 마지막 네트워크 사업이라는 각오로 뛰는 것이다.

네트워크 메신저의 촌철살인

아예 모르는 사람을 찾아가는 것도 만만한 일은 아니야.

23

친구에게 부담을 주지 않고 다가가는 방법은?

Q. 저는 친구나 지인들에게 부담을 주고 싶지 않은데요. 어떤 식으로 다가가야 그들에게 강요하는 듯한 느낌을 주지 않을까요?

매일 사람을 만나서 제품을 파는 방판 영업인조차도 본인은 장사꾼처럼 비쳐지는 걸 싫어한다. 사람들은 남에게 강요당하길 싫어하고 반대로 강압적인 행동을 하는 것도 꺼린다. 부담을 주지 않는 가장 간단한 방법은 우아하게 상대방이 듣고 싶은 얘기만 하는 것이다. 그러나 즐겁게 미팅이 끝났지만 사람들이 기대하는 행동을 해주지 않는다면 그날은 단지 친목모임을 한 것과 똑같다. 성과 없이 늘 분위기만 맞추고 돌아오다간 조만간 그 일을 그만두게 될지도 모른다. 더는 미루지 말고 내가 할 일을 하고 돌아와야 한다.

네트워크 사업을 성공적으로 하려면 거부감을 안 주면서도 하고 싶은 얘기를 하는 방법을 익혀야 한다. 가장 강력한 방법은 내 정보가 상대방에게 도움이 된다고 믿으면서 얘기를 하는 것이다. 정말로 남에게 큰 도움을 준다고 나 스스로가 믿기 시작하면 그때부터 사람들은 귀를 기울일 것이다. 유능한 세일즈맨은 제품을 사달라고 사정하지 않는다. 자신은 이웃을 위해 귀한 정보를 공유한다고 믿을 뿐이다.

사람들을 만날 때 강박적인 목적을 가지고 대화에 임하면 상대방은 분명히 부담감을 느낀다. 자연스런 분위기 속에서 일상적인 주제로 대화를 시작해야 상대방은 마음을 열고 서로의 거리가 가까워질 수 있다. 이때 질문을 통해 열심히 들어주면서 성의 있는 해결책을 제시해줘야 한다. 놀라운 건 상대방이 어떤 문제를 가지고 있든 간에 대부분의 것은 내가 하는 사업이나 제품과 관련이 있다. 네트워크 사업은 경제와 여가 문제를 해결해주고, 내가 취급하는 제품은 사람들이 관심이 있는 건강과 뷰티에 관한 것이다. 이런 대화를 잘만 주도한다면 나는 더 이상 제품을 사달라고 강요할 필요가 없다. 사람들에게 해결책을 제시하는 전문가의 위치로 바뀌는 것이다.

부담을 안 주면서 사업을 하려는 것은 골문 앞까지는 열심히 공을 몰고 가지만 슛을 차지 않는 것과 같다. 거부감을 주지 않으면서도 그들에게 꼭 필요한 맞춤식 대화를 할 수 있어야 한다. 병원에 가면 의사는 처방전을 써 주지만 아무도 의사가 부담을 지운다고 생각하지 않는다. 의

사는 환자를 치료한다는 분명한 목적을 가지고 구체적인 약명이 적힌 처방전을 교부한다. 어떤 화장품을 써야 되냐고 묻는 고객에게 "우리 제품은 다 좋습니다."라는 식의 애매한 안내는 좋지 않다. 내가 전문가니까 처방을 내린다는 마음으로 고객 한 사람 한 사람에게 구체적인 안내를 해야 한다. 언젠가는 나에게 고마움을 느껴 그들이 스스로 나를 찾아오는 날이 올 것이다.

네트워크 메신저의 촌철살인

부담스럽지 않게 부담을 주고 돌아와야 성과가 있을 거야.

24

블로그 마케팅을 사업에 어떻게 활용할 수 있을까요?

Q. 저는 네트워크 사업을 권유받기 전부터 미약하나마 블로그를 운영하고 있었습니다. 블로그에 제품을 올려서 판매도 하고 홍보를 해보고 싶은 생각이 있는데 어떻게 생각하시는지요?

코로나19로 사람들을 만나기가 어려워지면서 네트워커들의 SNS 활동의 역할이 두각을 나타내게 되었다. 예전에는 블로그는 복제가 어렵다고 생각이 돼서 나는 블로그 마케팅에 소극적인 입장이었다. 글을 하나 쓰는 데 많은 노력이 필요하고 상위 노출까지 시간이 지나치게 오래 걸린다는 단점이 있다. 한편 네이버 블로그의 경우 꾸준하게 정성스런 포스팅을 한다면 검색 시 상위 노출을 시켜준다는 장점이 있다. 블로그엔 일단 사람들이 목적을 가지고 검색해서 들어오니까 게시물을 읽고 회원으로 전환될 확률이 크다. 시대가 변했으니까 다르게 활동을 해야 한다는 점은 인정한다.

네트워크 제품은 자사의 사이트를 제외한 포털 사이트에서 개인적으로 판매하는 행위는 위법이다. 대신 블로그에서는 네트워크 사업에서 요구되는 가장 고급 스킬인 '고객과의 커뮤니케이션'이 가능하다. 블로그를 판매를 위한 매개체가 아닌 고객과의 소통을 위한 공간으로 활용하는 것은 좋은 방법이다. 꾸준히 블로그를 통해 도움이 되는 양질의 콘텐츠를 지속적으로 생산만 할 수 있다면 고객은 끊이지 않을 것이다. 네트워커가 생산하는 양질의 글이란 글을 읽고 내가 원하는 행동을 독자가 하도록 만드는 글이다. 블로그에 내가 그런 글을 쓸 줄만 안다면 네트워커로서 가장 큰 고민인 명단의 고갈에 대한 고민은 크게 해소될 것이다.

이왕 블로그에 글을 올리겠다고 마음먹었으면 소비자에게 팔리는 글을 올려야 한다. 그냥 생각나는 대로 하고 싶은 말을 적는 것이 아니라 상대방이 궁금해하는 글을 올려야 한다. 일방적으로 제품과 사업 얘기만 한다면 사람들에게 즉시 외면당할 수 있다. 네트워크 사업을 통해 상대의 문제를 해결해주려는 채널이 되어야 한다. 평범한 나의 라이프 스타일을 지속적으로 공개하면 나에 대한 친근감이 높아져 신뢰를 두텁게 쌓을 수 있다. 꾸준히 나의 콘텐츠를 접하는 독자는 어느새 나에 대한 비판의식과 거부감을 거두고 내 얘기에 귀를 기울일 것이다.

블로그에 포스팅 할 때 가장 유의해야 할 부분은 내 글이 사람을 대상으로 쓰고 있다는 점이다. 시대가 변했어도 그 중심은 상대와의 소통이라는 것을 잊으면 안 된다.

《타이탄의 도구들》의 저자 팀 패리슨이 페이팔의 공동 창업자 피터 틸에게 다음과 같이 물었다. “미래를 결정지을 수 있는 가장 중요한 트렌드는 무엇인가요?” 피터 틸의 입에서는 의외의 답이 나왔다. “트렌드는 중요하지 않아요. 미래의 삶에 가장 중요한 역할을 하는 건 사명감입니다.”

미디어가 발달해도 내 글을 읽는 사람들은 여전히 나의 철학에 열광하는 사람들이다. 블로그 마케팅뿐만 아니라 어떤 매체를 통하든 간에 사람들을 돕겠다는 마음으로 임한다면 나의 팬층은 늘어날 것이다.

네트워크 메신저의 촌철살인

꾸준히 포스팅을 하면 네 팬이 생기고 나중에는 그들이 네 사업을 돕게 돼.

25

끈기가 부족한 사람도 끝까지 해낼 수 있는 팁

Q. 저는 한 가지 일을 꾸준히 하는 끈기가 부족한 편입니다. 열심히 시작했다가 중도에 포기할까 봐 염려됩니다. 끝까지 해낼 수 있는 팁을 알고 싶습니다.

네트워크 마케팅 사업은 진입장벽이 낮아 누구나 쉽게 도전할 수 있는 만큼 쉽게 그만두는 사람도 많다. 그런데 일단 소비자가 구축되기 시작하면 정작 그만두기도 정말 어려운 사업이다. 사업을 그만두려는데 소비자가 제품을 주문하는 바람에 다시 시작했다는 사람들이 많다. 처음엔 나 혼자 시작하지만 팀이 만들어지면 내 열정과 관계없이 주도적인 파트너들이 생긴다. 힘이 들어도 눈빛이 반짝이는 파트너들의 얼굴을 보면 다시 열정이 솟구쳐 오른다. 이 사업의 관건은 열정을 얼마나 받느냐보다 얼마나 열정을 오래 유지하느냐에 있다. 전기밥솥에 코드를 꽂았다가 뽑았다를 반복하면 밥이 될 리가 없다. 쉽게 지치지 않으려면 오늘부터 나의 열정의 코드를 365일 시스템에 플러그인 해야 한다.

이민규의《실행이 답이다》에서는 유혹당할 상황에 자신을 방치하지 않기 위해 가두리 기법이란 것을 소개한다. 이 기법은 반드시 해야 할 일이 있으면 그 일을 안 할 수 없도록 단단히 쐐기를 박아 놓는 것이다. 독서를 하기 위해 독서 모임에 가입한다든지, 다이어트를 하기 위해 개인PT를 끊는 것 등이 예시가 될 수 있다. 사람의 변덕스러운 정신력을 믿기보다 하지 않으면 안 되는 상황을 만들어 자신을 막다른 골목으로 밀어 넣는 것이다. 네트워크 사업도 나의 열정만 믿고 달리다 보면 분명히 에너지가 고갈이 되는 날이 올 수 있다. 계속할 수밖에 없는 나만의 꿈을 상기하고 목표를 설정하는 것이 사업을 계속해서 달려가는 것에 도움이 된다.

나는 네트워크 마케팅 사업을 시작하고 여태까지 내가 세운 목표를 달성하는 확률이 높았다. 나 역시 끈기나 지구력이 강하지 않은 평범한 사람이다. 대신 나는 무슨 도전을 시작하기 이전에 항상 사람들에게 선포하고 행동으로 옮기는 편이다. 그렇게 하면 포기하고 싶은 순간이 와도 내가 내뱉은 말이 있으니까 이를 악물고 버티게 된다. 이 사업을 시작할 때도 아는 지인들에게 원대한 내 꿈을 선포했던 것이 도움이 되었다. 응원해준 이들에게는 그들의 기대에 부응하기 위해서 열심히 했다.

내 꿈을 비웃었던 사람들에겐 그들이 틀렸다는 것을 증명하기 위해 어려움이 와도 견딜 수 있었다.

네트워크 사업은 의외로 소속감이 없어서 그만두는 사업자들이 많다. 매일 출근하는 일이 아니니까 자유와 방종을 혼동하며 오히려 사람들의 통제가 그리울 때도 있다. 사업을 잘하고 싶다면 팀원들과의 단체 메신저 방을 직장이라 생각하고 가상의 공간으로 출근하자. 그곳에서 적극적으로 팀원들과 일상을 공유하는 것이 도움이 된다. 사업을 진행하다 보면 시간이 지나면서 나를 유독 따르고 좋아하는 파트너들이 생긴다. 사업 전에는 몰랐던 관계였지만 이제는 그들 때문에라도 힘이 들어도 견딜 수 있는 날도 올 것이다. 나의 경우는 좋아하는 업 라인 스폰서와 티타임을 가지면서 혼자가 아님을 깨닫게 되어 힘을 낼 수 있었다.

네트워크 마케팅 사업은 시스템이 나의 사업을 유지시켜 주고 팀원들의 결속력이 나의 결심을 번복하지 못하도록 붙들어준다. 시스템에 접속되어 있기만 한다면 평범한 사람도 크게 이탈될 일이 없는 안전한 일이다. 연약한 내 의지만 보면 미래가 불안할 수도 있지만 함께 가기 때문에 멀리 갈 수 있는 사업이다. 물론 회사의 시스템을 적극 활용하고 좋은 팀의 구성원이 되고자 하는 최소한의 노력은 나의 몫이다.

나의 꾸준함을 유지시켜 줄 가장 확실한 무기는 내가 사업에 성공해서 지키고 싶은 나의 사람들이다. 가야 할 곳이 있는 새는 폭풍우가 몰아쳐도 날갯짓을 절대 멈추지 않는 법이다.

네트워크 메신저의 촌철살인

절대로 시스템에서 이탈하지 마.

26

스폰서의 역량과 나의 역량 중 어느 것이 더 중요한가요?

Q. 네트워크 마케팅 사업에 성공하려면 스폰서의 역량과 나의 역량 중 어느 것이 더 중요한가요?

바이너리 마케팅은 스폰서가 앞에서 끌어주고 파트너가 뒤에서 밀어주는 훈훈한 구조다. 많은 사람이 네트워크 마케팅 사업을 선택한 이유를 스폰서가 함께 돕기 때문이라고들 한다. 스폰서와 한 줄을 공유하므로 그 덕분에 빠르게 성장할 수 있으니 의존하기가 쉽다. 그러나 원하는 만큼의 성과가 나지 않으면 스폰서의 능력이 부족해서인 것처럼 느껴 불평을 하는 사업자가 많다. 바이너리 공유마케팅의 딜레마에 빠져서 불필요한 감정 소모로 어려움을 겪게 된다. 스폰서, 파트너와 함께 만드는 공유 마케팅에선 세 명 중 가장 간절함이 큰 사람이 바쁘게 움직이면 된다.

네트워크 마케팅의 본질은 내가 셀프 리더가 되어 스스로가 주인이 되는 사업이다. 스폰서와 내 역량 중에서 누구의 것이 더 중요한가라는 질문에 대한 대답은 물어볼 필요도 없다. 내 사업이면 나의 역량을 끌어올릴 생각만 하면 된다. 스폰서 능력만 믿었다가 만약에 잘못된 결과가 초래되면 그에 대한 책임은 누가 물어야 되는 걸까? 스폰서는 경험을 나누어 줄 수 있지만 선택하고 책임지는 것은 내 몫이다. 내가 했던 일도 내게 책임이 있고, 개입하지 않아서 발생한 모든 일에도 내게 책임이 있다는 마음으로 사업에 임해야 한다.

치열한 경쟁 구조에 지친 영업인들 중에 네트워크 사업의 윈-윈 구조가 마음에 들어 사업을 시작한 사람들이 많다. 그들 중에 일이 어려워서가 아니라 사람에게 실망해서 돌아서는 사업자들이 있다. 방판 영업은 내가 한 만큼의 몫을 정확히 돌려받는 일이니 앞만 보고 열심히 뛰면 된다. 그러나 네트워크 마케팅 사업은 나와 스폰서와 파트너가 함께 만들어서 수익을 분배하는 일인 만큼 갈등이 유발될 수 있다. 함께 해서 쉽고 따뜻하지만 함께 하기 때문에 어렵고 복잡한 일이 네트워크 사업이다. 한 줄을 공유한다는 마케팅 자체는 어떤 이에게는 너무나 고맙지만 다른 이에겐 그것 때문에 발목이 잡힐 수도 있다.

나는 내 역량만 훈련시킬 수 있고 내가 스폰서의 역량을 키울 수는 없다. 스폰서가 뛰어나면 좋겠지만 기본적으로 내 사업은 내가 한다는 마음으로 사업에 임해야 한다. 굳이 역량이 뛰어나면 좋은 사람을 한 사람

꼽으라면 스폰서도 나도 아닌 파트너다. 네트워크 사업은 주도적이고 유능한 파트너가 나오는 순간 속도가 나는 일이기 때문이다. 그러나 그런 파트너는 나를 위해서가 아니라 오로지 자신의 성공을 위해 앞만 보고 뛸 것이다. 심지어 그들은 "스폰서님, 제가 성공시켜 드릴게요!"와 같은 엄청난 말을 잘한다. 부모가 재벌이라도 그들의 자녀는 각자 걸어야 할 몫이 있다. 성인이 되었으니 출신을 따지지 말고 나는 내 사업을 하면 되는 것이다.

네트워크 메신저의 촌철살인

스폰서와 너보다 유능한 파트너가 유입되는 순간 사업의 전세는 역전돼.

27

처음부터 전업으로 할까요, 투잡으로 시작할까요?

Q. 주위에서 네트워크 마케팅은 처음부터 전업으로 시작하면 안 된다고 하더라고요. 네트워크 사업은 투잡으로 시작하는 게 맞는 건가요?

누구한테 물어보느냐에 따라 다른 답변을 들을 수 있을 것이다. 전업으로 뛰어들어 처음부터 빠르게 성공을 한 사업자라면 그는 무조건 전업을 추천할 것이다. 전업으로 시작했다가 어려움을 겪은 사업자는 무조건 부업으로 시작하라고 안내를 할 것이다. 어떤 형태로 사업을 시작할 것인가는 전적으로 본인이 충분히 고민하고 결정을 내릴 문제다. 사람마다 개인의 역량, 재정 상황, 본인의 목표와 간절함은 다른 거니까.

전업 사업자와 부업 사업자의 가장 큰 차이점은 투자할 수 있는 시간과 비용적인 부분이다. 시간과 비용을 많이 투자한다고 반드시 사업의 속도가 정비례해서 성장하지는 않는다. 부업자 중에 조금만 더하면 조직이 커지겠구나 싶어 전업으로 결단하는 사람들이 있다. 그들은 원대한 포부를 가지고 다니던 직장을 과감히 그만둔다. 막상 열심히 달리겠다는 본인의 의욕과는 다르게 매일 직장에서 만나던 사람들마저 못 보니 사람을 못 만나는 어려움에 부딪힌다. 그들 대부분은 직장에서 그저 주어진 일과를 소화하는데 익숙했던 사람들이다. 스스로 일정을 꾸리는 것에 서툰 그들은 결국 느슨하게 시간을 쓰면서 세월만 보냈다고 후회하는 사업자들이 많다.

투잡으로 하는 사업자는 전업자에 비해 쓸 수 있는 시간이 제한되어 있는 게 가장 큰 단점이다. 그들의 사업 전개 속도가 늦는 이유는 사람을 만나는 시간이 적어서라기보다 세미나를 듣는 양이 현격하게 적기 때문이다. 적게 듣기 때문에 열정도 덜하고 얕게 알기 때문에 설득하는 힘도 부족하다. 부업자들은 퇴근 후 혼자라도 강의를 매일 들어서 회사의 최신 정보를 전업자만큼 알고 있어야 한다. 매일 전화나 메시지로 기존 고객을 관리하고 주말에는 반드시 신규고객을 적어도 한 명 이상은 만나는 약속을 소화해야 한다.

네트워크 마케팅 사업으로 최소한 월 100만 원 이상의 인세 소득을 벌려면 처음에 집중해서 임계점을 넘겨야 한다. 부업자가 직장을 마친 뒤 취미활동 하듯이 사업을 하면 성과 없이 쓰는 비용이 더 많을 수 있다. 또 본인이 설렁설렁 사업을 진행하면 하부에 전업 사업자가 나오기 힘들다는 것은 알고 있어야 한다. 스폰서가 전적으로 올인을 안 하는데 사업에 전념하는 파트너가 나올 가능성은 낮다. 이 사업에 임하는 나의 태도나 철학은 고스란히 하부 파트너에게 전달되게 돼 있다. 네트워크 마케팅을 사업으로 하는 거라면 부업자도 프로의식을 가지고 직업이 두 개라는 마음으로 임해야 한다.

특별한 능력이 없는 사람 중에 평범하게 살기 싫다는 꿈을 가지고 있는 사람이 전업으로 도전하는 것은 굳이 말리고 싶지 않다. 우선 그런 사람은 현재 6개월 이상 고정소득이 없어도 당장 생활에 불편함이 없는지 따져봐야 한다. 한 달, 24시간 내내 나에게 자유시간이 주어진다면 주도적으로 타이트하게 시간을 쓸 수 있는지도 체크해 봐야 한다.

네트워크 마케팅에서 가장 유능한 사업자는 뭐니 뭐니 해도 절박한 사업자였다. 과거에 신용불량자이었거나 기초수급자였던 사람들이 성공한 사례만 들어봐도 알 수 있는 부분이다. 지금 직장생활을 계속해도 절대로 내 인생의 역전이 없다면 도전을 권유하고 싶다. 내 사업의 성패는 점칠 수 없지만 확실한 것 한 가지는 도전이 없으면 변화도 없다는 사실이다.

네트워크 메신저의 촌철살인

케이스 바이 케이스야.

28

딱 1년만 집중해보고 싶은데, 가능할까요?

Q. 제가 큰마음 먹고 딱 일 년만 집중해서 열심히 해보려고 합니다. 잘할 수 있을까요? 응원의 말씀 부탁드립니다.

시대를 앞서가는 미래지향적인 사업, 네트워크 비즈니스를 선택하게 된 걸 축하한다. 내가 잘할 수 있을지에 대한 질문의 답은 본인이 말하고 생각한 대로 될 것이다. 헨리 포드는 말했다. "당신이 할 수 있다고 믿든, 할 수 없다고 믿든 당신이 믿는 대로 될 것이다." 이 사업에서 실패하는 가장 큰 원인은 스스로 포기하는 것이다. 일 년만 해보겠다고 처음부터 한계를 설정하고 사업을 시작하면 도중에 어려움을 만나면 포기할 가능성이 매우 크다. 이왕 네트워크 사업을 하기로 결심했다면 성공할 때까지 도전하겠다고 마음을 바꿔 먹으라고 조언하고 싶다.

네트워크 마케팅은 다른 자영업과는 달리 조직을 구축하는데 반드시 인내의 시간이 요구되는 사업이다. 대부분의 네트워크 고수들은 "1년은 최소한의 시행착오의 기간이었다."라고 말을 한다. 일 년이라는 시간은 가시적인 성과가 나오기는 짧은 기간이니 좀 더 장기적인 플랜을 세워야 한다. 딱 일 년만 올인해보겠다고 시작했는데, 만약에 일 년 뒤 성과가 안 나오면 어떻게 할 계획인가? 시작부터 그렇게 선을 딱 긋고 시작하면 늘 쫓기는 마음에 선택의 순간이 오면 이성적인 판단이 흐려질 수 있다.

《중용》에 '등고자비(登高自卑)'라는 말이 나온다. 높이 오르려면 낮은 데서부터 출발해야 한다는 뜻이다. 어느 초등학교 특강 시간에, 한 아이가 "할아버지는 어떻게 큰 부자가 되셨어요?"라고 정주영 회장에게 물었다. "처음부터 큰 부자가 될 생각을 한 적은 없었어요. 그냥 열심히 일하고 그때그때 최선을 다했지요."라고 정주영 회장은 답했다. 네트워크 사업을 시작했다면 적어도 3년은 꾸준히 한다는 마음을 먹고 시작해야 일희일비하지 않는다. 묘수가 있는 게 아니니 서두르지 말고 꾸준히 한 계단 한 계단 올라가 보자.

네트워크 메신저의 촌철살인

일 년만 해보겠다는 결심 대신 일 년 안에 네가 뭐가 될지를 정해 봐.

29

유능한 강사가 되려면 무엇을 준비해야 할까요?

Q. 저는 어릴 적부터 사람들 앞에서 꿈과 희망을 전하는 강사가 되고 싶었습니다. 네트워크 사업을 만났으니 이 도구로 많은 사람에게 동기부여를 해주는 제 꿈을 이루고 싶습니다. 유능한 강사가 되려면 지금부터 무엇을 준비해야 할까요?

많은 사업자들이 무대 울렁증 때문에 마이크 잡는 것을 꺼려하는 반면 강사가 꿈이라고 하니 좋은 일이다. 네트워크 사업의 강연회에선 '세바시'처럼 평범한 사람들이 자신의 변화된 이야기를 나누고 열정을 받는다. 우선 내 사업설명회를 사람들이 듣고 꿈과 희망을 가지려면 내 설명회에는 어떤 요소를 담고 있어야 할까? 가장 중요한 것은 내가 먼저 꿈을 이룬 사람이 되어서 무수한 어려움을 극복해낸 경험이 있어야 한다. '나도 해내었으니 당신들도 할 수 있다.'가 네트워크 사업설명회의 핵심이다. '우리 회사가 최고예요!'와 같은 지엽적인 얘기가 아닌 내가 직접 일구어낸 스토리에 사람들은 환호한다.

다른 사람을 돕고 싶어서 자신의 경험을 강의로 나눠주고 싶다는 마음은 아름답다. 일단 지금은 누구를 가르치려 들기보다 초보 과정에서 겪는 진솔한 체험담을 얘기해주는 게 좋다. 종종 왕초보 사업자들은 거리가 먼 성공자의 강의보다 사업자들끼리의 경험 공유에서 열정을 받는다. 제품에 반한 얘기, 회사에 감동한 얘기는 초보자의 수준에서도 얼마든지 할 수 있다. 진솔한 내 사례를 넣어 내가 생각하는 교훈과 해결책 정도는 설득력 있게 제시할 수 있어야 한다.

좋은 강사가 되기 위해 지금부터 쌓아야 할 가장 고귀한 경험은 네트워크 사업으로 돈을 벌어보는 성취를 하는 것이다. 아무리 기교가 들어있는 강의를 해도 실전 경험에서 나온 것이 아니라면 청중은 들으면 금방 알아차린다. 진솔한 강의는 청중의 마음을 스스로 되돌리게 하는 힘을 가지고 있다. 그런 강의를 듣고 나면 내적 동기가 높아져 사업자들이 스스로 행동을 하므로 성과로 이어진다. 사람들은 그런 강사를 또 초청해서 파트너들에게 들려주고 그런 식으로 일명 스타강사가 배출되는 것이다.

목표가 있는 사람은 분명히 좋은 강사가 될 수 있다. 그것을 위해 지금은 일단 조직 구축에 전념하고 승급도 해서 돈을 벌기 바란다. 지금부터 매일매일 일지에 소비자를 만나면서 쌓은 나의 귀중한 경험들을 잘 기록해놓는 게 좋다. 내가 그 순간 느낀 것, 반성한 것, 결심한 것 등을 전부 기록으로 남기면 그게 엄청난 자산이 된다. 그 과정을 잘 기록해서 교훈을 정리하고 내 나름의 해결책을 제시하는 대본들을 써내려가자. 내 조직이 점점 커지고 내 사업에 실질적인 열매가 맺히면 사람들이 먼저 강의 요청을 해올 것이다. "어떻게 멋진 조직을 구축했나요?"라고 물을 때 노하우를 공유하면 사람들의 반응은 뜨거울 것이다.

네트워크 메신저의 촌철살인

좋은 경험, 나쁜 경험은 없어. 일단 많은 경험을 쌓아놓으렴.

30

네트워커가 꼭 읽어야 하는 책을 추천해 주세요

Q. 네트워커에게는 독서가 중요하다고 들었습니다. 꼭 읽어야 하는 필독서가 있다면 추천해 주세요.

많은 사람을 만나는 일을 하는 네트워커들에겐 책이 가져다주는 유익함이 상당하다. 본인이 특별한 스킬은 없는데 큰 조직의 리더가 되고 싶다면 무조건 다독가가 되어야 한다. 네트워크 마케팅은 경험 비즈니스인데 독서로 타인의 경험을 공짜로 얻을 수 있다. 또 독서를 통해 '시대의 흐름', 곧 세상이 어디로 흘러가는지 그 트렌드를 파악할 수 있다. 독서를 하면 사고가 확장돼 더 많은 사람을 품게 되고 조직 확장에 구체적으로 도움을 받는다. 이렇게 책을 읽으면서 생각이 바뀌고 행동의 변화를 시도하면 네트워커들에게 돈이 되는 독서가 된다.

사람마다 취향이나 문해력이 다르니 특정 분야의 책을 선뜻 권유하기는 힘들다. 초보 네트워커라면 사업을 시작하기 전에 읽으면 도움이 될 필독서 몇 권을 추천한다.

- 《부자아빠의 21세기형 비즈니스》(로버트 기요사키, 존 플레밍, 킴 기요사키): 현금흐름의 4분면, 노동 소득과 시스템 소득
- 《파이프라인 우화》(버크 헤지스): 파이프라인 구축의 필요성과 만드는 과정
- 《쇼더플랜》(돈 페일러): 무너지지 않는 조직구축을 위한 방법과 냅킨 프레젠테이션
- 《리더십 불변의 법칙》(존 맥스웰): 리더십 분야의 고전
- 《카네기 인간관계론》(데일 카네기): 인간관계의 바이블
- 《놓치고 싶지 않은 나의 꿈 나의 인생》(나폴레온 힐): 꿈을 실현하는 성공철학
- 《나는 네트워크 마케팅으로 매일매일 부자로 산다》(이수련): 네트워크 사업에 관한 기본 노하우 지침서

세상 살아가는 다양한 문제들을 다루는 네트워커들에게 특별한 분야를 정해 독서를 권하지는 않는다. 먼저 경험한 스승들의 다양한 분야의 지혜들은 분명히 내가 사업을 헤쳐나가는 데 도움이 된다. 단, 네트워크 사업이 처음이라면 우리가 만드는 소득의 성질과 방법을 책을 통해 먼저 익히면 좋다. 제품을 파는 사업 같지만 결국은 인간관계 사업이기 때문에 책을 통해 사람에 대해 깊은 공부가 필요하다. 네트워크 사업이 미국에서 들어온 만큼 외국 저자의 책들이 비교적 자료가 풍부하다. 그러나 번역서가 가진 단점을 극복하고자 작년에 나는 네트워크 사업의 기

본 지침서를 출간했다. 내용이 술술 읽힌다는 평가를 받고 있는 책이니 현장을 뛰는 네트워커들에게는 도움이 많이 될 것이다.

학자가 될 것도 아닌데 지금 당장은 제품 전달에 집중하겠다고 독서를 미루는 사업자들이 많다. 책 몇 권 읽는다고 학자가 되는 건 아니다. 학자가 되려면 네트워크 사업에서 성공하는 것보다 훨씬 많은 시간이 걸리고 더 어렵다. 당장 급하지 않다고 네트워커들에게 필요한 소양을 쌓는 일에 게으르면 정작 조직이 커졌을 때 큰 어려움을 겪을 수 있다. 네트워크 사업은 조직을 구축하고 사업을 경영하는 리더가 되는 일이다. 지속적으로 책을 읽고 공부하지 않으면 꼰대가 되어 팀원들과의 소통 능력이 떨어질 수밖에 없다. 이런 리더들은 콧대만 높아져 화합도 못 할뿐더러 점점 무식해져서 결정적으로 판단력이 흐려진다.

최근에 구글, 애플 같은 초일류 기업에서는 명문대 출신보다는 인품이 높은 사람을 뽑는 것을 선호한다. 이런 사람의 대표적인 특징은 '배운 사람(learned)이 아니라 배우는 사람(learning)'이라는 것이다. 배우는 사람은 나보다 남을 더 낫게 여기는 유연하고 겸손함이 있는 사람이다. 네트워커는 남들에게 건강과 부를 알리는 행복전도사로서 살아가는 사람이다. 성공적인 네트워커가 되려면 높은 학벌은 필요 없지만 올해의 추천도서 정도는 읽어야 한다.

네트워크 메신저의 촌철살인

딱히 장르에 제한 없이 모든 책은 사업에 도움이 돼.

2장

현장에서 활동하는 중급 사업자를 위한 웰씽킹

31

사업을 부정적으로 보는 시선을 어떻게 극복해야 할까요?

Q. 저는 대학 졸업 후 큰 포부를 가지고 네트워크 사업을 시작한 청년입니다. 현장을 열심히 뛰다 보면 다단계 제품이라는 얘기를 꺼내는 즉시, 말 자체를 안 들으려는 분들이 계십니다. 그들의 부정적인 시선을 어떻게 헤쳐나가야 할까요?

아무리 좋은 제품을 들이밀어도 다단계 제품이라고 말하는 순간 외면하는 사람들이 많다. 다단계 산업 자체는 교과서에 소개될 만큼 문제가 없는 합리적이고 미래지향적인 유통산업인데 말이다. 빌 게이츠, 트럼프 같은 유명인 중에는 다시 시작하라면 네트워크 마케팅을 선택할 거라고 말한 사람들도 있다. 이런 선진국형 네트워크 마케팅이 1990년대 초반 우리나라에 건너오면서 수많은 회사들이 창업과 폐업을 반복하는 아픔을 겪었다. 몇몇의 비도덕적이고 양심 없는 사람들에 의해 '불법적 사업'으로 변질되면서 엄청난 피해자를 양산했다.

그 이후로도 마케팅의 특성상 사행성의 요소가 있다 보니 피해자 양산을 근절시키지 못했다. 네트워크 마케팅은 서민에게 진입장벽 없이 성공할 수 있는 큰 기회도 주지만 자칫 잘못하면 돈을 많이 잃을 수도 있다. 사업자들이 바른 양심을 지키고 피해사례가 근절되면 이 산업의 분위기는 앞으로 많이 바뀌어질 것이다. 실제로 최근 10년간 이 산업에도 건실한 회사들이 점점 자리를 잡아가고 있다. 2020년 코로나19로 매출이 조금 주춤했는데 2021년에는 빠르게 비대면 시스템에 적응하면서 매출이 반등했다. 일자리가 점점 사라지고 비대면 유통이 뜨는 코로나 상황에는 계속해서 사람들이 네트워크 마케팅 사업으로 유입될 것이라 예상한다.

특히 나이와 서열을 중시하는 우리나라 사회에서 대학을 갓 졸업한 청년의 말은 분야에 상관없이 사람들이 잘 안 듣는다. 더군다나 오랜 시간 자리 잡힌 네트워크 마케팅의 부정적 고정관념이 있어서 말로 변론하기는 어렵다. 그러나 지인들의 부정적인 시선은 내가 스스로 이 사업에 대해 자부심을 크게 느낄수록 조금씩 줄어든다. 사람들은 표정만 봐도, 말 몇 마디만 주고받아도 이 사업을 하는 프라이드를 느낄 수 있기 때문이다. 나의 경우, 사람들이 무슨 일하냐고 물으면 그냥 "다단계 사업자에요."라고 대답한다. 유통 사업을 한다느니 네트워커라느니 하며 돌려 얘기하지 않는다. 나는 사람들을 돕는 비즈니스를 한다고 스스로 생각하기 때문에 늘 당당할 수 있다.

네트워크 마케팅을 할 때는 상대방의 마음을 조급하게 바꾸려 하지 말고 내가 얼마나 괜찮은 사람인지 매력을 발산하는데 집중한다. 사람을 대할 때는 네트워크 사업이 모두에게 경제적 독립을 줄 수 있다는 자기 철학을 가지고 만나야 한다. 굳건한 믿음이 있으면 현장에서 들리는 사람들의 수군덕거림이 더는 아프게 들리지 않는다.

반대로 내 말을 들으려 하지 않는 사람들이 안타깝게 보일 뿐이다. 이제부터는 그들에게 성실하고 정도를 지키는 선한 사업자라는 이미지를 쌓는 데 집중해야 한다. 그래서 상대로부터 "다단계를 하는 청년이 꽤 괜찮네."라는 말을 듣게 되면 그때부터 일은 시작된다. 어느새 상대로부터 제품 한번 써보고 싶으니 가져와 보라는 얘기를 듣게 될 수도 있다.

네트워크 메신저의 촌철살인

어떻게 바라보느냐는 상대방의 문제이고 너는 너 자신을 세상에 어떻게 드러낼까를 고민해.

32

중산층에게는 대화를 어떻게 이끌어가야 할까요?

Q. 최근에 지역 모임에서 잘살고 교육 수준이 높으신 분들을 만났는데, 그분들이 사업에 관심을 보이기 시작하셨어요. 주말마다 골프를 치시고 주식과 부동산 투자에도 밝으신 분들입니다. 제가 대화를 주도해야 하는데 아는 게 없으니 제 역할을 못 하는 느낌입니다. 어떤 식으로 존재감을 드러내며 대화를 이끌어 나갈 수 있을까요?

네트워크 사업은 내가 도와줄 사람보다 나를 도와줄 수 있는 사람을 만나야 성공이 빠른데, 축하할 일이다. 누구를 만나도 대화 중에 당황하지 않으려면 상대방이 대화를 통해 원하는 것이 무엇인지 파악하는 게 우선이다. 골프와 주식, 부동산 정보에 밝은 분들이 과연 나를 만나서 얻고자 하는 게 무엇일까? 아마도 그들에겐 잘 들어주는 사람이 필요할 것이다. 나보다 더 많이 아는 사람들에게 정보랍시고 많은 얘기를 해봤자 그들에겐 우스울 수 있다. 차라리 그 모임에선 아예 분위기를 잘 맞춰주는 성격 좋은 동생으로 자리 잡는 편이 낫다.

내가 잘 모르는 분야에 관한 얘기들이 오가더라도 나는 충분히 그들 사이에서 분위기 메이커가 될 수 있다. 잘나가는 사람들의 특징은 본인들의 무용담을 늘어놓는 걸 좋아한다는 것이다. 그들에게는 정보를 주려고 조급해하지 말고 반대로 그들이 잘 아는 분야에 관해 역으로 질문을 던지는 것이 좋다. 골프 고수에게는 "사장님, 골프 운동을 하면 어디에 좋은 거예요?"라고 물어보자. 주식 전문가에겐 "요즘 어떤 종목이 뜨고 있나요?" 이렇게 접근해보자. 아마 그들은 본인의 지식 자랑을 하느라 시간이 가는 줄 모를 것이다. 마지막으로 나는 이렇게 마무리를 하고 돌아온다. "와! 진짜 대단하시네요. 덕분에 어디서도 접하기 힘든 고급 정보를 많이 듣고 돌아갑니다. 최고예요!"

그날은 모임에서 내가 해야 할 일을 안 하고 돌아왔다는 느낌이 들 수도 있다. 하지만 나한테도 얘기를 할 수 있는 순서가 자연스럽게 돌아오니까 조급하게 마음먹지 않아도 된다. 모임의 지인들은 속으로 본인들만 너무 얘기를 많이 했다는 생각에 자연스럽게 나한테 미안한 마음이 생긴다. 충분히 그들이 얘기를 쏟아내고 나면 그들도 나의 얘기를 들으려 할 것이다. 그때 내가 신제품 얘기를 하면 그들이 지갑을 열 것이고 소개를 부탁하면 생각해보겠다고 할 가능성이 크다. 이런 심리는 고객의 부채의식을 활용한 상호성의 원리라고 하여 마케팅 도구로 많이 쓰인다.

내가 대화의 주도권을 잡아야 한다는 부담감을 내려놓고 평소에 그들은 대체 어떤 얘기들을 하는지 들어보자. 형편이 괜찮은 사람들의 모임엔 늘 고급 정보가 있고 그들의 대화 속엔 배울 점이 많다. 내가 말하는 것은 내 지식을 공짜로 퍼주는 것이고 듣는 것은 공짜로 남의 지식을 얻는 것인데, 듣는 것이 남는 장사다. 사람을 만나 남는 장사를 하려면 지금보다 몸에 힘을 많이 빼야 한다. 도대체 사업 얘기는 언제 하냐고? 그분들의 얘기를 끝까지 들어주고 마지막에 그분들을 세미나로 자신 있게 초대하는 멘트로 마무리해 보자. 나보다 소득이 많은 상위 직급자와의 만남을 주선하는 것도 좋은 방법이다.

네트워크 메신저의 촌철살인

공자 앞에서 문자 쓰지 말고 그들이 흘리는 고급 정보를 열심히 듣고 감탄사를 연발해 봐.

33

제품은 쓰지만 회원 등록을 안 하는데 어떻게 해야 할까요?

Q. 제 주위에는 제품은 쓰겠는데 회원 등록은 안 하시겠다는 고객들이 많습니다. 다른 사업자들은 회원 등록을 넙죽넙죽 잘도 받아오는데 제가 뭔가를 잘못하고 있는 걸까요?

사업자 중에는 유독 회원 가입만 잘 받는 사람, 또는 회원 가입은 잘하는데 제품 권유를 잘 못 하는 사람들이 있다. 이처럼 자신이 강한 분야가 따로 있다. 회원 가입을 잘 못 받는 사람들은 평소에 내가 고객과 만났을 때 하는 얘기들을 복기해볼 필요가 있다. 고객의 거절에는 다양한 이유가 있는데, 유독 나의 잘못된 말 습관이나 태도가 부정적인 결과로 이어지는 경우가 있다.

회원 가입을 안 하겠다는 고객들은 예전에 가입해서 안 좋았던 기억이 있는 사람이 많다. 이런 고객들은 회원 가입을 하는 게 고객에게 어떠한 손실도 주지 않는다는 걸 먼저 안심시켜야 한다. 번거롭게 회원 가입을 했지만 본인에게 혜택이 없어 가입 자체를 귀찮아하는 사람도 있다. 그런 고객은 현금 캐시백을 받은 최근의 실제 고객 사례를 얘기하는 것이 도움이 된다. 마무리할 땐 가입 절차가 2~3분도 채 안 걸린다고 강조하면서 자연스럽게 가입서를 내밀어야 한다. 여기서 중요한 건 고객에게 고민할 시간 자체를 주면 안 된다는 것이다. "가입하시겠어요?"라며 고객의 눈치를 쭈뼛쭈뼛 보는 순간 실패한다. 횟집이 즐비한 회센터에서 천연덕스럽게 호객행위를 하는 상인처럼 의연하게 먼저 들이밀어야 한다. 내가 당당해야 상대방도 믿고 안심한다.

가입을 쉽게 잘하는 사람들의 특징은 회원에 가입하고 제품을 쓰는 게 고객에겐 이득이라며 확신을 가지고 고객을 대한다. 반대의 경우는 어딘가 모르게 본인이 마음의 불편함을 가지고 있고 그것을 고객에게 들키는 것이다.

나도 내 개인정보를 주는 것에 인색한 편인데, 가끔 카페에 가서 나를 놀라게 하는 주인들을 만난다. 그들은 대화 몇 마디로 순식간에 쿠폰을 만들어준다면서 내 전화번호를 따낸다. 그들은 우선 개인정보를 제공하는 일이 별일이 아니라고 안심을 시켜준다. 그리고 쿠폰을 만드는 게 나한테 이득이 된다는 것을 친절하게 설명해준다. 순식간에 하지만 자연스럽게 내 개인정보가 그들의 손안에 넘어가는 순간이다.

네트워크 메신저의 촌철살인

천연덕스럽게 회원가입서를 내밀어 봐.

34

선을 긋고 격려만 해주는 지인의 마음을 어떻게 바꿀 수 있을까요?

Q. 네트워크 사업을 해본 경험이 있는 제 지인들은 저더러 열심히 해보라고 많은 격려와 응원을 해주십니다. 그런데 사업은 권유하지 말라며 아예 처음부터 선을 그어버리시네요. 이런 분들은 어떻게 돌파해야 하는 건가요?

미리 방어벽을 치는 사람들 대부분은 본인이나 지인들이 네트워크 사업으로 손해를 봤거나 피해를 본 경험이 있어서일 것이다. 예전에 네트워크 사업에 도전했던 경험이 있었던 사람들은 부자가 되는 삶에 관심이 높았다는 또 다른 증거다. 그들은 비록 현재 다른 일을 하고 있지만 늘 새로운 기회를 꿈꾸는 사람들이다.

네트워크 마케팅 DNA가 있는 이들은 대부분 마음이 순수하고 열정적이다. 사실은 사업설명회를 들으면 마음이 요동칠까 봐 지레 선을 긋는 사람들도 있다. 처음부터 방어하는 행위는 반대로 '나는 네트워크 사업에 관심이 많아요.'라는 걸 표현하는 것일 수도 있다. 이런 사람들은 내가 애써 돌파하려고 할 필요 없이 시간이 지나서 내가 잘되면 스스로 움직일 가능성이 크다.

네트워크 사업을 하면서 비전을 보았으니 당장이라도 그들의 오해를 이해로 바꿔주고 싶을 것이다. 이 사업이 얼마나 사람들에게 유익함을 주는지 널리 증명하고 싶은 마음은 이해한다. 그러나 섣불리 그들을 가르치는 일이 없길 바란다. 네트워크 사업에선 가까운 주변인들의 마음을 열게 하는 게 가장 어려운 일이다. 그들의 과거의 상처가 아무는 데는 시간이 필요하다. 게다가 그들은 과거에 네트워크 사업을 한 경험이 나름 있기 때문에 아직 내가 애송이로 보일 것이다. 그들을 네트워크 마케팅 사업의 선배님으로 여기고 회원 가입을 부탁해보자. 사업에 경험이 있는 그들이라면 기득권 욕심이 있기 때문에 회원 가입을 거부하는 사람은 거의 없다.

상대를 내 편으로 만드는 방법은 상대가 좋아하는 행동과 말을 해주는 것이다. 그보다 더 효과적인 방법은 상대가 싫어하는 행동과 말을 피하는 것이다. 사업은 권유하지 말라고 했으니까 내 입으로 먼저 사업을 권유할 필요는 없다. 대신 그들의 지인 중 제품을 쓸 만한 사람들을 소개해달라고 부탁하면 된다. 사업의 경험이 있는 그들은 소개만 잘 해도 자신들에게 금전적인 이득이 발생될 수 있는 구조적 장점을 잘 알고 있다. 지인들의 생각을 바꾸려 할 필요 없이 그들을 레버리지 삼아 조직을 구축해 나가자. 성실하게 어느 정도 일을 만들어 놓으면 내가 만든 조직을 보고 그들 중 해보려는 사람들이 나온다.

대개 지인들이 사업에 합류하는 데는 시간이 걸릴 수 있지만, 그들이 합류하게 되면 조직은 훨씬 끈끈해질 수 있다. 그러나 사업의 포커스가 지인들의 생각을 바꾸어 합류하게 하는 것에 맞춰지면 안 된다. "소비만 해 주셔도 힘이 납니다. 주변에 소개해주실 분들도 부탁드릴게요."라고 말하면서 지금은 내 성장에만 집중하자. 그들이 하는 일에 어려움이 오는 순간, 그때도 내가 열심히 사업을 하고 있다면 그들도 스스로 사업에 합류할 수 있다. 그들이 나와 함께 재도전을 외치는 순간 조직은 순식간에 엄청 커질 수 있다.

네트워크 메신저의 촌철살인

모든 일에는 적절한 때가 있어.

35

컨벤션에 초대한 친구가 사이비 종교 집회에 온 것 같다고 하네요

Q. 어렵게 친구를 컨벤션에 초대해 기쁜 마음으로 행사에 같이 참석했습니다. 행사가 끝나고 참석한 소감을 묻자 사이비 종교 집회에 온 듯해서 거부감이 들었다고 하네요. 친구에게 어떻게 설명해주면 좋을까요?

나도 처음 세미나에 참석해서 열정적으로 강의하시는 회장님 모습에 한 번 놀라고, 광신도 같은 사업자들의 반응에 두 번 놀랐다. 네트워크 마케팅 사업은 보이지 않는 것을 믿고 가는 사업인 만큼 강사들은 열정을 불러일으키는 강의에 온 힘을 쏟아낸다. 재밌는 건 처음에 그런 분위기를 어색해하는 초보 사업자들도 점점 변화하면 나중엔 누구보다 열정적으로 바뀌어 간다는 것이다. 열정을 받는 세미나 시간은 사업자에겐 고갈된 연료를 채우는 시간이며 쌓인 피로를 푸는 사우나 타임 같은 것이다.

전국 각지에서 모인 오만 가지 사람들은 각자 자신만의 꿈을 품고 세미나에 참석한다. 그들은 현장을 뛰면서 지쳤던 마음을 세미나에서 크게 위로받고 다시금 용기와 희망을 얻고 돌아간다. 세미나에서 받은 기운으로 평소에 현장에서 사업을 힘 있게 헤쳐나갈 수 있다.

간혹 사이비 종교 집단처럼 강의를 듣고 세뇌를 당할까 봐 겁을 먹는 사람들이 있다. 실제로 철학과 교리를 다루는 종교 집회에서는 성도들이 설교를 듣고 맹목적으로 이념을 추종해 물의를 일으키기도 한다. 그러나 네트워크 마케팅 사업자들은 성공을 위해 철저히 이해관계로 모인 사람들이다. 아무리 열정적인 강의를 들었다고 해도 스스로 의지가 없으면 현장에서 사업 활동을 자발적으로 이어가기는 불가능하다.

우리 회사 회장님께서는 본인의 강의를 듣고 부자가 되겠다고 결심하는 오직 한 사람을 위해서 강의를 하신다고 하셨다. '불광불급(不狂不及)'이다. 미치지 않으면 미치지 못한다. 뜨거운 열정의 유지가 어려운 숙제인 네트워커들에겐 오히려 열정이 없는 게 고민인 사업자들이 더 많다. 자신감 있게 고객을 만나려면 늘 강의장에서 스스로 달구는 일을 게을리하면 안 된다. 친구가 행사를 다녀온 후 사이비 종교 집단 같다고 했다고 하니 그 조직은 순항하고 있는 것이다.

네트워크 메신저의 촌철살인

불광불급(不狂不及), 미치지 않고선 목표에 미칠 수 없어.

36

제품도 쓰고 지인도 소개해 주는데 설명회에는 참석을 안 해요

Q. 친구가 매달 제품을 꽤 많이 쓰고 가끔 본인의 지인도 소개해 줍니다. 수당에 관심을 보이는 것 같아서 설명회에 초대하면 극구 거절하면서 참석하지 않네요. 이 친구의 심리를 도무지 모르겠는데 어떻게 접근해야 할까요?

상대의 심리를 모르는데 어떠한 선택을 해야 하는 거라면, 큰 대가를 치르는 일이 아니라면 다양한 시도를 해보면 된다. 수당에 관심을 보이는 것 같으면 실제로 수당을 받게끔 해보면 친구의 마음을 알아차릴 수 있다. 수당을 받고도 움직이지 않는다면 제품을 바꿔 쓰고 소개해주는 것에 만족하면 된다. 모두가 이 사업을 해야 하는 건 아니니까 물러서야 한다. 사업에 관심을 보이는 사람을 더 찾고 우선은 그런 사람들을 더 자주 만나면 된다. 내가 잘나가면 언젠가 그 친구도 내 사업에 합류하고 싶다고 말하는 날이 올 수 있다.

수당을 받게 되면 갑자기 태도를 바꿔 사업에 관심을 보이는 사람들이 있다. 수당이 들어갈 때쯤 설명회에 초대해서 더 빠르게 수당을 받는 방법을 알려주겠다며 초대에 활용해야 한다. 수당을 받아도 본인은 사업을 안 하겠다는 친구도 있을 수 있다. 그런 친구들은 '네가 좀 해주었으면…' 하는 마음이 큰 것이다. 그런 친구에겐 공짜심리를 비난할 게 아니라 오히려 '수당 받는 건 더 쉽다.'라는 느낌을 주면서 소개만 해도 실질적인 이득을 주자. 그 친구 산하로 조직이 커지고 본인이 하는 일에 어려움이 오면 사업을 진지하게 생각해 볼 수 있다. 나에게 독심술의 능력이 없다면 여러 가지 경우의 수를 다양하게 시도해보면 정답을 좁혀 갈 수 있다.

네트워크 메신저의 촌철살인

독심술 말고 뭘 원하는지 물어봐.

37

지인 명단이 별로 없어서 상가 개척 중인데 반응이 시큰둥해요

Q. 저는 지인 명단이 별로 없어서 3개월 동안 고정적으로 상가를 중심으로 소비자들을 개척하고 있습니다. 가게에 들어가 물건을 구매하면서 사장님에게 말을 거는 데 반응이 거의 없네요. 그런 가게들은 건너뛰어야 하나요?

관심을 보이지 않는 가게를 건너뛰어야 하는가는 선택의 문제다. 기다렸다는 듯이 나를 친절하게 맞아줄 고객이 필요하다면 더 많은 집을 방문하면 해결될 일이다. 그런데 지인 명단이 없어서 개척을 시작한 만큼 좀 더 마음을 단단히 먹어야 하지 않을까? 한 번의 정보를 듣고 곧바로 그 자리에서 결정을 내리는 사람은 드물다. 일반적으로 네트워크 사업에선 7번의 만남이 이루어진 뒤에야 상대방이 승낙한다고 한다. 꾸준히 같은 시간에 상가를 방문하면 성실한 모습을 눈여겨보고 내 얘기를 들어보려는 사람들이 나오기 마련이다.

미국의 연구 자료에 의하면, 세일즈의 경우 첫 만남에서 성공하는 확률은 겨우 2%밖에 안 된다. 두 번째 만남에는 3%, 세 번째는 5% 그리고 네 번을 만나야 10% 정도 성공을 한다. 초반에는 승낙에 집착하기보다 최소 100번의 거절을 채우겠다는 목표로 활동을 해보자. 거절 바구니를 만들고 매일 거절을 받으면 '거의 다 왔다.'라고 적힌 메모를 넣어두자. 어떤 가게가 나를 반갑게 맞아줄지 알아맞히는 능력은 필요 없다. 반복되는 거절을 일상으로 받아들이고 즐기는 태도가 필요할 뿐이다.

대개는 자영업을 하는 주인은 친절함이 몸에 배어 있어야 하는데 왜 나한텐 시큰둥할까? 내가 한번 주인이 되어 입장을 바꿔 생각해보자. 코로나로 한가해져서 눈이 빠지게 손님을 기다리고 있는데 손님을 위장한 잡상인이 들어온다면 짜증이 날 것 같다. 나는 예의상 일부러 필요하지도 않은 물건을 구매했겠지만 그들은 나의 차림새만 보아도 무슨 일로 온 것인지 짐작할 것이다. 영업자를 하루에 적어도 10명은 족히 만날 테니까 그들에게 친절한 응대를 기대하기는 어렵다.

지칠 대로 지친 전국의 자영업자들에게 장사 말고 획기적인 사업이 있다고 막바로 얘기하는 건 좋은 방법이 아니다. 처음 상가를 방문했을 때 내가 힘써야 할 내 에너지의 90%는 아직 형성되어 있지 않은 신뢰를 쌓는 일이다. 신뢰를 쌓으려면 매일 새로운 집을 개척하는 것보다 꾸준히 동일한 가게를 방문하는 게 훨씬 빠르다.

'사람은 자꾸 보면 정이 든다.'라는 옛말은 딱 맞는 말이다. 어떤 제약회사 영업직원은 아예 대형약국으로 출근해서 매일 시키지도 않은 청소를 했다고 한다. 그날도 평소처럼 청소를 시작하려고 팔을 걷어붙였는데 갑자기 약사가 한마디 던지더란다. "그만하구요, 제가 뭘 사드리면 되는 거예요?" 지성이면 감천이라고 뭐라도 정성을 쏟아보자.

사실 대한민국 상가 안에 있는 자영업자들은 그 누구보다 새로운 대안이 절실한 사람들이다. 처음엔 관심을 안 보여도 꾸준히 방문하다 보면 나에게 제품과 사업에 관해 물어보는 사람이 나온다. 그때 중요한 건 세상에서 가장 신나는 사람처럼 하고 다녀야 한다는 것이다. "뭐가 그리 즐겁냐?"고 그들이 물으면, "매여 있지 않고 자유롭게 사람들을 만나는 일을 해서 즐겁다."라고 답을 해보자. 오늘부터 상가에 갇혀있는 그들에게 시간과 돈으로부터 자유를 전파하는 사명을 완수하러 상가로 출근해보자.

네트워크 메신저의 촌철살인

닥치는 대로 쑤시지 말고 이 집이다 싶은 집을 꾸준히 방문해서 네 정성을 보여봐.

38

형님에게 우리 제품 쓰라고 했다가 의견 충돌이 있었어요

Q. 명절에 시댁 형님과 대화하다가 가벼운 의견 충돌이 있었네요. 아직도 우리 회사 치약을 사용하지 않으시길래 제가 왜 대형마트 좋은 일 시키냐고 얘기를 꺼냈거든요. 싸고 좋은 우리 제품 놔두고 왜 더 비싼 제품을 쓰시냐고 했더니 강요하지 말라고 딱 자르시더라고요. 혹시 제가 한 말 중에 틀린 내용이 있을까요?

틀린 말은 아닌데 '어떠한 태도와 말투로 대화를 했을까?'가 궁금해진다. 제품을 들고 사업에 뛰어들기 전에 네트워커들이 반드시 선행해야 하는 학습과목이 있다. 사람의 심리에 관한 공부다. 사업자들이 이 공부를 더 많이 했으면 좋겠다. 네트워크 사업은 '직접 대면하는 인간관계를 바탕으로 유통망을 조직하는 사업'이다. 네트워크 사업에선 인맥이 금맥이고 곧 마케팅이다. 내 조직의 사람들을 잘 다독여서 화합하고 응집력을 높일수록 보상은 커진다. 그러려면 먼저 나 자신을 성찰하고 상대방을 이해한 뒤 상대에게 나를 맞추는 실력자가 되어야 한다.

데일 카네기가 쓴 《인간관계론》을 반드시 정독할 것을 추천한다. 이 책에 '사람의 마음을 움직이는 30가지 원칙'이 소개되어 있다. 가장 먼저 나오는 원칙은 '다른 사람을 비판하지 말라.'는 것이다. 아무리 큰 잘못을 저지른 사람일지라도 상대방이 지적하고 비난을 했을 때 자신의 잘못을 그대로 받아들이기는 힘들다.

시댁 형님을 만났을 때 저지른 실수는 '왜 대형마트 좋은 일 시키냐?'고 혼내듯이 몰아붙인 말투였을 것이다. 형님은 습관에 따라 마트에서 구매했을 뿐인데 별안간 아랫사람에게 야단을 맞으니 당연히 기분이 좋을 리 없다. 이때부터는 무슨 말을 해도 상대는 방어기제를 세우며 들으려 하지 않을 것이다.

본인이 저지른 실수를 앞의 '질문한 글'에서 답을 찾으면 '내 생각을 타인에게 강요한 것'이다. '싸고 좋은 우리 제품'이라는 표현은 지극히 주관적이다. 나한테야 최고이지 무조건 우리 것이 최고라는 식의 태도는 반감을 불러일으켰을 것이다.

얼마 전에 '적당한 거리가 있어야 아름답다! 언택트'라는 제목의 기사를 읽었다. 코로나가 빠르게 전염되면서 쇼핑가에서는 점원들의 '밀착 마케팅'을 부담스러워하는 사람들이 늘어났다. 예전에는 전문 지식을 갖춘 점원의 도움을 받아 쇼핑하는 것이 일반적이었다. 요즘엔 "혼자서 둘러볼게요!"라며 조용한 쇼핑을 선호하는 사람들이 많아졌다. 현대인들은 점점 더 간섭받기를 싫어한다.

스마트폰으로 어디서든 검색이 가능해지면서 더는 내 설명이 전문 지식이 아닌 시대를 살고 있다. 그렇다면, 똑똑하기보다는 지혜로운 사람이 되어야 한다. 그것이 차별성이다. 말과 행동으로 옮기기 전에 상대방의 입장이 되어 생각해보는 것이 사업에 도움이 된다.

다음번에 또 가족들끼리 모일 일이 있으면 이렇게 얘기해보자.

"형님, 우리 화장품으로 제가 이번에 배운 얼굴 경락 마사지 한번 해드릴게요."

자주 만나면 정이 들고 살을 맞닿으면 더 가까워질 수 있다. 어느 순간 형님이 친근한 모습을 예뻐하면서 화장품을 주문하게 될 것이다.

네트워크 메신저의 촌철살인

나를 알고 너를 알아 너에게 나를 맞춰봐!

39

울렁증이 있는 제가 회중 강의를 꼭 해야 하나요?

Q. 울렁증이 있는 저는 처음에 남들 앞에서 강의를 안 해도 된다는 말을 듣고 사업에 합류했습니다. 최근 그룹이 커지면서 스폰서님께서 자꾸만 무대에서 사업 설명을 하라고 시키시네요. 회중 강의를 꼭 해야 하나요? 안 하면 안 되는 걸까요?

우리 회사 성공자의 절반은 무대 위에서 마이크를 한 번도 안 잡아보았다는 통계가 있다. 평범한 사람이 특별한 능력이 없어도 성공할 수 있는 사업이라는 얘기다. 다양한 재능을 가진 사람들이 팀을 이루어 사업을 하는 것이니 각자 잘하는 것을 하면 된다. 하기 싫은 일 때문에 위축되기보다는 내가 해서 성과가 높은 일을 하면 자신감이 올라간다.

하지만 네트워크 마케팅 사업에서 리더가 사업 설명을 잘할 줄 알면 얻을 수 있는 유익함은 상당히 크다. 파트너들은 자신 있게 스폰서의 강의로 고객을 초대할 수 있으니까 조직구축에 도움을 받는다. 전문 강사가 아닌 리더들이 파트너들에게 힘을 주기 위해 노력으로 무대공포증을 이겨낸 사례는 수도 없이 많다.

네트워크 마케팅 사업에서는 직급이 올라갈수록 스폰서와 파트너의 역할이 달라진다. 스폰서는 파트너들을 끊임없이 동기부여시키고 초대해온 유망 파트너에게 비전을 제시해줘야 한다. 파트너들이 말을 잘한다고 해서 이런 역할을 대신 할 수는 없다. 현장에서의 다양한 경험과 크고 작은 성공 스토리를 사람들은 무대에서 듣길 기대한다. 내가 사업에서 겪은 스토리는 지구상에서 오로지 나만 가지고 있는 것이다. 다수를 동시간에 한꺼번에 후원할 수 있는 강력한 회중 강의의 기회는 아무에게나 돌아가지 않는다.

대부분 마이크 잡는 것을 두려워하는 사람들은 너무 잘하려는 마음이 앞서기 때문이다. 실제로 내 파트너들은 무대 위에 선 내 모습을 보는 그 자체만으로 엄청난 열정을 받는다. 우리 회사에 초등학교밖에 졸업을 못 했지만 인기가 있는 강사가 있었다. 그녀의 강의는 논리적이지 않지만 목소리에 떨림이 있었고 얼굴을 보기만 해도 강력한 에너지가 느껴졌다. 사람들은 '저렇게 평범한 사람도 간절함이 있으면 성공하는구나!'라며 큰 울림을 얻고 돌아간다. 매일 내가 사람들을 만나서 하는 얘기들을 체계적으로 정리해서 각색해보자. 한 번만 대본을 제대로 만들어 놓으면 매번 청중은 바뀌니까 같은 내용을 무한 반복해도 상관없다.

사업의 속도가 늦어지는 건 더 싫을 테니 억지로라도 부딪쳐보자. 특별한 사람이 명강사가 되는 게 아니다. 사업 설명을 가장 잘하는 강사는 무대 위에 많이 서본 사람이다. 하다보면 실력이 나아진다. 어느 날 말로 표현할 수 없는 보람을 느끼는 날이 올 것이다.

예전에 해외에서 내 강의를 듣고 자신도 희망이 생겼다고 눈물을 흘리는 시각장애인을 만난 적이 있다. 여태까지 다른 사람의 도움을 받으면서 사업을 했다면, 내가 다른 사람에게 희망을 주는 사람으로 바뀌는 순간이었다. 나를 보여주고 싶어 지인을 초대하기 위해 애쓴 파트너들을 무대에서 따뜻한 눈빛으로 맞이해 주자. 좀 쑥스럽고 체질에 안 맞아도 파트너들이 기뻐한다면 보람이 있는 거니까.

네트워크 메신저의 촌철살인

너의 울렁증은 치명적이지만, 파트너 앞에 서면 스폰서는 강인해져.

40

소비자에게 제품을 잘 설명하는 방법

Q. 최근에는 신제품 출시 속도가 빨라져서 사업하는 데 도움이 됩니다. 하지만 늘어나는 제품을 공부하는 데 시간이 오래 걸리고 제품 성분을 공부해도 잘 외워지지 않습니다. 소비자에게 제품을 잘 설명하는 방법을 알려주세요.

우리 회사의 CEO는 사업자들에게 "공부하지 말고 아무렇게나 얘기하세요!"라고 얘기를 하는 것으로 유명하다. 아무렇게나 하라는 것은 체계적인 공부가 필요 없다는 뜻은 아니다. 제품에 대한 해박한 지식이 있다면 사업을 하는데 도움이 된다. 이런 지식들은 상대를 설득하기 위해 쓰이기보다 사업자 자신이 견고한 확신을 가지는데 도움을 준다.

네트워크 마케팅 사업은 복제가 중요한 사업인데 모두가 다 공부를 좋아하는 것은 아니다. 생필품에 전문가들인 소비자들은 궁금한 것은 검색을 통해 해소하고 본인들이 직접 체험하는 것을 선호하는 게 트렌드다. 어려운 지식을 전달하지 않아도 제품을 시연할 수 있는 자리를 만들어주면 훨씬 효과적이다.

네트워크 마케팅을 하면서 몇 달째 공부만 하면서 사업을 준비 중에 있다고 말하는 사업자들을 종종 만난다. 경제학의 '러닝 바이 두잉(learning by doing)' 이론은 현장의 체험이 생산성에 큰 영향을 준다는 의미로 쓰인다. 네트워크 마케팅 사업만큼 '러닝 바이 두잉' 이론이 조직 구축에 강력하게 활용되는 산업도 드물 것이다. 정형화된 공식이 있는 게 아니라 성공자들의 경험이 매뉴얼이 되는 사업이다. 현장을 뛰면서 직접 생생하게 느끼고 체험을 통해 경험하는 모든 게 사업의 노하우가 된다. 이 사업의 최고의 자산이 경험인 만큼 제품 성분보다는 소비자들의 반응을 수집하려고 해보자. 다른 사람의 사용 후기는 언제나 소비자들의 큰 관심거리이니까.

철저히 공부하고 지식을 쌓는 시간도 좋지만 더 자주 소비자들을 모아 홈파티를 열어보자. 일방적인 설명은 이미 똑똑해진 소비자들에게 지루하고 재미가 없다. 대신 제품을 시연하고 각자 사용해본 소감을 나누는 시간을 가져보면 훨씬 흥미를 보일 것이다. 마칠 때쯤 고객에게 질문을 받는 시간을 마련한다면 나는 제대로 공부를 안 할 수 없다. 공부를 하는 분명한 목적이 생기면 초인적인 힘이 발휘되어 제품 성분도 모조리 외워진다. 그러나 지식 왕이 되기보다 경험 부자가 되면 훨씬 역동적으로 사업이 펼쳐진다. 더는 고민하지 말고 이번 주말에 당장 내 집에서 홈파티를 열겠다고 공지를 띄우자. 홈파티를 준비하기 위해 외우는 것은 절대로 까먹지 않게 될 것이다.

네트워크 메신저의 촌철살인

몸을 써서 공부해 봐. 훨씬 쉽고 빠르게 외워질 거야.

41

권유했다가 거절당했을 때는 어떻게 해야 하나요?

Q. 네트워크 사업에서 거절은 피할 수 없는 것이라고 하지만 저는 거절당하는 것이 너무 두렵습니다. 어떻게 하면 이 마음을 극복할 수 있을까요?

거절을 받고 쿨하게 넘길 수 있는 사람은 그리 많지 않다. 네트워크 마케팅을 하면서 가끔 거절을 받지 않는 방법에 관해 물어보는 사업자들을 만난다. 사람을 만나면서 거절을 안 받는 유일한 방법은 어떠한 제안도 하지 않으면 되는 것이다. 현실적으로 그럴 수 없으니 네트워커들은 거절과 친해지는 수밖에 없다. 거절을 사업의 시작을 알리는 신호탄으로 받아들이면 또 다른 기회로 연결되는 것을 경험한다. 거절에서 오는 두려움은 내가 마음으로 만드는 허상이지 실제로는 별일이 아닌 경우가 많다. 거절은 피할 수 없다 해도 거절을 받았을 때 나의 마음가짐은 내가 결정할 수 있다. 네트워커는 어떤 상황이

와도 마음의 평정을 지키는 고수가 돼야 한다.

막상 용기를 내서 말을 꺼냈는데 가까운 지인들로부터 거절을 받으면 웬만한 멘탈도 흔들리기 쉽다. '내가 이런 얘기까지 들으면서 사업을 해야 되나!' 생각이 들면서 큰 회의감에 빠지기도 한다. 이런 심리게임에서 지게 되면 네트워크 사업에서는 시도조차 못하고 패배자가 되어버린다. 이때 필요한 건 적극적이고 초긍정적인 마인드를 빨리 도입해서 거절의 실체를 파악하는 것이다. 고객이 거절하는 62%가 진짜 거절이 아니라 가짜 거절이라고 한다. '음, 저분은 관심이 있다는 증거야. 다음번엔 건강기능식품이 아니라 화장품을 소개해야겠군.' 이런 움츠러들지 않는 유연한 자세는 예기치 않은 더 큰 찬스로 연결될 수 있다.

상대방이 거절할 때 나름의 사정이 있을 수 있다는 것을 이해해야 한다. 내 사업이나 제품을 거절하는 것을 나 자신의 거부로 혼동하면 안된다. 실제로 사람들은 본인의 일상이 바쁘고 더 중요해서 나에게 큰 관심을 쏟기 힘들다. 나를 만난 날 이른 아침에 부부싸움을 했거나 금전적인 이유가 있을 수도 있다. 내가 언제든지 좋은 제안을 할 수 있듯이 상대방도 언제든지 필요가 없으면 거절할 수 있다는 점을 수용해야 한다. 한번 거절을 받았다고 해서 세상이 끝날 것처럼 반응하면 상대는 너무 부담스러울 것이다. 거절을 피하지 않고 즐길 수 있기 시작하면 거절을 많이 받을수록 성공의 문턱에 가까워질 것이다.

거절이 없었으면 다른 회원들이 권유하는 대로 모두 가입했을 테니까 지금의 사업 기회조차 오지 않았을 것이다. 내가 사업을 묵묵하게 진행해나가면 상황도 변하고 사람의 마음도 변하기 마련이다. 한번 거절했다고 영원히 나에게 고개를 돌리는 게 아니다. 거절을 받았을 때 "오늘은 최선의 시간이 아니었네요. 다음번에 더 좋은 시간 가지러 올게요."라며 미소로 마무리 지어보자. 그런 나의 태도에 미안함을 느껴 상대는 다음번엔 다르게 대할 가능성이 크다. 거절을 받아도 내가 상대방보다 더 높은 정신력을 소유하고 있으면 나는 아무렇지도 않다. 오늘부터 고객이 거절하면 내 마음으로 장풍을 쏘자. "고객님의 거절을 거절합니다. 장풍……"

네트워크 메신저의 촌철살인

거절은 피할 수 없지만, 거절을 받았을 때 네 마음가짐은 네가 결정할 수 있어.

42

신규 회원을 초대하는 특별한 노하우가 있나요?

Q. 저는 제품 전달은 잘하는데 특히 행사에 신규 회원들을 초대하는 게 어렵습니다. 초대를 잘하는 특별한 노하우가 있을까요?

가장 빠르게 조직을 구축하는 방법은 세미나에 많은 사람을 초대하는 것이다. 절대 초대자 없이 혼자서는 강의를 듣지 않겠다는 각오를 세워서 실천해보자. 조직이 정말 빠르게 늘어날 것이다.

초대가 어렵게 여겨지는 이유는 설명회에 초대된 사람들을 반드시 사업을 시켜야 한다는 부담감이 있기 때문이다. 초대해서 끝장을 보려 하지 말고 그저 기회를 찾는 사람을 가려내는 과정이라고 생각하자. 단순 소비자로 남을 사람도 있고 사업에 관심을 보이는 사람도 있다. 결과에 상관없이 나는 일단 명단의 사람들 분류를 끝냈으니 제대로 일한 것이다. 이런 식으로 사람들에게 기회를 준다는 마음으로 알리면 부담 없이 많은 초대를 할 수 있다.

초대를 잘하는 방법은 상대방의 호기심을 자극하는 것이다. 종종 미숙한 사업자들 중에 본인이 미리 강사가 할 얘기를 다 해버리는 스포 왕들이 있다. 이런 경우 초대자에게는 강사의 얘기가 전혀 새로운 정보로 들리지 않아 몰입도가 떨어질 수 있다. 사전에 사람들이 질문을 해와도 설명회를 잘 들어보면 답을 얻을 수 있을 거라고 소극적으로만 답을 해주자. 간혹 한번 사업설명을 듣고는 사업에 관심이 생겨서 폭풍 질문을 쏟아내는 관심자도 있다. 그런 사람은 한 번에 다 알려주지 말고 또 다른 세미나로 초대를 하는 게 효과적이다.

사업자가 초대할 때 절대로 해서는 안 되는 행동 중 하나는 거짓말로 상대를 초대하는 것이다. 과거의 네트워커들은 '등산이나 가자'라는 멘트를 초대의 단골 메뉴로 써먹곤 했다. 그런 식으로 누군가를 엉뚱하게 초대해 자리에 앉혀봐야 상대는 귀를 열지 않는다. 그들은 마음이 불편한 채로 낯선 세미나 현장에 참석하니까 자칫 심리적으로 타격을 받을 수가 있다. 얼렁뚱땅 한 방에 뭘 하려 했다가 신뢰에 한번 금이 가면 내 명단은 무용지물이 될 수도 있다.

초대할 때 신경 써야 하는 점은 당당하고 자신 있게 상대에게 다가가야 한다는 것이다. '을'의 자세로 "행사에 오시면 정말 좋을 것 같아요."

라며 커다란 기회를 싸구려로 만들면 안 된다. 만약 상대가 잠깐밖에 시간이 안 된다고 하면 중요한 강의니까 다음에 기회를 만들겠다고 물러서는 게 낫다. 초대의 자리는 내가 기회를 제공하는 것이지 나를 불쌍하게 여길 사람들을 부르는 것이 아니다. 유망고객이 나를 선택하는 일이 아니라 내가 그들을 선택한다고 생각하고 초대에 임해야 한다.

동전을 딱 다섯 번만 던져서 다섯 번 모두 앞면이 나와야 한다고 하면 시도 자체가 엄두가 안 날 것이다. 하지만 동전을 무한정 던질 수 있다고 한다면 얘기는 달라진다. 네트워크 마케팅 사업에서는 무한정 초대를 시도한 사람이 본인만의 요령을 터득해 점점 초대의 달인이 된다. 이들은 만나는 고객들마다 인사말을 아예 초대의 멘트로 대신한다.

"수요일이 좋아, 금요일이 좋아? 끝내주는 강의가 있는데 2시간만 시간 내봐."

이들에게 거절 받지 않는 초대의 묘수가 있는 것이 아니라 많이 얘기하니까 승률이 높을 뿐이다. 네트워크 마케팅 사업에서 절대적인 자연의 법칙은 확률의 법칙이다. 결과에 집착하지 않고 시도 때도 없이 초대 얘기를 많이 건네는 사업자가 초대의 왕이 되는 것이다.

네트워크 메신저의 촌철살인

질보다 양으로 승부를 걸어야 해.

43

어떻게 하면 리쿠르팅의 전문가가 될 수 있을까요?

Q. 네트워크 사업을 하면서 신규 사업자 리쿠르팅이 정말 중요하다는 생각이 듭니다. 어떻게 하면 리쿠르팅의 전문가가 될 수 있을까요?

365일 생동감 넘치는 조직을 만들려면 끊임없이 신규 사업자를 유입시키는 것보다 더 강력한 방법은 없다. 조직의 생장점이 계속해서 달궈지면 중간에 있는 모든 회원들까지도 덩달아 열정을 받아 조직은 증폭된다. 다른 사람이 잡아오는 물고기만 눈치 보며 기다리지 말고 내가 가장 밑으로 직접 내려가 때를 얻든지 못 얻든지 낚싯줄을 던져야 한다. 대어가 미끼를 물은 것 같으면 그때는 내가 직접 나서지 말고 전문가 스폰서에게 양도하는 게 요령이다.

리쿠르팅을 멈추고 리더가 교육만 하는 순간 조직은 매너리즘에 빠지게 되어 있다. 바닥으로 가라앉는 조직의 첫 번째 조짐은 신규 회원이 더는 늘지 않는다는 것이다. 내 조직도의 마지막 가입된 회원의 날짜를 보면 내 전체 조직의 성장 속도를 가늠할 수 있다. 정체된 조직의 특징은 사람들이 낚싯바늘에 미끼 하나 끼우고는 물고기가 낚이기만을 기다린다. 스폰서들은 '돌격 앞으로'를 외치지만 파트너들은 좀처럼 성과를 내지 못한다. 아직 돈도 적게 벌고 경험도 적은 파트너가 리쿠르팅을 할 줄 알았으면 진즉에 했을 것이다. 돈을 버는 리더가 앞에 서서 리쿠르팅을 해줘야 조직은 활력이 넘친다. 리더가 관리의 함정에 빠지면 조직원들은 리더를 복제해 소극적으로 움직이기 시작한다.

네트워크 마케팅을 못 하는 사람들의 특징은 그들에게는 리쿠르팅 하는 날이 따로 정해져 있다는 것이다. 그들은 늘 속으로 따로 시간을 내서 상대방에게 사업 설명을 해야겠다고 마음먹지만 이미 기회는 다른 사람에게로 넘어가버린 후이다. 누가 사업을 할지 뚜껑을 열기 전에는 모르는 일인 만큼 특별한 계기를 만들기보다 일상 얘기 속에서 리쿠르팅을 풀어가야 한다. 소비자를 만나면 제품 얘기를 꺼내고, 돈에 관심이 있는 사람을 만나면 사업 얘기를 요령껏 할 줄 알아야 한다. 소비자, 사업자 구분 없이 가볍게 질문으로 상대를 탐색하다 보면 타깃이 좁혀진다. 사업에 관심을 보이면 꿈과 성향에 따라 그들의 니즈를 해결해주는 맞춤형 제안을 하는 게 핵심이다.

사업자를 쉽게 찾으려면 365일 초대를 일상화해서 리쿠르팅의 프로

세스를 단순화시켜야 한다. 네트워크 마케팅 사업은 방판 영업과는 달리 반드시 우량자원만 필요한 건 아니기 때문에 세미나로 초대하면 분류가 빠르다. 파트너는 모든 사업자가 사업을 잘할 것처럼 보이는 착시현상을 겪는다. 반면 스폰서는 예리하게 소비자, 관심자, 사업자를 빠르게 감별해낸다. 아직 경험이 부족한 파트너가 사업자를 리쿠르팅하는 것은 현실적으로 어렵다. 유능한 재원을 리쿠르팅하는 것은 스폰서의 영역에 해당된다. 파트너들이 본인의 명단으로 초대하면 스폰서가 바통을 이어받아 리쿠르팅에 나서는 것이 가장 보편적이다.

네트워크 마케팅 사업은 유능한 사업자 한 명만 잘 들어와도 조직이 엄청 커질 수 있다. 하지만 그를 발굴하기까지는 끊임없이 만나고 또 만나는 과정이 필요하다. 꾸준히 만나다 보면 언젠가는 결정적인 기회가 만들어지는 일이다. 처음부터 사업으로 하겠다고 덤비는 사람은 지극히 적다. 상대방이 하는 일이 잘될 때는 묵묵히 눈도장을 찍으면서 성실한 나의 모습을 보여주자. 그들이 일에 회의를 느끼고 돌파구가 필요하다고 느껴지면 적극적으로 들이밀어야 한다. 밀물과 썰물이 교차하면서 상대가 미끼를 무는 순간, 잽싸게 스폰서에게 S.O.S를 쳐서 일을 만들어내야 한다. 경험 많은 스폰서와 연합작전을 펼치면 빠르게 리쿠르팅을 해낼 수 있다.

네트워크 메신저의 촌철살인

스폰서와 네가 찍새와 딱새로 역할 분담을 하면 돼.

44

가격에 메리트를 못 느끼는 고객에게는 어떻게 말해야 할까요?

Q. 저희 제품의 가격이 그다지 저렴한 편은 아닌데 저는 고객에게 늘 싸고 좋다고 얘기합니다. 얼마 전 소비자를 만나니 대형마트에서 행사하는 제품들이 더 저렴하다고 말합니다. 공감되는 부분이 있는데 이런 고객을 만나면 어떻게 대응해야 합니까?

대체로 네트워크 마케팅 제품은 제조원가가 높은 고품질 제품들을 취급하기 때문에 대형마트 할인제품과 비교하는 것은 공정하지 않다. 회사에서 말하는 최고의 제품이란 최저가의 제품을 취급한다는 얘기가 아니다. 엄선된 재료들로 만들어진 고퀄리티 네트워크 마케팅 제품은 광고 없이 합리적인 가격으로 공급된다.

간혹 자사제품이 할인매장의 것보다 비싸다고 본인도 구매를 꺼려하는 사업자를 봤다. 그런 사업자는 본인도 자가 구매가 어려우면서 다른 사람에게 권유해서는 안 된다. 영업 마진이 남는 일이 아니니 제품에 대한 메리트를 느끼지 못하면 도무지 제품 전달을 할 이유가 없다. 고객을 설득하기 이전에 나부터 왜 자사제품으로 바꿔 써야 하는지 고객의 입장에서 곰곰이 생각을 정리해보자.

나 스스로 네트워크 마케팅 제품으로 마트체인지 하는 것이 장기적으로는 가정경제에 도움이 된다는 원리를 이해하고 있어야 한다. 소비자가 꾸준히 쓰고 함께 쓰는 그룹을 만들면 향후 현금으로 수당을 돌려받게 된다. 실제로 수당을 돌려받으면 대형마트에서 조금 싼 가격으로 소비를 하는 것보다 더 이득이다. 이런 믿음과 자부심 없이 고객을 만나면 가격이 비싸다는 얘기를 들을 때마다 흔들린다. 반대로 가정경제와 건강에 이 제품이 최선이라는 확신만 있으면 지금 당장 고객이 컴플레인을 하더라도 큰 문제로 느껴지지 않는다.

가격에 불만이 있는 고객을 만나면 "아, 그러셨군요." 하며 우선 부정적인 그의 얘기를 수용해줘야 한다. "마트 세일 가격보다 비싸서 제품 구매가 고민되시는 거군요?"라며 고객이 쓴 단어를 되풀이해서 표현해주는 게 도움이 된다. 상대방의 표현이나 동작을 흉내 내면 상대방은 이해받았다고 느껴서 마음의 문을 연다. 그다음엔 다른 고객들의 사례를 들어 설명해주면 고객은 안심할 수 있다. "제품을 꾸준히 쓰시는 고객이 두 달이 지나 현금 수당을 6만 원 받으시고 놀라서 전화가 오셨어요. 대형마트에서 할인받는 것보다 훨씬 쏠쏠하다고 기뻐하시더라고요. 제가 현금으로 수당 돌려받는 방법을 설명해드릴까요?"라고 다가가면 고객은 자세를 바꿀 수 있다.

네트워크 메신저의 촌철살인
고객을 설득하기 전에 너 자신을 먼저 설득하고 현장으로 나가야 해.

45

소위 '안다병'에 걸린 파트너는 어떻게 가르쳐야 하나요?

Q. 무슨 말만 하면 "아 그거 다 알아!"라고 말하는 소위 '안다병'에 걸린 소비자나 파트너는 어떻게 가르쳐야 하나요?

안타깝게도 '안다병'에 걸린 사람은 네트워크 마케팅 사업을 하면서 피하고 싶은 유형 중에 하나다. 이들은 얘기를 제대로 듣기도 전에 '알고 있다' 내지는 '하고 있다'라고 말을 잘라버린다. 법륜 스님은 즉문즉설에서 "안다병이란 안 듣겠다는 말에서 나온다."라고 했다. 오고 가는 소통이 중요한 사업인데 이런 사람들은 '착각의 늪'에 빠져 자신들의 얘기만 하려 한다. 배우려는 사람에게 알려주기도 바쁜 사업인데 귀를 닫는 사람에게 굳이 진을 뺄 필요가 있을까? 그런 사람들은 소비만 해도 고마운 소비자로 분류하고 일부러 상대를 바꾸려 하지는 않겠다.

네트워크 마케팅 사업을 하면서 다양한 성향의 사람을 만나는데 특정 성향의 사람을 만나면 그 원인에 대해 깊이 생각을 해본다. 말만 하면 '다 안다.'라고 말하는 사람은 대체 왜 그러는 걸까? 그런 사람은 대체로 배우는 것에 게으르고 교만한 사람들이다. 이런 사람들은 본인이 사업에 관해 잘 모른다는 사실 자체를 깨닫지 못하고 잘하고 있다고 착각한다. 사업자들은 교육에 참여하면서 서서히 변화를 이뤄내는데 남의 말을 듣지 않으니 변화 자체를 기대하기가 어렵다. 이런 사람들에게는 스폰서의 조언이 크게 도움이 안 된다. 산하 회원들이 불만을 가져 조직을 이탈하는 일이 생기면 그제야 조금 자신을 돌아볼 것이다.

아는 척하는 사람들은 '척'하는 걸 좋아하는 허세가 넘치는 사람들이다. 몰라도 아는 척, 없어도 있는 척하는 게 습관이 되어 있다. 그들의 내면 깊은 곳에는 자신에 대한 콤플렉스로 꽉 차 있다. 마음의 깊이가 있는 사람들은 애써 굳이 드러내지 않아도 인간관계 등에서 자연스럽게 빛이 난다. 열등감 덩어리인 이런 사람들에게는 "와, 이걸 알고 계시다니 대단하시네요!" 하면서 일부러 그들을 칭찬해준다. 이런 사람들의 대부분은 진득한 관계를 잘 맺지 못하기 때문에 사람 관계에서 외롭다. 나라도 그들을 인정해주면 다른 사람의 말은 잘 안 들을망정 내 말은 믿고 따라올 가능성이 크다. 이런 사람 뒤에도 좋은 사람이 있을 수 있으니 일단은 내 편으로 만들어야 한다.

소크라테스는 "내가 모른다는 것을 아는 것이 참된 지혜이다."라는 말을 남겼다. 수많은 사람을 포용해야 하는 네트워크 마케팅 사업에서 '자신을 객관적으로 평가하는 능력', 메타인지는 너무 중요하다. 일방적으로 자기 말만 하는 사람은 자기 말이 끝나면 상대방 말은 듣지도 않고 딴짓을 한다. 그런 사람이 내 산하에 있으면 얼마나 기분이 나쁘고 자존심 상할까? 이런 사람 때문에 감정 소비를 할 필요가 없다. 이제부터 소비자가 됐든 파트너가 됐든 이런 사람은 마음으로 소비자로 생각하면 그저 고맙게 생각될 수 있다. 그들을 애써 바꾸려 들지 말고 반면교사 삼아 겸손한 자세로 나부터 늘 배움에 힘쓰면 된다.

네트워크 메신저의 촌철살인

누구나 할 수 있는 사업이지만 아무나 성공할 수는 없어. '안다병'에 걸린 사람 배후에 어떤 사람이 있을지 모르니 일단은 네 편으로 만들어!

46

코인 다단계에 기웃거리는 파트너에게는 뭐라고 얘기해야 하나요?

Q. 파트너 중에 코인 다단계에 기웃거리는 사람들이 있는데, 코인 다단계에 대한 견해를 듣고 싶습니다.

2년 전에 아름다운 몰도바에 여행을 다녀왔다. 이 나라는 블록체인에 국가경제의 미래를 걸고 있다고 한다. 코인은 주식만큼 투자가치가 높은 최근에 뜨고 있는 가상화폐다. 개인이 투자의 목적으로 코인을 매수·매도하는 것과 코인 다단계 사업을 하는 것은 다른 영역이다. 최근 들어 코인 시장이 뜨면서 사행심을 노리고 사기행각을 벌이는 다단계 업자들이 적발되고 있다. 코인 다단계는 코인이라는 가상화폐를 사용해 다단계 보상 방식으로 소개비를 주고받는 일종의 유사수신행위다.

사업자는 지인들에게 투자를 권유하고 큰 수익금을 약속한다. 처음엔 수익금이 따박따박 들어오지만 결국 회사가 종적도 없이 사라지는 경우가 많다. 특정 사업에 대한 투자의 명분과 목적으로 투자자의 돈을 갈취하는 것은 전형적인 다단계 사기 수법이다. 처음에 수익금이 잘 들어오니까 많은 사람들이 확신에 차서 가족이나 지인을 끌어들인다. 나중에는 본인도 보상받지 못하고 결국 주변 사람들에게까지 엄청난 손해를 입힌다.

코인 다단계로 사람을 소개하고 수익을 본 사람 중에 자신은 정당한 소개비를 받는다고 생각하는 사람들이 있다. 코인 다단계에서 지인을 끌어들여 받는 소개비와 증권 전문가에게 상담을 받고 내는 수수료는 다른 것이다. 증권 전문가들은 오랜 시간을 들여 연구하여 그 분야에 상당한 지식과 경험이 있는 사람들이다. 그들은 컨설팅만 해줄 뿐 돈 투자를 강요하지도 않는다. 코인 다단계 사업자는 본인이 깊은 연구 없이 단순히 수익을 위해 주위 사람들을 끌어들인다. 문제는 그들이 돈 투자를 재촉하여 누군가가 피해를 입어도 그들은 보상에 적극적이지 않다는 것이다.

코인 다단계에서 금전적인 피해를 보았을 때 공제조합에 등록된 회사가 아니라면 피해 보상을 받을 수 없다. 내 욕심으로 사람들을 끌어들여 소개비를 받고는 손해가 났을 때는 나 몰라라 하니 도덕적으로 문제가 있는 것이다. 다시 한번 우리 모두 잊지 말아야 할 사실은 세상에 그렇게 쉽게 그리고 빠르게 수익이 나는 사업은 극히 드물다는 것이다. 요즘같이 시국이 어수선할 때일수록 이런 가짜 사행성 정보에 현혹되는 것을 조심해야 한다. 특히 핸드폰으로 날아온 출처가 불명확한 링크는 제발 누르지 않도록 하자.

네트워크 메신저의 촌철살인

쉽게 번 돈은 빨리 잃게 되는데 사람까지 잃으니 문제야.

47

회원은 꽤 되는데 제품을 잘 안 사면 큰일 아닌가요?

Q. 사업을 시작한 지 6개월 만에 스스로 가입시킨 회원이 족히 300명은 넘는 것 같습니다. 그런데 사람들이 제품을 잘 안 사네요. 매출이 일어나야 하는데 이렇게 되면 큰일 아닌가요?

당연히 매출이 안 올라오면 큰일인데 이제부터 매출을 올라오게 만들면 된다. 6개월 동안 손수 가입시킨 사람이 300명이 넘었다는 건 주위에 사람들이 꽤 있다는 얘기다. 신뢰관계를 잘 쌓았다고 여겨지는 부분이다. 그런데 매출이 잘 안 올라온다는 걸 보면 가입된 회원의 대부분은 내가 무슨 일을 하는지조차도 정확히 모를 가능성이 크다. 초기에는 회원 가입 숫자에만 온통 관심이 쏠렸을 것이다. 고객들 중에는 자신의 정보가 어디에 쓰이는 줄도 모르고 내가 요구하니까 쉽게 개인정보를 불러주는 사람들도 있다. 이제부턴 가입된 그 지인들에게 내가 인터넷 마트의 사장이 되었으니 축하를 부탁한다며 다시 찾아가는 작업을 해야 한다.

바쁘게 사람들을 가입시키면서 그동안 정작 내가 해야 할 일을 빼먹은 것이다. 네트워크 마케팅 사업의 본질은 유통 사업이다. 나는 이제 대형 온라인 쇼핑몰에 사장이 된 것이다. 얼렁뚱땅 설명도 없이 가입정보를 받아서 조직을 구축하는 일은 파이프라인을 설계하는 일과는 아무런 관계가 없다. 어떤 사업자들은 커져가는 조직도를 매일 확인하면서 마르지 않는 샘이 솟아 나오기를 기대하고 꿈꾼다. 그러나 조직도를 자세히 들여다보면 회원들은 죄다 제로 PV로 수놓인 집들이 많다. '내 하부로 몇 명을 가입했느니' 하면서 마치 경쟁하듯 자랑하지만, 매출이 일어나지 않는 빵(0PV)가게는 아무 쓸모가 없다.

많은 사업자들이 "제품 쓰라는 말 안 할 테니 가입만 좀 해주세요."라며 회원 가입을 요청하는 경우가 많다. 급한 마음에 '회원 가입부터 해놓고 제품을 설명해야지.'라고 그들은 생각한 것이다. 그러나 처음에도 하기 어려웠던 일은 다음번에도 하기가 쉽지는 않다. 이제부터는 처음 사람을 만나면 제품을 권하면서 회원 가입을 동시에 하도록 한 사이클로 진행해야 한다. 물론 가입만 해주고 그 자리에서 즉시 구매하지 않는 소비자도 있다. 그럼에도 불구하고 회원을 가입할 때 내가 취급하는 제품에 관해서 동시에 알리고 돌아오는 나만의 루틴을 만들어야 한다. 그래야 두 번 일을 하지 않고 효율적으로 시간을 쓸 수 있다.

시간에 쫓기는 현대인들에게는 애매하고 모호하게 얘기하면 분명한 성과를 기대하기 힘들다. 지인들에게 회원 가입을 할 때는 정확하게 "내가 이번에 인터넷 마트를 오픈했다."라고 얘기를 해야 한다. "필요한 것 있으면 한번 들어가 보세요."라는 식으로 남의 일 얘기하듯 던지는 멘트는 사절이다. 스스로 쇼핑몰에 들어가서 처음부터 내 바람처럼 알아서 구매를 하는 사람들은 드물다. 그들이 내 지인이라면 처음 한 번은 상대에게 필요할 만한 제품을 콕 짚어 구매를 부탁하는 것도 괜찮다. 내가 개업을 했으니 그들은 필요한 물건을 나한테서 구매하려고 할 것이다. 그렇게 제품을 써보게끔 해야 시간이 지나면서 자발적인 구매 조직이 형성될 수 있다.

지금까지 회원 가입을 열심히 하느라 많이 수고했다. 6개월 만에 300명을 가입했다는 건 꽤 저력이 있다는 얘기다. 오늘부터는 한 단계 업그레이드해서 조직도 안에 있는 300명을 다시 찾아가 내가 무슨 일을 하는지 보여줘야 한다. 고객 앞에 내가 취급하는 제품을 한가득 들고 가서 풀어놓아야 한다. 고객이 망설이면 "나 인터넷 마트 오픈했으니까 필요한 거 한 가지씩은 사서 축하해 줘."라며 할 수 있으면 팔자. 그들의 반응이 긍정이든 부정이든 이다음부터 새로운 일들이 펼쳐질 것이다. 거대한 제로 PV 성을 쌓고 혼자서 흐뭇해하는 현실도피는 이제 그만하자.

네트워크 메신저의 촌철살인

얼렁뚱땅 빵(0PV)가게는 그만 만들고 진짜 일을 하러 다시 고객들을 찾아가.

48

스폰서 눈에 띄어야 하는 이유는 무엇인가요?

Q. 강의 중에 '스폰서에게 눈에 띄는 사람이 돼라.'라는 얘기를 들었습니다. 스폰서에게 잘 보여야 한다는 얘기인지요? 스폰서는 도와주는 사람인데 굳이 왜 그래야 하는 것이며 또 어떻게 하면 스폰서의 눈에 띌 수 있나요?

네트워커는 회사와 다른 사람의 노동과 시간을 활용해 돈이 나오는 시스템을 구축하는 사람이다. 네트워크 마케팅 사업을 하면 회사가 제공하는 시스템과 제품, 스폰서의 시간, 경험 그리고 열정 등을 공공재로 쓸 수 있다. 파트너와 소비자가 구축되면 그들을 레버리지하여 사업의 자산을 불릴 수 있다. 그런데 파트너와 소비자라는 자본은 언제든지 사라질 수 있다는 걸 알아야 한다. 반면 회사와 스폰서는 내가 사업을 계속하는 한 옆에 존재한다. 스폰서들은 '성공과 실패에 관한 경험'이라는 큰 자산을 보유하고 있다. 이것을 내 사업에 활용한다면 나는 엄청나게 시간과 에너지를 아낄 수 있다.

스폰서가 파트너를 돕는 건 당연한 일이지만 제한된 스폰서 숫자에 비해 도와야 할 파트너가 많다는 게 문제다. 또 수많은 파트너 중에서 반드시 나를 우선적으로 도우라는 법은 없다. 나를 돕는 게 스폰서 입장에선 사업적으로 반드시 이득이 되지 않을 때도 있기 때문이다. 그래서 현명한 사업자는 할 수만 있다면 스폰서들을 내 편으로 끌어당겨 사업에 탄력을 붙인다. 성공한 사람들 중에 타인의 도움 없이 혼자서 성공을 일구어낸 사람은 드물다. 네트워크 마케팅 사업에서도 끊임없이 내 성공을 응원해주고 격려해주는 스폰서가 있다면 천군만마를 얻은 것과 같다.

수많은 파트너들 중 스폰서의 눈에 띄는 일은 그다지 어려운 일은 아니다. 잘 보이려고 내가 설친다고 스폰서에게 눈에 띄는 파트너가 되지 않는다. 사업에 경험이 많은 스폰서들은 내 달콤한 말을 믿는 게 아니라 나의 행동으로 나의 사업을 평가하고 있다. 그들은 사업을 하면서 언제나 본인을 복제할 셀프 리더를 열심히 찾는다. 다른 사업자보다 차별되게 조금 더 열심히 하면 스폰서의 눈에 쉽게 띌 수 있다. 나 같은 경우, 파트너 중에서 하나를 주면 열을 만들어내는 그룹의 리더를 후원하려고 든다. 내가 스폰서의 사업에 필요한 파트너가 되면 그들은 저절로 나를 돕게 될 수밖에 없다.

당장 내 조직의 매출이 적다고 해서 스폰서가 외면할 거라고 생각하지 않아도 된다. 사람과 사람이 하는 비즈니스인 만큼 꼭 이해관계로 엮이지 않아도 나를 돕는 스폰서들이 있다. 사업을 하면서 만날 때마다 위로와 힘이 되는 비타민 같은 파트너들이 있다. 그런 파트너는 만나서 얘기하는 시간 자체가 즐거우니까 사업을 떠나서 자꾸만 보고 싶어진다. 결국 모든 인간관계는 상호적인 것이다. 내가 먼저 스폰서에게 사업적으로 도움이 되는 파트너가 되거나 인간적으로 매력적인 사람이 되어야 한다. '스폰서님! 제가 스폰서님의 오른팔이 되어 드리겠습니다. 사랑해요.'라고 애교 쪽지를 보내는 것도 나쁘지 않다.

네트워크 메신저의 촌철살인

아부를 하라는 말이 아니라, 맨땅에 헤딩하지 말고 스폰서 등 위에 올라타라는 거야.

49

빠르게 월 1,000만 원 만드는 방법이 있나요?

Q. 빨리 성공하고 싶어서 매일 밤늦게까지 미팅하면서 열정적으로 사업을 진행하고 있습니다. 평소에 스폰서님께서는 이 사업은 소득이 천천히 만들어진다며 느긋한 마음을 가지라고 하십니다. 네트워크 사업으로 월 1,000만 원 수입을 만들려면 시간이 얼마나 걸리는 건가요?

네트워크 마케팅 사업에서도 소득을 빨리 만드는 사람들이 있다. 시작부터 화려한 인맥을 구축했거나 네트워크 마케팅이 처음이 아닌 고수들은 1년 안에 월 1,000만 원 소득을 만들기도 한다. 이 분야에 경험이 없던 나도 싱글일 때 사업에 도전해서 3년 만에 월 소득 1,000만 원을 구축했었다. 많은 초보 파트너들이 시작할 땐 열정에 불타올라 불도저처럼 사업을 밀어붙이다가 생각만큼 속도가 붙지 않아 실망한다. 아마도 스폰서는 그런 파트너를 염두에 두고 지치지 말라고 미리 언질을 준 것이다. 마음은 느긋하게 그러나 손발은 빠르게 움직이면서 사업하면 된다.

쉽게 지치는 파트너들은 네트워크 마케팅 사업에서 소득이 만들어지는 원리에 대한 이해가 부족한 경우가 많다. 조직이 자라는 데는 중국 동부의 모소 대나무처럼 시간이 걸리는 일이다. 소비자망이 구축되는데 필요한 프로세스를 대나무가 뿌리를 내려 싹을 틔우는 과정과 비교한다. 내가 빠르게 수확하고 싶다면 우월한 종자를 심고 토양에 영양가 있는 비료를 주면 된다. 그리고 대나무를 하나만 심지 않고 많이 심으면 시간이 지나서 울창한 대나무 숲을 이룰 수 있다.

똑같은 네트워크 마케팅 비즈니스를 하더라도 사업자들의 성향이나 재정 능력에 따라 다양한 방식으로 사업을 진행한다. 단기간에 월 1,000만 원 소득을 버는 사람을 모방해서 그런 식으로 사업하면 성과를 낼 수 있다. 네트워크 마케팅 사업은 시간이 걸리는 사업이라고 스스로 합리화를 시키면서 천천히 돈이 되는 방향으로 사업을 하는 사업자가 있다. 급하지 않은 사람은 그런 식으로 장기적인 목표를 세워서 본인의 페이스대로 사업하면 된다. 그러나 당장 소득이 급한 사람은 빨리 소득이 되는 방향으로 조직을 구축해야 한다.

공격적으로 사업을 진행하는 리더들의 특징은 소비자에서 관심자, 그리고 가망 사업자까지의 과정을 한 번에 압축해버린다. 그들 중에는 처음부터 소비자는 뛰어넘고 사업자들만 공략하려는 사업자들도 있다. 네트워크 마케팅 사업은 소비자, 사업자 구분 없이 모두를 만나는 사업이다. 그러나 일일이 소비자를 구축하는 것보다 한 명의 괜찮은 사업자를 유입하면 판도가 바뀔 수 있다. 초보들은 만만한 사람들만 찾아다니는 반면 그들은 까다로워도 나보다 형편이 나은 사람들을 접촉한다. 대개 어려운 대상들 뒤에는 괜찮은 명단들이 많다. 오늘부터 아마추어 계급장을 떼고 속으로 '나는 프로 네트워커이다.'라고 외치며 깐깐한 사람들을 찾으러 떠나보자.

네트워크 메신저의 촌철살인

이상은 높게, 현실은 겸손하게! 느긋한 마음으로 빠르게 손과 발을 움직여.

50

대뜸 수입을 묻는 사람들이 있는데 어떻게 대응해야 할까요?

Q. 평소에 자신감 있고 활달한 성격인 저는 초반에 신나게 일했습니다. 시간이 흐르면서 지인들이 "그래서, 너 얼마 벌어?"라고 묻습니다. 아직 소득이 많지 않아서 대답하기가 좀 난감합니다. 어떻게 대응해야 할까요?

아직 소득이 많지 않을 때 현장에서 "얼마 법니까?"라는 질문을 받으면 아주 난처하다. 오늘의 수당이 가장 적은 수입이 될 거라는 희망을 품고 뛰지만 사람들의 생각은 호락호락하지 않다. 당장 내 수입을 물어보는 사람에게 "제가 사업을 하는 이유는 인세 소득을 얻기 위해서입니다."라는 식의 대답은 아주 쓸데없다. 사람들은 내가 얼마를 버는지가 궁금한 거지 사업을 하는 이유를 물은 게 아니다. 이 난감한 질문에서 빠져나오는 유일한 방법은 상상도 못 할 자신감으로 실제 받은 수당을 공개해 버리는 것이다. 실제 받은 수입의 액수로 사람들의 설득이 어렵다면 미래를 내다보는 나의 강력한 믿음으로 승부수를 둬야 한다.

적은 수입을 공개했는데 의외로 인세 소득이라는 점에 긍정적인 점수를 주는 사람이 있다. 한편 당장 돈이 안 되는데 그것 받으려고 사업하냐고 묻는 사람도 있을 것이다. 천천히 만들어지는 네트워크 사업의 소득의 속성을 이해 못 하는 사람이라면 의아해할 것이다. 적은 수당에도 열심히 일하는 나를 보며 당혹스러움을 느끼는 것은 노동 소득에 익숙해진 상대방의 몫이다. 지금의 금액은 비록 적지만 1~2년 후 엄청나게 불어날 것이라고 나는 예언에 가까운 선포를 하면 된다. 패기에 찬 나의 반응이 어이가 없어서 스스로 사업을 알아보는 사람이 나올 것이다.

네트워크 마케팅 사업 초기에 나에게 실제로 있었던 일이다. 월수입이 50만 원이 채 안 될 때쯤 처음 보는 사람이 현재 내 수입을 갑자기 물어보았다. 그때 나도 모르게 튀어나온 대답은 "배백 오, 오, 오십만 원이요."이었다. 사실이 아닌 얘기를 나도 모르게 해 버린 것에 스스로 당황했는데 그 뒤에 따라온 상대방의 반응에 더 놀랐다. "우와, 정말이에요? 그렇다면 저도 당신의 사업에 합류하겠습니다." 그녀는 그 자리에서 회원에 가입했고 바로 한 달 뒤 내 수입은 200만 원으로 불어났다. 그녀는 어설픈 내 거짓말에 넘어간 것이 아니라 꿈을 좇는 나와 함께하고 싶었던 것이다. 나중에 안 사실이지만 그녀는 어릴 때부터 지역의 갑부가 되고 싶었다고 한다. 실제로 그녀는 현재 억대연봉자가 되었는데, 나의 패기가 미래의 갑부를 내 조직으로 끌어당긴 것이다.

돈이 되냐고 묻는 질문에 "돈 때문에 이 사업을 하는 게 아니에요."라는 식의 시답지 않은 대답을 하는 사람이 있다. 상대방은 어떤 말을 기대하고 그런 질문을 한 걸까? 모두가 힘든 암울한 시기에 누구라도 "그럼요! 정말 돈 되는 일입니다."라는 대답을 그들은 기대했을 것이다. 무명 시절 1,000만 달러짜리 가짜 수표를 직접 써서 지갑에 들고 다닌 짐 캐리를 우리는 사기꾼이라고 부르지 않는다. 사람들은 덩달아 그런 사람의 꿈을 응원하게 되고 우리는 그런 사람을 몽상가라 부른다.

짐 캐리처럼 나만의 방법으로 사람들을 만날 때 가짜 수표를 만들어서 다니면 어깨에 힘이 들어갈 수 있다. 한 달 동안 자연스럽게 올라오는 매출이 아닌 내가 직접 영업해서 최고의 매출액을 우선 찍자. 물론 그 소득은 다음 달에는 유지가 되긴 힘들 수도 있다. 최고의 수당이 들어온 순간을 자료로 만들어서 가짜 수표처럼 들고 다니는 것이다. 만나는 사람마다 그 수표를 보여주면서 "돈 되는 사업, 함께하자!"라고 말하자. 나의 당돌한 모습에 자신의 비즈니스의 운명을 함께하고 싶다고 말하는 사람이 생길 것이다. 꿈쟁이는 야심가를 알아본다.

네트워크 메신저의 촌철살인

선수는 선수를 알아보게 되어 있어.

51

왜 스폰서님은 사업자를 찾지 말고 소비자를 만들라고 하실까요?

Q. 고객을 만나 사업의 비전을 설명하면 스폰서님은 사업자를 찾지 말고 소비자를 만들라고 하십니다. 네트워크 사업은 사업자가 있어야 조직이 커지는 사업이 아닌가요?

소비자도 많이 있어야 하고 그중에 발 빠른 사업자도 나와야만 조직이 빠르게 돌아간다. 처음 사업을 시작했을 때 내 스폰서도 항상 똑같은 말씀을 하셨다. 지금은 조금 다르게 안내하시지만 그 시절은 무조건 사업자를 찾지 말라고 당부하셨다. 트렌드가 변해서 말을 바꾸는 게 아니라 그때는 스폰서도 네트워크 마케팅은 처음이라 경험치가 부족했다. 초보 스폰서 밑에 초보 파트너들이니까 소극적으로 안내했던 것이다. 제품을 통해 부담 없이 소비자를 만든 뒤 스폰서와의 미팅을 통해 사업자를 찾아 발굴하는 프로세스가 보편적이다.

소비자는 많으면 많을수록 좋다. 탄탄하게 형성된 소비자가 많으면 그 조직은 오랫동안 스스로 생존하는 힘이 있다. 그중에 꿈이 있는 사람이 나와 비전을 보면 사업자가 되는데 그때부터 조직은 배가의 속도로 빠르게 불어난다. 그러면 왜 스폰서들은 사업자를 먼저 찾으라고 안내하지 않는 걸까? 소비자부터 접근하는 게 나에게 훨씬 쉽기 때문이다. 사업자들이 나오면 조직에 생기가 불어 활력은 붙지만 그들은 돈이 빨리 안 되면 쉽게 그만둘 수 있다. 사업자는 제품에 대한 충성도가 떨어질 수 있기 때문에 사업자가 많다고 매출이 많은 건 또 아니다. 소비자 그룹과 사업자 그룹이 고루 분포되어 있는 조직이 안정되면서도 빠르게 성장한다.

제품을 쓴다고 모두가 사업자가 될 필요도 없고 사업자가 없다고 인세 수입이 안 되는 건 아니다. 네트워크 마케팅은 팀워크가 중요한 사업이기 때문에 오히려 배려가 부족한 사업자가 들어오면 내 사업에 해가 될 수도 있다. 한편 꾸준히 제품을 쓰는 소비자에게 현금 혜택을 얘기하면 네트워크 제품으로 일체 바꾸는 충성고객이 나온다. 이들은 또 현금 혜택에는 구미가 당겨도 사업에는 일절 관심이 없어서 소개는 소극적으로 할 수 있다. 그래도 그들을 통해 지속적인 매출이 일어나니까 소비자만 많아도 충분히 실질적인 인세 수입은 되는 것이다. 단, 이런 경우 큰 조직을 이루기까지 시간이 걸린다는 점과 사업자가 나올 때까지 나 혼자 뛰니까 외로울 수 있다는 점을 감안해야 한다.

소비자들을 응대하면서 실력이 쌓이고 자신감이 붙으면 그다음부터는 함께하고 싶은 사람에게 비전을 제시해야 한다. 처음에는 누가 사업에 관심이 있는지 알아차리기가 힘이 드니까 얼마나 많이 만났는지 활동량에 힘써야 한다. 나중에 경험이 쌓이면 한눈에 야망이 있는 사람을 가려낼 수 있는 안목이 생긴다. 그러니 지금은 소비자, 사업자 가리지 말고 상대방에게 혜택을 준다는 마음으로 일단 많이 만나보는 게 좋다. 지금은 한 명의 소비자도 너무나 중요할 때다.

네트워크 메신저의 촌철살인

지금은 소비자, 사업자 따질 때가 아니야. 일단은 많이 만나 봐.

52

소비자 그룹은 많은데 어떻게 해야 빨리 사업자가 나올까요?

Q. 저는 네트워크 사업을 시작한 지 10개월째에 접어든 사업자입니다. 소비자 그룹은 제법 형성되어 있는데 사업자가 빨리 나오지 않아 조금 지치는 느낌이 있습니다. 그런데도 희망을 품고 열심히 하고 있는데 어떻게 해야 빨리 사업자가 나올까요?

10개월 동안 사업자가 나오지 않았다면 이제는 여태껏 했던 방법과는 조금 다르게 해봐야 한다. 지금까진 제품 전달이 목적이었다면 이제부턴 나와 함께할 사람을 찾으려는 새로운 시각으로 고객을 만나보자. 내가 그동안 열심히 현장 활동을 하고 있었다면 주변 사람들이 나를 조용히 지켜보고 있을 가능성이 크다. 과연 내가 돈을 벌고 있는지, 자신들도 사업을 하면 돈을 벌 수 있을지 한 번쯤 궁금해했을 것이다. 사업자가 제 발로 찾아와주면 좋지만 그런 일은 거의 없다. 내가 제안을 안 하니까 그들도 선뜻 나서지 않는 것이다. 사람을 만나는 목적이 달라지면 기회를 찾는 사람이 내 눈에 서서히 들어온다. 내가 나누는 대화의 내용도 달라지는 것을 경험하게 된다.

스스로 사업자가 찾아오게 하는 가장 좋은 방법은 내가 함께 사업을 하고 싶은 사람이 되는 것이다. 사람들은 과연 어떤 사람과 사업을 함께 하고 싶을까? 비즈니스 세계에서는 같이 있으면 마냥 즐거운 사람이 반드시 사업을 같이하고 싶은 사람은 아닐 것이다. 이해관계로 얽힌 만큼 상대방은 나로부터 돈을 벌 수 있는 도움을 받기를 기대한다. 그러려면 내가 이 분야의 전문가인 것처럼 이미지메이킹을 해야 한다. 나를 만났을 때 실제로 내가 돈을 벌고 있다는 느낌을 받으면 사람들은 확 끌리게 된다. 아직 자신감이 부족하더라도 내가 닮고 싶은 리더를 코스프레하면 나에게도 점점 용기가 생긴다. 내가 어떤 사람인가보다 어떤 사람으로 상대에게 보이냐에 따라 사업자는 더 빨리 생길 수 있다.

그동안 소비자들은 제법 만들어진 반면 사업자들이 안 나오는 이유는 여태껏 내 활동이 소비자 중심이었기 때문이다. 물론 소비자 조직을 탄탄히 구축하는 일은 너무 잘한 일이다. 여태껏 제품 얘기를 중심으로 했으니 이제부터는 그중에 사업 기회를 찾는 사람에게 비전 제시를 하면 된다. 내가 네트워크 사업을 하는 이유를 진솔하게 얘기하면서 이 사업은 쉽고 즐거운 사업이라는 느낌을 주면 된다. 사람들은 누구나 좀 더 나은 삶을 살기를 바라며 끊임없이 새로운 도구를 찾고 있다.

어느 날 일부러 더 멋지게 차려입고 더 밝은 모습으로 다니면 친구들 중에 이렇게 물어보는 사람이 있을 것이다. “무슨 좋은 일 있나 본데?” 그러면 내가 하는 일이 얼마나 보람되고 유익한 일인지를 생생하게 감정을 실어 알려주자. 마무리는 이렇게 해보자.

“친구, 이 사업은 너무 자유롭고 멋진 사업이야. 네가 나와 함께한다면 내가 적극적으로 너의 성공을 지지하고 도울게. 친구야! 함께하자!”

자신감과 패기를 담아 내 조직도에 있는 소비자들을 한 명 한 명 다시 만나보자. 그중에 반드시 함께 사업할 사람을 찾아낼 수 있다. 나의 유망 사업자는 먼 곳에 있는 게 아니라 내 조직도 안에 있다.

네트워크 메신저의 촌철살인

복권을 사서 모으기만 하지 말고 이제 그 복권을 긁어보렴.

53

미팅과 세미나에 꼭 참석하는데 실적이 오르지 않아요

Q. 네트워크 사업은 교육 사업이란 말을 듣고 처음부터 지금껏 모든 미팅과 세미나에 빠지지 않았습니다. 시간이 지나면서 생각보다 실적이 오르지 않는 것 같아 딜레마에 빠졌습니다. 제가 어떤 부분이 부족한 것일까요?

네트워크 사업은 회사가 제공한 시스템에 합류하면 '나도 할 수 있어.'라는 자신감이 누구나 생긴다. 평범한 사람을 용기 있게 변화시키는 이 교육체계가 네트워크 마케팅 사업이 보유한 시스템의 엄청난 위력이다. 여태껏 빠지지 않고 교육에 참석했다고 하니 이미 엄청난 내공이 쌓여 있을 것이다. 단, 교육으로 단련한 잠재력을 별로 발휘해본 적이 없으니 잘하고 있는지 확신이 서지 않을 뿐이다. 딜레마를 극복하는 유일한 방법은 나가서 사람들에게 사업과 제품에 관해 이야기를 하는 것이다. 설사 거절을 받더라도 그때부터 그동안 배운 지식을 제대로 활용하기 시작할 것이다.

네트워크 마케팅은 사업자가 초기에 해야 할 일과 조직이 성장한 후에 해야 할 일이 달라진다. 초보들은 자기 분야의 지식 습득과 마인드 변화를 위해 배움에 힘써야 한다. 조직이 성장하면 파트너들을 초대해 함께 앉아 있으면서 조직을 키운다. 그래서 네트워크 비즈니스에선 '앉아서 듣는 게 일이다.'라는 말을 한다. 그런데 교육을 받고도 생각이 변화하지 않고 과거의 습관을 고수하면서 초대 활동이 게으른 사업자들이 많다. 아무리 유명 강사의 강의를 듣고 유용한 지식을 쌓는다고 해도 실전으로 이어지지 않는다면 교육은 별 소용이 없다. 들은 것을 현장에서 써먹지 않는 사업자는 머리만 커져 나중엔 남들의 강의만 평가하게 될 가능성이 크다.

지시받은 업무를 소화하는 일이 아니다 보니 어영부영하다가는 시간이 쏜살같이 흘러간다. 하루를 치밀하게 계획해서 쓰지 않으면 네트워커들의 하루는 금방 지나갈 수 있다. 출근해서 사업자 조회가 끝나면 빠르게 현장으로 흩어져야 한다. 만날 약속이 없더라도 무조건 밖으로 나가면 사람을 만나게 돼 있다. "저번에 구매하신 제품은 잘 쓰고 계시죠?"라고 말을 건네보자. 되도록 매일매일 다른 사람과 점심 약속을 잡겠다고 결심해보자. 무슨 일이 있어도 적어도 매일 한 사람 이상에게 사업 설명을 하겠다고 마음을 먹어보자. 누구를 만나든 대화의 마지막은 늘 세미나 초대로 마무리지어야 한다. 단순한 이 루틴을 반복했는데도 아무 일이 일어나지 않으면 그건 기적이다.

아침부터 조회로 시작해 매출 보고, 리더 미팅 등 온종일 교육으로 쉴 새 없이 하루가 이어지는 조직이 있다. 교육이 파트너의 마인드를 변화시키지만 대신 매출을 만들어 주지는 않는다. 네트워크 마케팅 사업에서는 우선 머리 공부와 마음공부로 나 자신을 변화시킨 뒤 반드시 몸 공부가 이어져야 성과가 나온다. 변화의 핵심은 용기인데, 준비를 마쳤다면 이젠 용기를 내서 부지런히 내 팔다리와 입을 움직일 때다. 실행이 답이니까 우아하게 사업하지 말고 몸을 쓰면서 사업을 해야 한다. 백조는 강물 위에 우아하게 둥둥 떠 있는 것 같지만 물밑에서는 필사적으로 두 다리를 움직인다. 우아한 내가 우아하지 않은 방법으로 이제부터 사업을 다르게 해보자.

네트워크 메신저의 촌철살인

실행이 답이야!

54

안 맞는 직속 스폰서를 뛰어넘고 업 라인 스폰서와 일해도 되나요?

Q. 제 바로 위 직속 스폰서와 사업 진행 성향이 달라서 자주 부딪칩니다. 게다가 저는 간절한데 이 스폰서는 틈만 나면 부정적인 얘기를 해서 제 에너지가 자주 손실됩니다. 할 수만 있다면 그 위의 업 라인 스폰서와 일을 진행하고 싶은데 제가 교만한 건가요?

교만한 게 아니라 절박하니까 당연한 것이다. 많은 파트너들이 스폰서에 대해 오해하는 것 중 하나는 먼저 가입한 사람을 모두 스폰서라고 착각하는 것이다. 스폰서는 내가 사업에 정착하도록 지원하고 돕는 사람이다. 도움은커녕 사업에 방해를 준다면 그분은 마음속으로 지우는 게 불필요한 감정 소모를 줄이는 것이다. 파트너들의 두 번째 오해는 정보를 준 바로 위 스폰서만 의존해야 한다고 생각하는 것이다. 스폰서는 많을수록 좋은데 그중에서 특히 나와 성향이 더 잘 맞는 스폰서와 일하면 효율이 높다.

스폰서가 인간적으로 괜찮은 사람일지라도 사업적으로 방해가 된다면 무조건 수용하는 것은 사업적으로 손해다. 시스템에 관해 배우지 않고 다른 얘기를 하는 스폰서, 꼰대나 강압적인 스폰서는 내 사업에 악영향을 끼친다. 무엇보다 부정적인 얘기를 서슴지 않고 발설하는 스폰서가 있다면 적당한 거리를 유지할 필요가 있다. 나와 내 조직의 에너지 관리는 중요한데 자주 부딪치면 그런 상황을 피하는 게 지혜다. 그런 스폰서를 무시하거나 대적할 필요 없이 조용히 나를 도와줄 업 라인 스폰서를 찾아 안내를 받으면 된다. 내 위에 있는 모든 스폰서는 내가 활용할 수 있는 공공자원이다. 그들로 하여금 나를 돕게 만드는 것은 나의 재량에 달려 있다.

정보를 준 스폰서랑 함께 현장을 누비면 좋겠지만 그럴 수 없다면 업 라인 스폰서와 일을 해도 괜찮다. 바로 위 스폰서와 안 맞아 내가 사업을 그만두는 것보다 위로 올라가서라도 사업을 계속하길 스폰서들은 원한다. 독립자영업인 네트워크 마케팅 사업을 하면서 지나치게 스폰서에게 의존적이거나 눈치를 많이 보는 파트너를 만난다. 스폰서는 나의 사업을 돕는 윈-윈 관계일 뿐 종속될 필요 없이 주도적인 사업을 해야 한다. 야망이 있는 사업자라면 이왕이면 가장 경험이 많은 스폰서에게 배우면 빠르게 성장할 수 있다.

네트워크 메신저의 촌철살인

네 위에 있다고 다 스폰서가 아니야. 스폰지나 스판덱스는 피하는 게 더 나을 수 있어.

55

‘호일러의 법칙’을 효과적으로 활용하는 팁

Q. 네트워크 마케팅 사업에서는 스폰서를 활용하는 '호일러의 법칙'이 중요하다고 합니다. 이 법칙을 잘 활용하는 팁을 알려주세요.

네트워크 마케팅은 스폰서가 나를 위해 리쿠르팅 현장에 적극 개입해준다는 점이 큰 장점이다. 처음에는 내 지인들이 나를 네트워크 마케팅 사업의 전문가로 인식하기는 어렵다. 경험 있는 스폰서와 같이 나가면 상대는 그를 전문가로 생각하고 귀를 열면서 서서히 마음을 열게 된다. 머리 회전이 빠른 네트워커일수록 똑똑하게 스폰서들을 자신의 사업에 잘 활용한다. 그들은 경험이 풍부한 스폰서의 시간과 에너지를 최대한 활용해 빠르게 조직을 구축한다.

호일러 법칙을 통해 성과를 내려면 스폰서가 얘기할 때 옆에서 내가 하는 역할이 중요하다. 설명은 스폰서에게 떠맡기고 아무것도 하지 않고 가만히 고개만 끄덕이고 있으면 절대로 안 된다. 비록 그날의 강사는 스폰서이지만 그 미팅을 내가 직접 주최해야 한다. 내가 모든 미팅을 총괄해서 스폰서를 전문가의 자리에 앉히고 고객을 초청해서 듣게 하는 것이다. 나는 사전에 고객과 1차 미팅을 해서 신뢰를 쌓고, 그에게 사업 설명이 필요한지 여부를 먼저 탐색해야 한다. 사업 설명이 필요하다고 판단되면 그때 스폰서에게 2차적으로 미팅을 부탁하는 것이다. 이런 절차를 따를 때 듣는 사람의 집중도가 올라가 스폰서의 미팅이 성과를 낼 수 있다.

가끔 스폰서 후원을 만능으로 착각하고 마구잡이식으로 미팅을 잡는 파트너들이 있다. 그들은 본인도 처음 만나는 소비자를 미팅에 앉혀 스폰서가 어떻게 해주기를 기대한다. 1차 미팅 때부터 스폰서를 투입해버리면 스폰서라는 공공재가 낭비되면서 미팅의 효율성이 떨어진다. 아예 스폰서가 나온다는 사실 자체를 고객에게 언급하지 않고 미팅을 잡는 용감한 파트너들도 있다. 그럴 경우 상대는 부담을 느끼고 듣지도 않고 그 자리를 떠나는 경우가 종종 있다. 그런 이들은 불쾌감을 느껴 전혀 들을 자세를 찾아볼 수 없다. 이런 식의 미팅에서 돌아오면 스폰서는 아까운 본인의 시간을 허비했다는 생각에 다음에 후원 요청이 들어오면 피하게 된다.

호일러 법칙은 스폰서와 내가 현장에서 약속된 시나리오를 가지고 펼치는 역할극 같은 것이다. 스폰서가 훌륭한 그날의 전문가 역할을 잘 수행할 수 있도록 고객의 디테일한 정보를 미리 건네주면 도움이 된다. 고객에게는 정말 만나기 어려운 전문가인데 특별히 당신을 위해 초청했다고 말해 놓는 것이다. 미팅이 시작되고 스폰서가 설명하면 나는 가만히 있지 말고 중간중간 추임새를 넣어 분위기를 띄우는 게 좋다. 내가 스폰서를 대단한 전문가인 것처럼 프로모션하면 고객에게는 스폰서의 설명이 다르게 들린다. 내가 스폰서를 대하는 태도, 설명을 듣는 나의 반응에 따라 재미있게도 고객은 적극적으로 듣게 될 것이다.

미팅이 끝나면 "친구, 들어보니 내 말대로 제대로지? 나와 함께 성공호에 같이 올라타자고!" 하며 내가 먼저 손을 내밀어야 한다. 이런 멘트는 조금은 강요하는 느낌이라 지인인 내가 직접 하는 게 자연스럽다. 헤어지고 48시간 이내 고객에게 연락을 취해 그날의 소감을 물어보자. 고객의 반응을 스폰서에게도 역 피드백해서 알려주면 스폰서가 지속적으로 관심을 가지게 된다. 설령 미팅의 결과가 만족스럽지 않았더라도 스폰서에게는 항상 감사로 마무리한다. 스폰서도 후원을 반복해봐야 실력이 늘고 칭찬을 들으면 계속해서 나를 후원하게 될 것이다. 스폰서의 관심과 시간 그리고 열정을 가능한 한 많이 본인의 조직으로 끌어오는 사람이 이기는 게임이다.

네트워크 메신저의 촌철살인

스폰서가 차려주는 밥을 거저먹는 자리가 아니라 네가 밥상을 차리고 스폰서와 초대자를 그 자리에 앉혀야 해.

56

형편이 힘든데 파트너를 돕는 게 우선인가요?

Q. 저도 형편이 힘든데 끊임없이 하부 파트너를 돕는 게 너무 부담됩니다. 스폰서님은 네트워크 사업은 파트너를 도와야 성공하는 구조라면서 파트너를 먼저 돕는 게 중요하다고 말씀하십니다. 어떻게 지혜롭게 헤쳐나가야 할까요?

어려운 순간에도 네트워크 사업에 매력을 느끼고 열심히 하는 이유는 마케팅 플랜에 답이 있다. 경쟁이 아니라 파트너를 도와야 사업에 성공할 수 있는 피플 비즈니스라는 따뜻한 점이 매력이다. 스폰서는 파트너에게 사업에 필요한 것들을 안내하고 그들의 어려움을 나 몰라라 하지 않고 함께 해결해나간다. 어떤 스폰서는 파트너가 금전적으로 버거워하면 재정적인 지원을 할 때도 있다. 순수한 의도로 도운 것이라면 그는 독지가이겠지만 자신의 사업을 위해서였다면 그는 똑똑한 사업가인 것이다. 내가 네트워크 비즈니스를 사업으로 하는 것이라면 스폰서도 파트너도 아닌 내 사업을 위해 감당할 수 있는 범위 내에서 사업 활동을 하면 된다.

본인의 재량 안에서 쓸 수 있는 시간, 에너지 그리고 예산 안에서 사업을 해야 탈이 나지 않는다. 파트너를 돕는 것 때문에 마음의 부담을 느낀다면 스스로 세운 기준이 높기 때문이다. 네트워크 사업이 파트너를 도와야 성공하는 구조라고 한 스폰서의 말은 틀린 것은 아니다. 네트워크 사업에선 스폰서가 파트너를 도와야 조직이 확장되는 구조이기 때문이다. 더 돕지 못해 스트레스를 받는다는 건 자신이 할 수 있는 이상의 몫을 하려는 욕심 때문이다. 조직도 구축하고 싶고 동시에 파트너에게도 좋은 사람이 되고 싶은 것이다.

파트너를 돕는 후원이라는 개념은 꼭 물질적인 도움으로 국한되지 않는다. 현장을 발로 뛰어주는 스폰서, 찾으면 늘 옆에 함께 있어주는 스폰서만큼 좋은 스폰서는 없다. 먼저 가입이 되었다는 이유로 끊임없이 파트너에게 뭔가를 줘야 한다는 강박에 사로잡힌 사업자들이 많다. 물질적인 후원은 스폰서가 줄 수 있는 도움 중 가장 쉽고 간편한 후원이다. 또 네트워크 사업에선 많이 도와주는 스폰서가 반드시 좋은 스폰서는 아니다. 때로는 네트워크 사업에선 도움이 파트너를 셀프 리더로 육성하는데 오히려 독이 될 수가 있다. 스스로 사업을 꾸려 나갈 수 있는 힘을 만들어주는 시스템을 조성해주는 것이 스폰서가 줄 수 있는 가장 큰 도움이다.

무리하게 도와주고는 결국 본인이 지쳐서 그만두면 그게 파트너에겐 가장 큰 상처가 된다는 걸 기억하자. 좋은 스폰서로 보이려고 능력을 벗어나 도와줘 놓고 남을 탓하는 사업자가 있다면 그는 미숙한 것이다. 스폰서도 파트너도 오래 공존하려면 '따로 또 같이' 각자 독립적인 사업을 해야 한다. 그렇게 스스로 성공의 계단을 하나씩 밟아 오르는 것이 파트너들에게 보여주는 가장 큰 비전이다. 힘들다고 보채는 파트너 위주로 돕지 말고 내 사업을 위해 키울 파트너를 돕는 사업 활동을 해야 한다.

네트워크 메신저의 촌철살인

네 사업을 돕기 위해 파트너를 도와줘.

57

결국엔 직접 해야 하는데, 꼭 상담받으라는 이유는 무엇인가요?

Q. 저는 주도적으로 일하는 편인데 스폰서님은 늘 상담을 많이 하라고 하십니다. 결국엔 제가 직접 해야 하는 일인데 특별한 문제가 없는데도 상담이 필요한가요?

스폰서가 있어도 결국엔 내가 직접 뛰어야 성과가 나오는 사업인 것은 맞다. 상담을 받으라고 하니 문제가 생기면 방문하는 클리닉을 연상하는데, 그것과는 다르다. 예를 들어, 제주도 여행을 계획했는데 초행길이라면 여행의 고수에게 물어보면 도움이 된다. 그들이 알려준 맛집과 숙소가 비록 최고가 아닐 수 있어도 비용과 시간은 절약했을 것이다. 네트워크 사업에서도 스폰서는 먼저 항해한 길을 비추어주는 등대와 같은 역할을 한다.

네트워크 마케팅이 처음인 사업자는 본인의 기량과 상관없이 처음부터 배운다고 생각하고 많이 물어봐야 한다. 내가 만난 가장 안타까운 부류 중 하나는 영업을 많이 해본 개인의 역량이 탁월한 파트너들이다. 이들은 본인이 알아서 일을 뚝딱 처리하고는 결과만 통보하는 식이다. 한마디 상의 없이 일단 일을 저지르고는 후회를 하는 파트너들이 꽤 많다. 자신의 경험만을 믿고 자기 방식대로 해보고는 결국 이렇게 말하면서 포기한다. "나 혼자 엄청 열심히 했는데 안 되는 사업이었어." 중간에 한 번이라도 스폰서와 상담을 했었더라면 하는 아쉬움이 남는다.

내가 이전에 뭘 했던 네트워크 마케팅 사업은 여태껏 했던 것과는 사업의 본질, 목적, 방법이 완전히 다른 비즈니스다. 내가 보기에 훌륭하게 보이지 않는 스폰서라도 저절로 그 자리까지 간 사람은 없다. 그들에게는 내 조직을 63빌딩 꼭대기에서 넓은 시야로 꿰뚫어 보고 지름길로 인도할 수 있는 눈이 있다. 내가 원한다면 그들만이 가지고 있는 비밀 병기도 공유해 줄 것이다. 오랜 시간 땀 흘리며 비용을 들여 만들어낸 본인들의 경험들을 무료로 준다는데 욕심을 내야 하지 않을까?

타고난 게 주도적인 성향이지만 내가 잘한 것 중에 하나는 스폰서들에게 많이 물어보면서 사업을 했다는 것이다. 정말 지칠 땐 "힘들 때 어떻게 이겨내셨어요?" 하고 스폰서들에게 물었다. 어려움을 극복한 그들의 얘기를 들으면서 '저분들도 그랬구나!'라며 위로를 받았다. 나는 특별한 일이 없어도 정기적으로 스폰서와 티타임을 하는 걸 즐겨했다. 특히 조직도를 그려가서 스폰서들에게 보여주며 내 사업 진행상황을 브리핑하는 걸 좋아했다.

스폰서들이 내 얘기에 관심을 안 가지면 어떡하냐고? 천국은 침노하는 자의 것이다. 경험 많은 스폰서들의 관심은 재량껏 내가 내 조직으로 끌어당겨야 한다. 스폰서는 내 사업을 도와주는 분이니까 미안해하지 말고 상담을 요청해서 최대한 그들을 따라하고 배우자. 그럴 때 이 사업은 혼자 하는 사업이 아니라는 말이 무슨 뜻인지를 제대로 깨닫게 될 것이다. 프로 골퍼 잭 버크는 이렇게 말했다. "당신이 독학으로 6개월 연습한 끝에 터득한 것을 당신의 코치는 단 5분 만에 지적할 수 있다." 내가 여태까지 만난 모든 스폰서들은 자신의 노하우를 아낌없이 얘기하는 것에 진심이었다.

네트워크 메신저의 촌철살인

눈 덮인 길을 함부로 걷지 마! 가위바위보로 그 자리까지 간 스폰서는 없으니까 일단 찾아가서 그들에게 열심히 물어봐.

58

소비자나 유망 파트너를 만났을 때 주의해야 할 사항

Q. 현장에서 소비자나 유망 파트너를 만났을 때 '이런 얘기는 해주면 좋고 이런 얘기는 피해야 한다.'라는 것들이 있으면 좀 알려주세요.

한 연구에 따르면, 상대방이 설명을 들으면서 긍정적인 반응을 나타내는 시간은 7분, 15분, 45분 간격으로 찾아온다고 한다. 처음부터 중요한 얘기를 해도 귀에 잘 들어오지 않으니까 초반에는 상대방의 마음을 여는데 사력을 다해야 한다. 우선 질문을 통해 상대방을 탐색하는 시간을 가진다. 얘기를 나누다 보면 상대방의 성향이나 취향들을 대충 파악할 수 있다. 혹여나 내가 그 분야를 몰라도 질문을 통해 얼마든지 공감대를 형성할 수 있다. 상대방의 마음을 열수 있는 가장 강력한 무기는 뭐니 뭐니 해도 가벼운 칭찬이다. 과장하지 않으면서 구체적인 칭찬을 하는 게 좋다.

그렇게 상대방과 라포르를 형성했다면 자신 있는 태도로 신뢰감 있게 얘기를 꺼내면 된다. 내가 말하는 내용이 무엇이냐보다 전달하는 나의 표정, 태도, 목소리에 상대는 더욱 영향을 받는다. 절대 상대방에게 강요하거나 매달리는 투로 얘기를 하면 안 된다. "이 사업, 네가 하면 진짜 잘할 것 같은데 난 네가 해주면 좋겠어!"라는 식의 말로 구걸하듯 얘기하지 마라. '나를 이용해서 돈을 벌려고 하는 거 아니야?'라고 생각할 수도 있기 때문이다. 대신 "어때? 진짜 멋있는 사업이지? 나도 최선을 다해 널 도울게!"라고 마무리를 지어보자.

절대 하지 말아야 하는 얘기 중에 하나는 과장이나 거짓말이다. 네트워크 마케팅 사업에서 사람을 설득시킬 수 있는 강력한 무기는 진실성이다. 처음에 거짓말로 사람이 유입된다 해도 결국 진실이 드러나면 돌아서게 되어 있다. 정직이 최상의 전략이라는 본인만의 비즈니스 철학을 가지고 있어야 무너지지 않는 탄탄한 조직을 구축할 수 있다. 개인적인 기교가 뛰어난 사람보다 수더분한 사람이 네트워크 사업을 더 잘하는 경우가 많다.

나와 생각이 다른 사람들을 만나면 절대로 그들과 논쟁을 벌이거나 맞서려고 하면 안 된다. 아무리 상대방의 말이 틀렸더라도 논리적으로 반박하거나 상대방의 틀린 점을 애써 지적하려고 들지 마라. 상대방이 틀렸다고 증명하고 이겨 먹어서 내 사업에 무슨 이득이 있을까? 귀한 유망 파트너만 잃는다. 사람은 지극히 감정적인 대상이지 절대 논리적인 대상이 아님을 기억하자. 어떤 신사도 본인의 의견을 부정하고 무시하는 것은 잘 참지 못한다. 그들은 신사답게 대놓고 싸우지 않지만 뒤로는 내 제안을 받아주지 않는다.

정보를 전달하는 것까지만 나의 역할이고 선택하고 판단하는 것은 고객들의 몫이다. 네트워크 사업자의 일은 기회를 얻고자 하는 사람을 찾는 일이다. 상대방의 생각을 바꾸고 설득하는 게 목적이 아니다. 내가 주는 정보를 듣고 유망 파트너가 스스로 결정해서 행동해야 셀프 조직을 만들 수 있다. 어떤 말로 상대를 설득할까를 너무 깊이 고민할 필요가 없다. 그보다는 상대의 얘기를 잘 들어주는 굿 리스너가 되어보자. 네트워크 사업에서 상대방의 얘기를 잘 들어만 줘도 좋은 네트워커가 될 수 있다.

네트워크 메신저의 촌철살인

진실은 언제나 승리해.

59

직급 도전을 하면 구체적으로 어떤 점이 도움이 되나요?

Q. 스폰서님은 직급에 도전해야 그룹이 커지고 성장한다고 하십니다. 직급 도전을 하면 어떤 점이 도움이 되나요? 견해를 듣고 싶습니다.

앤드류 카네기는 "스스로 사다리를 오르려고 하지 않는 한, 그 누구도 억지로 올라가게 할 수 없다."라는 말을 남겼다. 네트워크 마케팅 사업은 가만히 있는데 저절로 떠밀려서 되는 일은 아니다. 난관이 많지만 일정한 기간을 정해놓고 그 안에 직급을 달성하면 조직 성장에 기폭제가 될 수 있다. 네트워크 사업에서 직급에 도전하는 일은 나 혼자만의 힘으로는 결코 이루어 낼 수 없다. 처음엔 내가 직급에 도전해서 일이 시작되지만 차츰 공동의 목표로 변하면서 조직원의 유대관계가 끈끈해지는 일이다. 짧은 시간 안에 내 조직의 총체적인 것을 점검하고 파트너, 스폰서들의 실제적인 모습을 알아가는 사업의 종합 교과서가 직급 도전이다.

네트워크 사업은 월급을 주는 오너가 없는 일인 만큼 누구도 나에게 목표를 강제로 부여하지 않는다. 그래서 자율적이지만 스스로 절대목표를 세워서 엄청난 노력을 하지 않으면 흐지부지 되기가 쉽다. 스스로 한 단계 올라가겠다는 직급 목표가 없이는 시간이 지난다고 저절로 앞으로 나가기가 힘든 사업이다. 직급 도전이라는 목표를 세우면 그걸 달성해 내기 위해서 자신도 몰랐던 엄청난 잠재력을 발휘하게 된다. 불가능할 것 같은 도전을 이루어내고 나면 예전에는 느끼지 못한 자기효능감을 느낄 수 있다.

직급에 도전하면서 얻는 유익한 점은 내 팀의 실체를 정확하게 파악하게 된다는 것이다. 도전해보면 파트너들이 말로만 한 팀인지 정말 나와 뜻을 함께하고 싶은지가 가려진다. 파트너들의 성향 그리고 소비자 조직의 실제적인 크기를 현실적으로 파악하게 될 것이다. 설령 평소에 기대한 것보다 못 미치더라도 나의 현 위치를 제대로 알게 된 것을 감사하면 된다. 직급 도전을 준비하면서 문제를 발견하고 개선했다면 직급 도전은 돈을 주고도 살 수 없는 귀한 처방전이 된 것이다. 함께 겪어내면 팀원들은 전투를 치른 병사들처럼 가까워진다. 직급 도전의 기간 동안 어느 때보다 네트워크 사업이 함께하는 사업이라는 것을 현실적으로 체감하는 시간이 될 것이다.

직급 도전을 하면 미리 리더가 되는 예행 연습을 할 수 있다. 처음 스스로 직급을 계획하고 도전하면서 특별히 스폰서의 마음을 이해할 수 있게 될 것이다. 하지 않으면 안 되는 상황을 조성해서 배수진을 치는 마음으로 임하다 보면 예상치 않은 많은 난관을 만난다. 무조건 해내야 한다는 엄청난 책임감으로 파트너들을 독려하지만 리더는 외롭다는 말을 어느새 공감하게 된다. 힘들었지만 목표를 달성하고 나면 자리가 사람을 만든다고 한층 성장한 자신과 파트너들의 모습을 발견할 수 있다. 어려움은 잠깐이고 동참해준 스폰서와 파트너들에게 감사하는 마음이 커지면서 좋은 리더가 되겠다는 다부진 각오를 다지게 된다.

월급도 주지 않는데 그 누구도 직급 도전을 강요할 수 있는 사람은 없다. 그렇기 때문에 직급 도전이 가져다주는 가치는 스스로만 정의 내릴 수 있는 것이다. 지금과는 다른 모습으로 한 단계 점프 업을 희망하는 사람은 일부러 불편한 상황을 만들어서라도 직급 도전에 임한다. 타이틀을 따서 좋기도 하지만 과정 중에 배우는 게 너무 값져 계속 도전을 하는 사업자도 있다. 팀 전체가 직급 도전을 하면 조직이 성장하는데, 이왕이면 내가 가장 큰 수혜자가 된다면 그게 남는 장사인 것이다.

네트워크 메신저의 촌철살인

도전은 네트워크 사업의 종합 교과서야.

60

슬럼프가 왔을 때 어떤 방법으로 극복하셨나요?

Q. 슬럼프가 왔을 때 어떤 방법으로 극복하셨나요?

난 사람들이 슬럼프란 말을 너무 자주 쓴다고 생각한다. 슬럼프는 실제로 존재하는 현실 상태와는 다르고 대부분 내가 생각으로 만들어내는 것이 많다. 재수 없게 들리겠지만 11년 사업을 하면서 한 번도 슬럼프라고 딱히 부를 만한 시기가 없었다. 내 주위의 성공자 중에도 딱히 힘들었던 적을 얘기하라고 하면 기억이 잘 안 난다고 말하는 사람이 많다. 내가 하는 일이 적성에 잘 맞아서라기보다는 세상에 쉬운 일은 없다는 걸 알고 사업에 임한 것이다. 더군다나 성공해보겠다고 사업에 뛰어들었는데 어려움이 찾아오는 건 지극히 당연한 일 아닌가?

초·중·고 12년 학교를 다니면서 "난 몇 학년 때 슬럼프가 찾아왔어요." 라고 누구나 으레껏 얘기하는 건 아니다. 사업자들이 네트워크 마케팅 사업을 시작할 때 '슬럼프는 당연히 찾아온다.'라는 고정관념 자체를 버렸으면 좋겠다. 어떤 사람은 틈만 나면 "제가 트라우마가 있어서요."라는 말을 습관처럼 한다. 이런 말 습관은 높은 정신 상태를 유지해야 하는 네트워커들에겐 정말 독이다. 실제로 트라우마는 전쟁을 겪었거나 가족의 죽음을 직접 본 충격 정도를 받아야 생기는 것이다. 사람은 우리가 생각하는 것보다 훨씬 강인한 존재다.

네트워크 마케팅 사업을 하면서 누구나 어려움은 만나는데 사람마다 사건 자체를 바라보는 프레임이 다른 것을 발견한다. 대부분의 성공자들은 어려움이 찾아오더라도 문제를 태연하게 받아들인다는 공통점이 있다. '이 일을 통해 성장의 계기가 되겠네.'라고 그들은 생각해 버린다. 악명 높았던 아우슈비츠 수용소에서 살아남은 정신과 의사 빅터 프랭클은 이런 말을 남겼다. "나를 둘러싼 환경을 바꿀 수 있는 힘이 당장 나에겐 없다. 그러나 그 굳건한 환경 앞에서 어떻게 반응할지, 그 태도를 결정할 수 있는 자유는 나한테 있다." 해결할 수 있는 문제라면 걱정 대신 해결을 하면 되는 것이고, 해결할 수 없는 문제라면 걱정해도 소용없는 것이다.

사건 자체에 집착하지 말고 어려움을 당했을 때 내 감정을 성찰하고 통제하는 힘을 길러야 한다. 어려움이 찾아와도 유별나게 굴지 않아야 한다. 지금은 내 마음이 무척 힘들어도 현재의 어려움은 결국 다 지나갈 것이다. "불행은 나한테만 닥치고 끝이 나지 않는다." 이런 말이야말로 내가 만든 미신 같은 것이다. 세상에 일어나는 모든 일에는 그 결과를 만들어낸 원인이 반드시 있다. 실수해서 넘어졌다면 그 잘못을 복기해보고 되풀이하지 않으려고 노력해야 한다. 모든 것을 운 탓으로 떠넘기려 하지 마라. 지금 도저히 뛸 힘이 없다면 잠시 쉬어가도 괜찮다. 내가 없으면 모든 것의 의미도 사라지니까 지금은 나를 지키는 일에 온전히 집중해도 된다.

네트워크 마케팅 사업을 하면서 나에게 한 번도 슬럼프가 없었던 건 아니다. 나 스스로가 그 어려움을 슬럼프라고 받아들이지 않았을 뿐이다. 나는 형통함을 달라는 기도를 많이 한다. 여기서 형통함이란 시련이 아예 없는 삶이 아니다. 혼란의 터널 가운데서도 묵묵히 그 길을 잘 헤쳐 나올 수 있는 지혜와 용기를 달라고 기도한다. 하루하루 버티면서 최선을 다하면 슬럼프가 감기처럼 슬쩍 지나가기도 한다. 우리는 지극히 정상이고 큰 무리 없이 해나가고 있다. 이때까지 잘해왔고 앞으로도 잘 해나갈 것이다.

네트워크 메신저의 촌철살인

네 슬럼프는 네가 만든 미신이야.

3장

조직을 구축하는 리더를 위한 웰씽킹

61

파트너에게 돈을 빌려줬는데 뻔뻔하게 나오는 이유가 뭘까요?

Q. 저에게 돈을 빌린 파트너가 돈을 갚기도 전에 최근 사업을 그만뒀습니다. 변제를 요구하니 지금 돈이 없다면서 뻔뻔하게 나오네요. 자꾸 채근하면 사람들에게 저와의 채무관계를 오히려 소문내겠다고 하네요. 형편이 딱해 순수한 마음으로 돈을 마련해서 준 것인데 이렇게까지 당당하게 나오는 이유가 뭘까요?

별의별 사람들이 모이는 네트워크 사업장에선 나만의 기준을 가지고 있어야 불필요한 일에 휩싸이지 않을 수 있다. 파트너는 처음에 감사한 마음으로 스폰서의 후원을 받지만 시간이 지나도 성과가 나지 않으면 냉소적으로 변할 수 있다. 이런 일들은 네트워크 마케팅 구조 자체가 파트너들의 매출 자체를 스폰서가 공유받다 보니 생기는 일이다. 파트너가 힘들 때는 스폰서의 도움도 순수하게 받아들이지 않는다. 그들의 마음에는 '당신 사업을 위해 나를 돕는 거잖아요.'라는 무의식적인 계산이 숨어 있는 것이다. 공공연하게 이런 분위기가 깔려있기 때문에 회사마다 금전거래에 대한 각별한 주의를 내세운다.

오히려 뻔뻔하게 나오는 그 파트너는 처음부터 돈을 안 갚을 의도는 아니었을 것이다. 형편이 안 좋아 돈을 빌린 파트너는 더는 버티지 못하고 결국 사업을 그만둔 것이다. 어쩌면 돈을 빌려준 스폰서는 그 파트너가 재정적으로 힘든 상황에 처해 있다는 것을 눈치채고 있었을 수도 있다. 파트너가 금전적인 문제 때문에 사업을 그만둘까 봐 겁이 났을 것이다. 순수한 마음으로 빌려준 돈이었다면 잊어버리면 된다. 그러나 사업적인 목적으로 돈을 빌려준 거라면 호된 대가를 치른 거라고 생각하는 게 마음이 편하다. 그런 사람들은 스폰서가 본인에게 돈을 빌려줘서 더 큰 돈을 잃게 되었다고 떠들 테니까.

네트워크 마케팅 사업을 하면서 경제적인 어려움을 겪는 파트너를 지켜보는 스폰서의 마음은 괴롭다. 게다가 그 파트너가 사업적으로 탐이 난다면 어떻게라도 이번 고비만 잘 버텨주었으면 하는 바람이 크다. 종종 본인이 감당할 수 없는 선까지 무리해서 파트너의 개인 사정을 해결해주려는 스폰서들도 있었다. 그들은 결국 돈도 못 돌려받고 사람까지 잃어 큰 후회를 했다. 두 사람 중 굳이 책임의 경중을 따지자면 돈을 빌려주는 스폰서에게 책임을 묻고 싶다. 네트워크 마케팅 사업은 단시간에 소득이 빨리 불어날 수 없는 구조라는 것을 스폰서는 이미 알고 있다. 형편이 어려운 파트너가 상담을 요청해오면 네트워크 사업은 얼마든지 투잡으로 할 수 있다고 안내를 하는 게 현명하다.

내가 스폰서였다면 성의 정도만 조그맣게 표시하고 갑자기 큰돈 드는 일이 생겨서 수중에 돈이 없다고 둘러댈 것 같다. 이런 방법이 사업도 지키고 파트너와 인간적인 관계까지 잃지 않는 최선의 방법이다. 그리고 그에겐 사업장에서 만난 나보다 실질적으로 도움을 줄 수 있는 부모님과 형제들이 있지 않은가? 나는 사업을 잘할 수 있도록 방향을 안내하는 역할을 하는 사람이지 만능 해결사가 아니다. 형편이 어려운 파트너가 사업을 그만둘까 봐 염려되는 것이라면 더 많은 새로운 사람을 찾아서 만나는 방향으로 일을 해야 한다. 그것이 파트너가 사업을 하고 안 하고에 타격받지 않는 유일한 길이다.

네트워크 메신저의 촌철살인

매일 새로운 사람을 만나면 너는 자유로울 수 있어.

62

수당이 꽤 나오지만 늘 허덕이는데, 언제쯤 여유가 생길까요?

Q. 사업을 한 지 5년이 넘었고 현재 수당도 꽤 나오는데 늘 통장 잔고는 비어 있습니다. 파트너들은 제가 많은 돈을 벌었다고 생각하는데 은근히 스트레스네요. 언제쯤 여유가 생길까요?

돈을 꽤 버는 네트워커 중에 텅장을 보유하고 있는 사업자가 의외로 많다. 김승호 회장은 《돈의 속성》에서 부자가 되기 위해서는 돈을 버는 능력, 돈을 모으는 능력 그리고 유지하고 쓰는 능력을 키워야 한다고 했다. 수당이 꽤 나오는데도 통장의 잔고가 늘 비어있다면 지출관리를 제대로 못하고 있다는 얘기다. 아마도 여태까지 사업을 꽤 공격적으로 하고 파트너들을 후원하는 데 힘을 썼을 것이다. 이제부터는 수입과 지출을 따져서 채산성을 높이는 사업을 사업가답게 꾸려가야 한다. 회계 팀이 따로 없으므로 스스로 예산을 규모 있게 짜서 합리적인 지출에 신경 써야 한다. 그렇지 않으면 빛 좋은 개살구가 되기 쉽다.

조직을 키우려면 수입 중 일정부분을 사업에 재투자해야 한다. 그런데 수입 대비 한도를 벗어난 지출을 계속한다면 아무리 많은 수당이 들어온다고 해도 형편이 나아지지 않는다. 거기다 돈을 번다고 하면 파트너들과 지인들이 여기저기서 쉽게 손을 벌릴 수 있다. 완벽한 부자가 되기 전까지는 파트너는 물론이고 가족조차도 지혜롭게 도울 필요가 있다. 넉넉하지도 않은데 주변인들을 돕다가 지치는 건 바람직하지 않다. 먼저 내가 경제적인 독립을 이룬 뒤 힘껏 남을 도와주는 게 장기적으로는 모두가 부유해지는 길이다.

네트워크 사업을 만나 수당이 꽤 나온다고 하니 감사하게도 돈을 버는 능력은 해결된 것이다. 이제 지출관리를 통해 돈을 모으는 능력을 길러야 한다. 가정에서 쓰는 고정비 내역을 뽑아서 지출을 줄일 수 있는 부분은 줄여보자. 그동안 사업하면서 생각보다 씀씀이가 늘어난 것이 눈에 띌 것이다. 돈을 모으지 못하는 네트워커들의 특징은 미래에 받을 수당까지 미리 계산하여 당겨서 소비한다는 것이다. 그러나 부자들은 종잣돈을 모으기 전까지는 철저하게 아껴서 저축에 힘을 쓴다. 저축하는 동안은 어느 정도 생활의 불편함을 감수하겠다는 각오를 세워야 한다.

종잣돈이 모였다면 투자를 공부하고 배워서 돈이 돈을 벌게 만드는 또 하나의 시스템을 만들어야 한다. 직장이 사라져도 타격을 받지 않고 돈 걱정 없는 부자가 되려면 반드시 돈이 스스로 일하게끔 해야 한다. 사람이 돈을 불리는 속도보다 돈이 돈을 불리는 속도가 몇 배로 더 빠르기 때문이다. 네트워크 마케팅 사업의 최종 목표는 인세 수입을 보장하지만, 냉정하게 말해서 회사는 언젠가는 사라질 수도 있으니 미래를 대비해야 한다. 3년 전만 해도 지금의 코로나19 세상을 상상도 못 했듯이 확실히 보장된 미래란 있을 수 없다. 미래를 어느 특정 기업이나 사람들에게만 의존하지 말고 소득이 나오는 원천을 다양하게 만들어 놓아야 한다.

네트워크 메신저의 촌철살인

부자인 척 품위 유지 그만하고 이제 진짜 부자가 돼!

63

컨벤션 행사가 끝나고 애프터 미팅은 어떻게 진행해야 하나요?

Q. 1박 2일 컨벤션 행사가 끝나면 늘 스폰서님께서 주관하는 애프터 미팅에 참석했었습니다. 얼마 전에 스폰서님이 입원하시면서 이번 달부터 저에게 주관해보라고 하시네요. 형제 라인 사업자와 신규 사업자들도 초청되는 그 자리가 꽤나 부담스러운데 잘할 수 있는 팁을 알려주세요.

네트워크 사업은 처음에는 스폰서의 후원을 받으면서 조직을 키운다. 어느 정도 성장하면 내 사업이라는 자세로 스스로 주도해야 한다. 스폰서가 부탁한 애프터 미팅을 맡았다고 해서 과도하게 사업 설명처럼 부담을 갖고 준비할 필요는 없다. 그날엔 새로운 메시지를 전하는 게 아니라 사람들이 세미나에서 받은 감동을 정리해서 공유하는 진행자 역할을 하면 된다. 컨벤션에서 감동받은 사람들에게 쐐기를 박는 결정타를 날릴 줄만 안다면 조직 장악력은 상당해질 것이다. 스폰서들의 애프터 미팅에서 보고 들었던 것을 자신만의 스타일로 따라서 해보자.

애프터 미팅에서 중요한 역할은 사업자들이 스스로 생각을 정리하고 새로운 결의나 결단을 하도록 이끌어내는 것이다. 단, 그들이 말하기 전에 "우리 회사가 최고의 회사 아닌가요?"라며 설레발칠 필요는 없다. 강의가 끝나고 바통을 이어받아 쉴 새 없이 떠들지 않도록 주의하자. 사업자들에게 스스로 자신의 미래를 그려 볼 시간을 줘야 한다. 국민 MC 유재석처럼 게스트들이 돌아가면서 골고루 본인 얘기를 스스럼없게 하도록 잘 이끌어내는 게 기술이다. 새로운 메시지를 추가적으로 전달하려고 애써 봤자 사람들은 이미 정보 입력에 과부하를 느낄 것이다.

최악의 애프터 미팅은 앞서 들었던 강의를 흥분해서 또다시 반복해서 떠드는 것이다. 성공자의 강의로 그 강의장의 분위기는 이미 클라이맥스를 찍었다. 다만, 사업자들이 느끼는 흥분된 감정과 생각들을 스스로 정리할 수 있는 시간을 제공해주면 된다. 또 사람들은 성공자들의 스피치만큼 본인과 비슷한 처지의 다른 사업자들의 소감을 듣는 걸 좋아한다. 열정을 받은 신규 사업자의 떨리는 각오 한마디가 그날 분위기의 기폭제가 될 수 있다. 진행자가 짧게 자신을 소개하고 먼저 소감을 얘기하면 본인의 얘기를 하고 싶어 하는 사업자들이 손을 들 것이다.

사업자들의 스피치를 듣는데 사람들이 눈치만 보고 지원자가 없다면 평소에 에너지 넘치는 기존 사업자를 지명해서 흐름이 끊기지 않게 이어나가자. 처음 온 신규 회원들의 이름을 외워놓았다가 "○○ 씨, 오늘 열정 많이 받으셨죠? 강의를 들어보니 어떤 생각이 드시던가요?" 하면서 가벼운 질문으로 시작할 수도 있다. 그날 컨디션이 안 좋은 사람이나 굳이 안 하겠다는 사람을 시키려는 무리수는 두지 마라. 혹시라도 부정적인 얘기를 하는 사람이 있으면 적절하게 끊어내야 한다. 이 사업은 분위기 사업이니까 무조건 긍정적인 흐름을 유지하는 데 힘써야 한다. 애프터 미팅까지 정성스럽게 마무리하는 스킬이 갖춰지면 자타가 공인하는 만능 스폰서가 될 수 있다.

네트워크 메신저의 촌철살인
애프터 미팅에선 강의하지 말고 진행을 해.

64

파트너가 갑자기 그만두겠다는데 어떻게 해야 할까요?

Q. 제 산하에 그동안 아무 말 없이 사업을 잘해오던 파트너가 갑자기 돈이 안 된다고 그만두시겠다고 합니다. 조용히 열심히 했던 분이라 적지 않게 당황스러운데 어떻게 하면 그분의 마음을 되돌릴 수 있을까요?

평소에 사업을 잘해오다가 그만두겠다고 선언한 파트너는 뜬금없이 갑작스러운 결정을 내린 것이 아니다. 그런 사람이 한번 결정을 내리면 단호하고, 설령 마음을 되돌린다 해도 결국은 그만두는 사업자가 대부분이다. 한번 그만두겠다고 말을 뱉은 이상 그 파트너는 어려움이 생길 때마다 또 그런 말을 할 가능성이 크다. 스폰서는 그만두겠다고 얘기한 파트너가 조금만 활동이 뜸해져도 그를 예전만큼 신뢰하기 어렵고 의심에 휩싸인다. 파트너가 그만둔다고 말하면 대부분의 스폰서는 "내가 얼마나 잘해줬는데"라며 실망감을 감추지 않는다.

두 사람 사이의 신뢰 관계에 틈이 생겼기 때문에 예전과 똑같은 마음으로 일하기는 쉽지 않다.

만일 그 파트너를 쉽게 포기하기 어렵다면 그분의 삶에 적극 개입할 수밖에 없다. 정말 그 파트너를 붙잡고 싶다면 그분이 원하는 것을 들어주겠다는 각오로 솔직하게 물어보자. 그분은 평소에 말수가 적어서 그런 결정을 내리기까지 힘들어도 내색 안 하고 고민을 짊어지고 있었을 것이다. 먼저 그동안 얼마나 힘들었을지 위로해주면서 마음을 다독여주자. 그리고 "제가 무엇을 도우면 될까요?"라고 진심으로 묻고 다가가면 그분의 속마음을 들을 수 있다.

파트너가 진정 네트워크 마케팅 사업을 그만두기로 작정한 것이 아니라면, 그분의 마음을 돌리는 방법은 의외로 간단하다. 그분이 현재 겪고 있는 실질적인 어려움을 해결해 주자. 파트너는 본인이 힘드니 도와달라는 말을 그런 식으로 에둘러 표현했을 수도 있다. 만일 파트너가 수입이 충분하지 않아서 돈 때문에 힘들어했다면 소득이 될 때까지 버틸 힘을 줘야 한다. 한편 그렇게 되면 설득해서 붙잡은 만큼 끊임없이 파트너를 도와야 하는 굴레에 빠질 수도 있다. 도움을 받은 파트너도 기대한 만큼 성과가 나지 않으면 눈치를 보면서 스폰서에게 자유로울 수가 없다. 나중에는 작은 문제에도 서로 민감하게 반응하고 오해를 낳는 관계로 발전할 수도 있다.

평소에 말없이 잘해오던 파트너일수록 먼저 어려움이나 도울 일이 없는지 사전에 챙겨줘야 한다. 특히 근래 들어 태도가 불량해진 파트너가 있다면 그분의 최근 수입이 얼마인지를 점검해보자. 짜증 내고 힘들어하는 파트너는 반드시 상담하여 원인을 해소해주어야 사업을 계속할 수 있다. 소득이 안 되는데 늘 웃으면서 사업을 진행하는 파트너는 드물다. 게다가 수입이 부족한데 네트워크 마케팅 사업만 붙들고 있을 수도 없다. 꿈보다는 지금 생계가 더 절박한 법이다.

네트워크 마케팅은 출입구가 엄청 넓은 사업이다. 언제든 사람들이 들락날락할 수 있다는 것을 유념하고 늘 수비와 공격에 신경 써야 한다. 스폰서가 돈을 벌어도 파트너 수입이 적으면 결국 조직은 타격을 받는다. 이런 일을 피하려면 한번 파트너가 되었다고 해서 영원할 거라는 생각은 금물이다. 끊임없이 사람들을 찾고 머물게 하고 또 오게 하는 일에 전력을 다해야 한다.

네트워크 메신저의 촌철살인

소 잃고 외양간 고치지 말자.

65

타 라인 사장님과 자꾸 비교하면서 주눅이 듭니다

Q. 최근에 타 라인 사장님의 승급식을 본 후 자꾸 비교가 되면서 마음이 조급해집니다. 그분은 끼도 많고 아이디어도 넘쳐서 사람들한테 인기도 많은데, 그런 걸 보면 주눅이 듭니다. 이런 마음을 어떻게 극복할 수 있을까요?

네트워크 마케팅 사업에서는 앞만 보고 정신없이 달리는 것 못지않게 평소에 내 마음을 관리하고 감정을 들여다보는 것도 중요하다. 어느 날부터 불평의 언어가 입에서 쏟아져 나오고 남과 비교하기 시작할 때는 재빨리 마음을 챙길 시점이다. 남과 비교한다는 것은 실제로는 비교 대상이 잘나가는 게 아니라 주위를 바라보는 내 시각이 객관적이지 못한 것일 수도 있다. 한번 주눅 들기 시작하면 네트워커들은 자신감 있게 제품을 소개하고 사업 제안을 하는 게 점점 힘들다.

비교하지 않고 온전히 내 사업을 잘하는 방법은 매일 감사의 조건을 의식적으로 찾아보는 것이다. 예를 들면, 내 스폰서나 파트너들이 나를 돕는 것이 당연하지 않은 건데 그걸 당연하게 여기면 더는 감사하지 않게 된다. 이것이 감사한 일임을 다시 한번 느낄 수 있다면 마음자세가 달라진다. 특히 감사일기나 스스로 칭찬하는 칭찬일기를 쓰면 사업을 하면서 낙관성이 개발된다. 이런 훈련을 계속하면 속을 썩이는 파트너가 있어도 함께하는 것만으로도 고마움을 느낀다.

또한 네트워크 마케팅 사업에 스스로 만족하려면 나 자신과 내 팀의 강점을 찾으려고 노력해야 한다. 나한테 없는 것 때문에 고민하는 것은 아무런 도움이 안 된다. 내 팀이 가지고 있는 고유한 강점을 발견하고 서로 칭찬하면 파트너는 더욱 힘을 내서 일하게 될 것이다.

나만 멋지다고 평가하는 나르시시스트가 되지 않으려면 잘하는 것에 자꾸 도전해서 팀원들에게 인정을 받으며 자존감을 높여야 한다. 단, 작은 것이라도 성취하기 전까지는 꾸준히 해오던 SNS 활동을 잠시 접는 것도 하나의 방법이다. SNS에는 가장 찬란하고 행복한 순간의 모습만 올리니까 그걸 보면서 자신과 비교하고 비관에 빠지기 쉽다. 작은 목표를 세우고 그것을 이루기 위해 뜨거운 땀을 흘려보자. 성과를 내기 시작하면 사람들이 인정할 테고 그때부터 나의 존재감을 새롭게 느낄 수 있다.

사업을 열심히 하다 보면 자칫 마음의 균형을 잃을 때가 있다. 나 역시도 잘나가는 사업자들을 보면서 열등의식에 빠진 적이 있었다. 그 당시 나보다 빨리 승급하는 형제 사업자들을 보면서 시기하는 마음이 싹트기 시작했다. 마음속으로 이렇게 생각하려고 노력했다.

'저분은 지금 겉모습은 행복해 보이지만 속으론 다른 어려움이 있을지도 모른다.'

이렇게 생각하면 순간 내 기분은 좋아졌지만 아무것도 달라지는 게 없었다. 나중에 심리수업을 들으면서 이런 생각 자체가 조직 성장에 부정적인 영향을 끼친다는 것을 깨닫고 크게 반성했다.

사람의 뇌는 90%의 무의식의 영역과 10%의 의식의 영역으로 이루어져 있다고 한다. 나의 뇌는 어느 순간 '성공=남들이 모르는 어려움'이라고 인식하고 있었던 것이다. 그러다 보니 나도 모르게 성공을 회피하는 방식으로 일하게 되었다. 이런 무서운 사실을 깨달은 후 나는 누군가의 성공을 대하는 태도를 180도 바꿨다. 나의 라이벌은 먼저 그것을 성취해서 그 일이 가능하다는 것을 증명해 준 고마운 사람이다. '저 사람이 했으니 이 일은 가능한 일이겠네.'라고 생각을 고쳐먹었다. 그런 깨달음이 있은 후 성공한 사람들을 시기하는 것이 아니라 이제는 그들의 노하우를 배우려고 애쓴다. 내가 최초 승자는 못 되었지만 결국 최후 승리를 거머쥐면 되는 것이다.

최근 뜨고 있는 긍정심리학은 단순히 우리가 아는 '긍정적 사고'와는 개념이 다르다. 어떤 현상을 엄격한 과학적 실험과 검증을 통해 입증해낸 하나의 학문이다. 긍정심리학에 따르면, 우리 마음은 단순히 내 의지의 문제를 넘어서 과학적이고 꾸준한 실천이 뒤따를 때 단단해질 수 있다. 빌 게이츠가 매일 출근하기 전 외쳤던 "넌 최고야!"라는 말은 단순히 주술을 외우는 게 아니라 과학을 실천하는 행동이었던 셈이다.

오늘부터 굳은 의지로 내가 나의 최고의 지지자가 되겠다고 결단하자. 내가 생각하는 내가 바로 나이다. 누가 뭐라고 해도 뜨겁게 나를 응원하자.

네트워크 메신저의 촌철살인

걔도 멋지지만 너도 충분히 멋져! 네가 제일 잘나가!

66

늘 도와줘도 불만이 많은 파트너, 이젠 마주치기도 두려워요

Q. 유독 저랑 잘 안 맞는 파트너가 있는데 그가 저를 싫어해서 마음이 너무 불편합니다. 파트너니까 이해하며 넘어가야지 하면서도 제가 늘 돕는데 뭐가 그리 불만인지 이해가 안 됩니다. 이제는 마주치기도 두려운 그 파트너와 어떻게 풀어가야 할까요?

모든 사람에게 좋은 사람이 되기는 현실적으로 어렵고 꼭 그런 사람이 될 필요도 없다. 그런데 스폰서들은 할 수만 있다면 만인의 연인이 되려고 집착하다가 결국 정신의 고갈로 어려움을 겪는다. 알고 보면 파트너가 나를 싫어하는 건 객관적인 사실과 다를 수도 있다. 내 마음이 불편하니까 파트너가 나를 싫어한다고 생각해야 내 마음이 편한 것이다. 스폰서는 모든 파트너와 무조건 잘 맞아야 하고 파트너를 싫어하는 스폰서는 나쁜 사람이라는 인식이 깔려 있는 것이다. 이런 식으로 파트너가 나를 싫어한다고 생각해야 마음이 편하도록 내 마음의 방어기제가 발휘된 것일 수도 있다.

나를 싫어하는 파트너와 관계를 개선하는 방법은 내가 먼저 상대를 좋아해 버리는 것이다. 자동차 왕 헨리 포드는 고객에게 매달 1만 통이 넘는 편지를 보낸 것으로 유명하다. 편지에는 중요한 문장이 쓰여 있었는데 그건 '나는 당신을 좋아합니다.'라는 문구였다. 이 세상에 나를 좋아하는 사람을 성향이 안 맞는다고 밀어내는 사람은 없다. 나를 싫어하는 사람을 만나기 전에 심호흡한 뒤 '나는 당신을 좋아합니다.'라고 마음속으로 스스로 암시를 걸며 그를 향해 활짝 미소를 머금고 먼저 다가가 보자. '웃는 얼굴에 침 안 뱉는다.'라는 속담은 선조들이 터득한 가장 빛나는 지혜다.

조직을 이끄는 리더라면 반드시 중요한 원칙을 세워야 한다. 그것은 내가 직접 들은 얘기만 믿는 것이다. 이 원칙이 없으면 말이 많은 네트워크 업계에서는 늘 잡음이 끊이지 않는다. 또 '카더라 통신'을 전달했을 때 흔들리는 나의 반응을 지켜보며 재미를 느끼는 짓궂은 사업자들도 있다. 그래서 리더는 표리부동해야 한다.

남의 얘기에 휘둘리지 않는 좋은 방법은 제삼자의 얘기만 듣고 반응하지 말고 본인에게 직접 물어보는 것이다. 스폰서는 늘 열린 자세로 사람들의 의견을 듣고 있는 그대로 수용하려는 용기와 유연함이 있어야 한다.

네트워크 마케팅 사업을 하면서 만난 관계라면 상대에게 필요한 실질적인 도움을 주면 관계는 쉽게 호전될 수 있다. 여태까지는 내가 주고 싶은 도움을 일방적으로 주었다면 이제는 상대가 원하는 도움을 그의 방식으로 주어야 한다. "제가 무엇을 도와드릴까요?"라고 용기를 내서 구체적으로 물어보자. 그리고 평소에 하지 않았던 개인적인 내 얘기들을 나누는 것도 가까워지는 데 도움이 된다. 파트너는 비밀을 공유했다는 생각에 나에게 친근감을 느껴 관계를 새롭게 볼 것이다.

매 순간 정신승리를 해야 하는 네트워크 마케팅 사업에서 파트너들은 많이 외롭다. 일부러 스폰서와 적을 두려고 작정한 파트너는 없다. 파트너는 자신이 나보다 훨씬 약자라고 생각하고 있을지도 모른다. 어쩌면 그는 나의 관심과 사랑을 가장 갈망하고 있는 사람일 것이다.

네트워크 메신저의 촌철살인

이번에는 "I like you."라고 먼저 말하고 다가가 봐.

67

파트너들이 제 의견을 지지하지 않아요

Q. 리더십을 발휘해 무언가를 결정할 때 파트너들이 제 의견을 지지하지 않을 때가 있습니다. 파트너들은 제가 자신들을 잘 이해하지 못한다고 생각합니다. 이럴 땐 어떤 식으로 대응해야 하나요?

건강한 조직은 스폰서와 파트너가 수평적인 관계를 유지하고 자유로운 분위기에서 의견을 교환한다. 이런 조직의 팀원들은 서로 의견이 달라도 스스럼없이 자기 생각을 얘기하는 데 익숙하다. 좋은 리더는 파트너들이 다른 의견을 내더라도 일단 잘 들어주고 그들의 마음을 공감해준다. 물론 공감해준다고 해서 파트너의 결정에 무조건 동의하는 것은 아니다. 현명한 스폰서들은 파트너가 불만을 제기하고 의견을 제안했을 때 서둘러 결정을 내리지 않는다. 특히 공동의 이익과 관련한 선택이 필요할 땐 경험이 풍부한 스폰서들의 의견에 귀를 기울이는 것이 필요하다.

이해관계가 첨예한 네트워크 마케팅 사업에서는 무언가를 결정할 때 다수결의 원리에 입각하여 해결책을 마련하는 것이 최선책은 아니다. 파트너는 스폰서보다 경험이 적고 시야가 좁을 수 있다. 사회적으로 명성을 날리는 파트너라도 네트워크 마케팅 사업에서는 스폰서보다 현명하지 않은 결정을 내릴 수도 있다. 그런 이유로 스폰서는 때론 마음이 불편해도 옳다고 판단이 들면 돈을 버는 방향으로 소신껏 이끌어주어야 한다. 파트너가 스폰서의 결정을 반기지 않는다고 그들을 타이르고 당장의 요구를 맞추는 데 급급하면 배가 산으로 가는 꼴이다.

네트워크 사업의 성공이라는 공동 목표에 도달하려면 전체를 보고 냉철하게 운전대를 잡아야 한다. 리더는 평소에 사업 철학, 원칙, 소신을 정해두고 중요한 결정을 할 때 그에 비추어 일관성 있게 행동해야 한다. 스폰서가 원칙을 세워놓으면 파트너들은 더욱 신뢰하고 올바른 선택을 하려고 더욱 노력한다. 그런 조직은 서로 신뢰하고 사소한 약속도 쉽게 깨지 않으려고 한다. 매번 상황에 따라 결정을 번복하는 스폰서보다 사업의 소신과 강단을 보여주는 리더를 파트너들은 더 안심하면서 따라간다.

나는 그룹의 실질적인 이익에 해가 되지 않는다면 파트너들의 제안을 유연하게 받아주는 편이다. 그러나 파트너들의 이익에 직접적인 영향을 주는 일이라면 과감하게 교통정리를 한다. 초보 파트너들은 사업 초기에 일을 쉽게 하려는 경향이 있다. 코로나19가 전염되기 시작했을 때 파트너들은 나에게 활동을 줄이고 상황을 지켜보자는 의견을 제시했다. 그러나 스폰서와 회사가 발 빠르게 비대면 시스템으로 돌입했고 위기를 극복할 수 있었다.

나는 팀을 위해 중요한 결정을 내릴 때 파트너보다는 상위 스폰서와 충분히 상의했다. 네트워크 비즈니스는 먼저 앞서 성공한 사람들의 경험을 교과서 삼아 실행하는 사업이다. 파트너들의 의견을 수용하고 들어주면서 경험 많은 상위 스폰서들의 사례를 들어 설명해주면 파트너들도 고개를 끄덕이며 이해한다. 그런 다음 파트너들에게 "내가 직접 앞장서서 이 일에 개입할 것이니 함께 해보자." 하며 강하게 독려했다. 처음엔 조금 버거워해도 돈을 벌 수 있는 방향으로 강단 있게 안내하면 파트너들은 결국 스폰서를 믿고 따라온다. "잘하고 있어요. 거의 다 왔어요. 파이팅!"만 외치지 마라. 친절한 웨이터처럼 굴지 말고, 파트너들의 수익을 위해 직접 앞장서는 리더가 되어야 한다.

네트워크 메신저의 촌철살인

파트너에게 욕먹는 걸 두려워하지 말고 파트너가 돈을 못 버는 것을 두려워해.

68

두 라인을 펼치는데 파트너가 본인 우측으로만 신규 회원을 가입해요

Q. 두 라인을 펼치는 바이너리 마케팅 사업을 하고 있습니다. 일부 파트너들은 한 줄은 당연히 스폰서가 잡아준다고 생각하는 분들이 많은 것 같아요. 신규 회원을 본인의 우측으로만 가입하는 파트너에게는 어떻게 조언해야 회원들을 두 줄로 가입할까요?

셀프 조직을 만들려면 일관된 체계가 있어야 한다. 급하더라도 편법보다는 더디더라도 원칙을 안내해야 한다. 원칙은 언제 어떤 상황에서도 예외 없이 누구에게나 적용하는 사업의 룰이다.

바이너리 마케팅을 올바르게 복제시키려면 나도 두 줄, 파트너도 두 줄로 라인을 구축하도록 안내해야 한다. 파트너들은 본인의 오른쪽을 우선으로 라인을 구축하는 경향이 있다. 파트너가 본인을 중심으로 좌우로 균등하게 조직을 구축하게 하려면 그 파트너의 좌측을 내가 다 해주지 않으면 된다. 훌륭한 스폰서는 파트너가 할 일을 대신 다 해주지 않고 스스로 할 수 있는 힘을 길러준다.

회사에서는 나로부터 두 줄을 구축해야 돈을 벌 수 있다고 가르치는데, 왜 파트너들은 한 줄만 하려고 들까?

네트워크 마케팅을 시작할 때 처음부터 잘못된 안내를 받고 사업을 배운 파트너들이 있기 때문이다. 마음이 급한 스폰서는 본인이 한 줄을 잡아 줄 테니 나머지 한 줄만 구축하라고 얘기한다. 그런 스폰서는 파트너가 많지 않을 땐 "한 줄만 하는 파트너라도 감사해요."라며 사업을 펼친다. 그런데 조금 더 조직이 커지면 자신이 공수표를 남발했다는 사실을 뒤늦게 깨닫는다. 그 파트너가 있는 쪽이 본인의 대실적으로 바뀌는 순간 더는 한 줄을 잡아주는 것이 불가능해지기 때문이다. 스폰서의 욕심으로 신뢰에 금이 가는 데는 그리 긴 시간이 걸리지 않는다.

두 줄 바이너리 네트워크 사업에서는 누구나 매출이 큰 대실적 조직과 좀 더 적은 소실적 조직을 보유한다. 한쪽 파트너의 매출이 커지면 모든 스폰서는 그의 반대쪽을 집중해서 사업을 키우는데, 그건 자연스러운 일이다. 스폰서의 말만 듣고 열심히 한쪽만 키웠다가 매출 밸런스가 안 맞아서 스폰서를 원망하는 파트너들은 자신을 탓해야 한다. 그런데 이런 파트너들은 결국 사업을 그만두면서 스폰서가 약속을 안 지켜서 사업을 그만두었다고 말한다. 네트워크 마케팅은 오너 비즈니스인 만큼 그런 달콤한 말은 알아서 걸러 듣고 각자 두 줄로 내 사업을 펼쳐야 한다. 한 줄만 펼쳐서 성공한 리더는 단 한 사람도 없었다.

스폰서들은 "파트너를 꼭 성공시켜 드리겠습니다!"라고 말하며 의지를 불태운다. 파트너를 어떡해서든 돕겠다는 진심은 알겠는데, 성공은 스스로 만들어내는 것이다. 아무리 갑부집 자식으로 태어났어도 자신의 인생은 스스로 꾸려나가기 마련이다. 인생이든 사업이든 누구도 대신 할 수 없는 자신만의 몫이 있다. 지금까지는 스폰서가 마땅히 파트너가 해야 할 일을 대신 해주니까 파트너는 그 나머지 일만 했던 것이다. 탄탄한 복제조직을 구축하고 싶다면 FM으로 사업을 안내해야 한다. 파트너가 당연히 할 일에 스폰서가 손을 데지 않아야 파트너는 스스로 방법을 찾아낼 것이다.

네트워크 메신저의 촌철살인

두 줄 사업을 펼쳐야 너뿐만 아니라 파트너도 온전한 성공을 할 수 있어.

69

타사 다단계를 해본 파트너가 제가 나이가 어리다고 무시하는 것 같아요

Q. 타사 다단계를 2년 넘게 해본 파트너가 저를 계속 가르치려 듭니다. 제가 나이가 어리다고 무시하는데 너무 스트레스 받습니다. 어떻게 하면 그분이 저를 따를까요?

다양한 나이대의 사업자가 어우러져 네트워크 사업을 하다 보면 나보다 나이가 많은 파트너를 만나는 일은 흔하다. 사회에서는 '장유유서'를 따르겠지만 네트워크 사업에서는 스폰서의 나이가 중요한 요소는 아니다. 대부분은 스폰서에게 예우를 깍듯하게 하지만 간혹 그렇지 않은 파트너를 만나면 불쾌할 수도 있다. 나이가 더 많은 파트너가 스폰서를 계속 가르치려고 하는 것은 무시해서가 아니라 아직은 사업의 고수로 인정하지 않기 때문이다. 나보다 사업 경험도 많고 삶의 연륜도 많은 파트너를 따르게 만들려면 실력으로 증명할 수밖에 없다. 직급만 높다고 따르기에는 네트워크 사업은 지극히 수평적인 구조다.

네트워크 마케팅에서 실력 있는 초격차 스폰서가 되려면 먼저 돈 버는 사업자가 되어야 한다. 네트워크 마케팅의 구조는 평소에 유지하는 직급으로 돈을 받기 때문에 핀은 높은데 소득이 적은 리더들이 있다. 이들은 실제로 버는 소득이 적으니 파트너에게 비전을 제시하는 힘도 약해서 영향력이 작다. 네트워크 사업은 부자가 되는 법을 알리는 일인 만큼 소득이 올라가면 자연스럽게 말에 힘이 실린다. 파트너들은 돈 잘 버는 스폰서의 표정만 보고도 곁으로 끌려오게 되어 있다.

파트너들이 추종하는 리더는 대부분 언행일치가 되는 사람들이다. 훌륭한 리더는 사람들에게 말한 것을 이루어내거나 도전을 성취하는 모습을 보여주는 데 탁월하다. 세미나장에서도 가장 초대를 많이 한 그룹의 리더가 조직 장악력이 가장 높다. 모든 일에 솔선수범하므로 자연스럽게 사람들은 그를 따른다. 매사에 모범을 보이면 처음에는 인정을 안 하던 사람들도 점점 고개를 숙이게 된다.

저스틴 비버의 유튜브 첫 영상에 대해 매너저는 이렇게 회상했다. "제일 처음 올렸던 영상은 별다른 주목을 받지 못했어요. 아직 훌륭한 모습을 보이지 않아서 그럴 겁니다."

파트너가 나를 가르치려 든다고 기분 나쁘게 생각하거나 무시 받는다고 과잉 해석하는 것은 심신 건강에 해롭다. 파트너는 나를 간섭하고 싶은 것이 아니라 자신의 사업에 관심이 크기 때문이다. 나를 믿고 가도 안전하다는 것을 말이 아니라 행동으로 증명하면 파트너도 다르게 대할 것이다.

파트너에게 감정적으로 맞서지 말고 묵묵히 자기 할 일을 해서 성실함으로 인정을 받아야 한다. 성실함이 지금 쌓을 수 있는 최고의 실력이다. 스폰서가 나이가 적고 조금 실력이 부족해도 성실하면 파트너들은 참고 기다려준다. 시간이 지나서 내가 멋진 모습을 보여주면 스스로 대접받으려 하지 않아도 파트너들이 저절로 대접해준다. 파트너들도 의지할 스폰서를 늘 찾고 필요로 한다. 리더십은 파트너들이 스스로 따라오게 만드는 영향력이다. 지금은 열심히 배워서 내공을 키우고 실력을 쌓는 데 집중하자. 나중에는 사람들이 나만 찾아서 몸이 열 개라도 모자랄 때가 반드시 온다. 그때가 되면 지금처럼 파트너들이 내 진가를 몰라줄 때가 오히려 편했다는 말을 하게 될지도 모른다.

네트워크 메신저의 촌철살인

파트너는 너를 무시하는 게 아니라 본인의 사업이 걱정돼서 그러는 거야. 네가 믿을 만한 스폰서가 되면 돼.

70

23세 미혼 사업자인데 파트너 사장님들께 어떻게 다가가야 할까요?

Q. 어머니 권유로 사업을 시작해서 이번에 최연소 다이아몬드로 승급한 23살 미혼 사업자입니다. 요즘 들어 제가 리더십이 부족하다는 생각이 듭니다. 어떻게 해야 카리스마 있게 파트너 사장님들께 무게감 있게 다가갈 수 있을까요?

강력한 카리스마와 뛰어난 지도력을 갖춘 리더들은 팀원들에게 자신의 결정을 따르게 만드는 능력이 있다. 그러나 이런 통솔력은 하루아침에 갖추어지지 않는다. 뛰어난 리더들은 조직의 상황을 파악하고 앞으로 나아갈 비전을 제시하는 능력이 뛰어나다. 이런 리더들은 명확한 사업의 지도와 나침반을 가지고 먼저 자신의 위치를 정확히 파악한다.

리더십의 부재를 고민하기 전에 그룹 안에서 나는 어떤 리더이고 강점을 어떻게 키워야 하는지 면밀하게 계획해보는 것이 중요하다. 어쭙잖게 내 안에 있지도 않은 카리스마 타령할 때가 아니다. 나이가 어리다면 일단 계급장을 떼고, 가르치기보다는 불편함을 해결해주는 서비스맨이 되는 게 더 낫다.

예전에는 '통솔력 있는 지도자' 하면 "나를 따르라"라고 하면서 팀원들을 일방적으로 몰아치는 모습을 떠올렸다. 코로나 팬데믹으로 인해 비대면으로 조직원들을 만나다 보니 스폰서의 권위가 예전처럼 통하지 않는다. 스폰서의 최종 목표는 파트너들이 자율성을 갖고 각자 창의력을 발휘해서 사업을 펼치도록 돕는 것이 되어야 한다. 더군다나 다른 사업자보다 훨씬 나이가 적다면, 굳이 대세를 거스르면서 카리스마를 키우는 데 집중할 필요는 없다. 2030 리더만의 강점을 계발하는 데 시간을 쓰는 게 더 낫다. 네트워크 마케팅 사업에서는 파트너를 강압적으로 통솔하기보다는 그들을 사랑하고 돕는 스폰서가 되면 나이를 불문하고 나를 추종하는 언니들이 생긴다.

'카리스마(charisma)'라는 단어는 원래 돌봄(care)을 뜻하는 그리스어에서 유래되었다. 이 단어는 하나님에 대한 믿음이 있는 자를 보호(care)하려고 내린 '은총(grace) 및 재능'을 뜻한다. 즉, 카리스마는 사람들 위에 군림하기 위해서 키우는 능력이 아니라 그들을 돕기 위해 쓰이는 재능인 셈이다. 이끌지 말고 파트너들을 따라오게 만드는 젊은 리더가 되어야 한다. 아직 카리스마는 없지만, 자꾸 보고 싶은 리더가 되려고 노력하는 것이 더 전략적인 방법이다. 존 맥스웰의 말을 기억하자. "약점에 집중하면 기껏해야 평균밖에 안 된다. 그래봤자 아무도 알아주지 않는다."

네트워크 메신저의 촌철살인

무게감 있는 리더가 아니라 깨발랄 매력을 발산하는 2030 파워 리더가 되자.

71

직급 도전을 한 후 파트너가 사업을 그만두었어요

Q. 얼마 전 파트너가 직급 도전을 잘 마무리했는데, 그러고 나서 얼마 후 사업을 그만두게 되었습니다. 도전에 문제가 있었던 걸까요?

톨스토이 소설 《안나 카레니나》는 이런 문장으로 시작된다. "행복한 가정은 모두 고만고만하지만, 불행한 가정은 저마다 나름나름으로 불행하다." 네트워크 마케팅을 중도에 포기하는 사업자들 중 이유 없이 그만두는 사람은 거의 없다. 그리고 그 이유를 타인의 책임으로 돌려야 본인의 마음이 편한 사람들이 있다.

직급 도전을 한 후 파트너가 사업을 그만둔 이유가 직급 도전을 했기 때문일까? 그런 사람은 직급 도전을 안 했으면 "안 했기 때문에"라고 그만둘 핑계를 찾았을 것이다. 천차만별의 환경에서 모두가 다른 가치관과 목적을 가지고 네트워크 마케팅을 시작한다. 파트너가 이탈한 건 속상한 일이지만, 나 같으면 돌아오지 않는 이유를 분석하는데 매달리지 않을 것 같다.

직급 도전 후에 사업을 그만두는 파트너들은 본인이 기대했던 결과와 현실의 괴리감이 컸기 때문이다. 그래서 직급 도전을 앞두고 있다면 경험이 있는 스폰서와 반드시 사전에 심층 상담을 진행해야 뒤탈이 없다. 스폰서는 파트너가 직급 도전을 외친다고 무조건 박수해서는 안 된다. 파트너가 왜 도전하는지, 행여 무리한 도전은 아닌지 등을 현실적으로 함께 점검해주어야 한다. 또 직급 도전이 끝나면 본격적으로 후속 관리를 잘하도록 안내해야 한다. 가장 중요한 일은 도전 후 예상되는 결과를 미리 시뮬레이션해주는 것이다. 알고 떠나는 길은 두렵지 않다. 결과를 예상하고 도전하는 사람들은 도중에 중단하는 일이 거의 없다. 물론 도전했다가 사업을 그만두는 사람도 없다.

네트워크 마케팅은 자발적으로 계획을 세우고, 크고 작은 도전을 하면서 계속 성취하는 사업이다. 실패한 원인을 분석하는 것은 도움이 되지만, 실패에만 치중하면 자칫 자신의 탓으로 느껴져서 움츠러들 수밖에 없다. 스폰서가 직급 도전에 관해 충분히 설명해주었는데도 사업을 그만둔 파트너가 있다면 그건 그 사람의 선택이다. 또한 파트너가 그만두었다고 해서 그를 꿈도 없고 간절함도 없는 사람으로 치부해서도 안 된다. 처음에 비전을 보고 시작했다고 해도 모두가 끝까지 다 함께 갈 수는 없다. 학교가 아니고 사업장인 만큼 안 하겠다는 파트너까지 관리한다면 스폰서의 에너지는 얼마 가지 않아 고갈될 것이다.

네트워크 메신저의 촌철살인

직급 도전 후 그만둔 파트너가 있어도 네가 계속해야 하는 이유가 있다면 아무 문제 없어.

72

조직이 커지려면 손해를 감수하라는데, 언제까지 그래야 하나요?

Q. 조직이 커지려면 손해를 보라고들 말씀하십니다. 언제까지 제가 더 손해를 봐야 합니까?

세상만사는 인사라는 말이 있다. 사람이 모든 문제를 해결하고 모든 가치를 만들어낸다는 뜻이다. 네트워크 마케팅에서도 인맥이 금맥이고, 파트너가 내 사업의 자본이기 때문에 관계를 맺는 데 정성을 기울여야 한다.

이즈미 마사토의 《부자의 그릇》에서는 "성공하려면 부자가 될 그릇부터 만드는 게 중요하다."라고 강조한다. 파트너를 많이 담는 큰 그릇을 만들려면 다수가 좋아하는 사람이 되는 게 가장 빠른 길이다. 저마다 다양한 성향에 끌리지만, 손해를 감수하고도 좋은 관계를 유지하려는 사람을 싫어할 사람은 없다. 시간이 지나면 나보다 손해를 더 감수하는 파트너가 반드시 나온다. 너무 억울해할 필요는 없다.

성경에 "대접을 받고자 하는 대로 남을 대접하라."라는 구절이 있다. 스폰서가 많이 나누어주면 파트너들도 당연히 복제를 하므로 전체 조직이 훈훈해진다. 성향이 안 맞아도 스폰서한테 도움을 받은 파트너는 미안한 마음이 들어 결국은 내 편이 될 가능성이 크다. 조직 확장을 위해 파트너를 대접한다면 손해를 보더라도 다음과 같이 할 필요가 있다.

❶ 대접할 때는 상대방이 원하는 것을 먼저 대접한다.

❷ 상대방에게 돌려받을 것보다 과감하게 더 많이 준다.

❸ 기대한 만큼 상대가 대접하지 않아도 낙심하지 않는다.

선을 행하면 언젠가 반드시 거둘 것이다. 낙심하지 말고 포기하지도 말자.

'손해'의 사전적 정의는 물질적으로나 정신적으로 밑지는 것이다. 그런 의미에서 파트너를 돕는 일은 손해를 보는 것이 아니라 다만 네트워크 사업을 하고 있을 뿐이다. 회원들을 도우면서 당장 손해 보는 것처럼 느껴지는 이유는 평생 얻게 될 인세 소득에 대해 이해가 짧기 때문이다. 한 명의 단골 고객을 만들면 그는 평생 생필품을 쓰는 장기고객이 된다. 그들 중에 나를 좋아하는 사람들을 내 편으로 만들면 필요할 때마다 나를 돕는 든든한 협력자가 될 것이다. 그런 의미에서 지금 내가 감수하는 사업적인 손해는 장기적으로 조직을 키우는 엄청난 투자다. 네트워크 사업의 최종 목표인 셀프 리더가 나오는 순간이 티핑 포인트가 된다. 그래서 사업적으로 똑똑한 이들은 손해를 과감하게 감수하고 손익분기점의 기간을 당기는 사람들이다.

네트워크 메신저의 촌철살인

착해서가 아니라 현명하니까 손해 보라는 거야.

73

파트너들이 잡다한 업무를 저에게 미뤄요

Q. 파트너들이 스스로 할 수 있는 잡다한 업무까지도 저에게 미룹니다. 처음엔 도와주자는 마음으로 그들의 업무까지 도맡아 했지만, 점점 도가 지나치다는 생각이 듭니다. 제가 어디까지 도와줘야 하고 어떻게 정리해야 할까요?

복제를 시키지 못하면 네트워크 마케팅 사업의 특권인 시간적인 자유를 누린다는 것은 꿈도 꿀 수 없다. 스폰서는 고기를 잡아 주는 게 아니라 고기를 잡는 방법을 파트너들에게 가르쳐 주어야 한다. 그런데 방법을 알려주어도 배우려고 들지 않는 파트너들이 종종 있다. 그들은 본인들이 해야 할 단순 업무까지도 스폰서에게 떠넘기는 얌체 같은 사업자들이다. 문제는 스폰서들조차도 부탁받은 심부름 하는 일을 파트너를 돕는다고 착각한다는 것이다. 파트너가 당연히 할 일을 대신 해주는 사람을 우리는 속어로 '시다바리'라고 부른다. 네트워크 마케팅을 할 때 스폰서들은 자신의 경험과 노하우를 전수하는 마스터가 되어야 한다.

네트워크 사업은 직급과 경력에 따라 점점 업무가 발전되어야 한다. 초보 사업자들은 처음에 제품과 마케팅을 열심히 공부하고 스폰서로부터 사업을 배운다. 그렇게 간접경험을 늘린 다음 현장에서 부딪히며 본인만의 경험자산을 늘려나간다. 실력이 쌓이고 소비자 조직이 구축되면 서서히 눈여겨보았던 사람들을 스폰서를 통해 후원받고 본인도 후원하기 시작한다. 하부에 사업자들이 나오고 조직이 커지면 이제부터는 주로 강의하면서 그룹의 비전을 제시한다. 상위 직급자가 되면 파트너들과 정기적으로 상담하면서 그들의 사업을 점검해주는 역할을 하게 된다. 이 모든 과정을 순서에 맞춰서 하고 그다음 파트너들을 복제시키면 셀프 조직이 될 수 있다.

팔다리 없이 태어난 닉 부이치치의 이야기는 감동적이다. 닉의 부모는 아들을 키울 때 본인 스스로 하게끔 옆에서 지켜보기만 했다. 대부분의 부모는 자녀가 떼를 쓰면 안쓰러워서 또는 마음이 급해서 대신 해주는 오류를 범한다. 그러나 닉의 부모는 마음이 찢어질 정도로 아팠지만, 아들이 고통스러워 울부짖어도 절대 거들어 주지 않고 혼자 하기를 바라면서 기다렸다고 한다. 만약 닉의 부모가 안쓰러워서 아들이 힘들어할 때마다 도와주었다면 닉이 정상인 못지않은 삶을 사는 건 꿈도 못 꾸었을 것이다.

스폰서는 파트너들이 어려워하는 일을 대신 해주지 말고 격려하면서 끊임없이 방법을 가르쳐주어야 한다. 권한 위임과 관계없는 잡동사니 업무를 파트너들이 부탁하면 분명한 선을 그어야 한다. 이것은 파트너의 성장을 위해서 꼭 필요한 일이다. 스폰서가 귀한 시간을 허투루 쓰는 건 사업적으로 손실이다. 직급과 연봉에 어울리는 리더가 되자. 스폰서는 이미 공인이기 때문에 더 많은 사람을 위해서 시간을 써야 한다. 조직 안에 좋은 게 좋은 거라는 식의 두루뭉술한 문화가 자리 잡혔다면 이제라도 끊어 내는 게 바람직하다. 네트워크 마케팅을 모르는 신규 사업자들마저 스폰서한테 배달 업무를 부탁하기 전에 빨리 바꾸자.

네트워크 메신저의 촌철살인

격식 없이 편하게 대하는 것과 만만하게 대하는 것은 다른 거야.

74

좋은 스폰서가 되려면 어떤 노력을 해야 하나요?

Q. 스폰서라는 자리는 늘 부담이 되지만, 파트너들에게 좋은 스폰서가 되고 싶습니다. 어떤 사람이 좋은 스폰서이고 이를 위해 어떤 노력을 해야 할까요?

시대 상황에 따라 리더의 상은 조금씩 진화한다. 네트워크 마케팅 사업에서 좋은 스폰서란 무엇보다 파트너들이 돈을 벌 수 있는 방향으로 정확하게 안내하는 사람이다. 그런 스폰서가 되려면 평소에 존경하는 스폰서나 리더들을 롤 모델로 삼고 부지런히 그들을 복제해야 한다. 현재 모습에 만족하지 않고 그들로부터 끊임없이 배워야 사업에서 길을 잃지 않는다. 날마다 파트너들에게 비전과 희망이란 신선한 영양분을 공급해주려면 배움에 게을러서는 안 된다.

매일 다양한 사람과 별별 일을 겪는 네트워크 사업 현장은 총칼 없는 전쟁터를 방불케 한다. 스폰서가 명장이라면 파트너들은 조금의 두려움도 없이 맨 앞줄에 서서 이기는 싸움을 한다. 스스로 전장에서 이겨본 사람에게는 풍부한 경험과 노하우가 있다. 그것을 바탕으로 다양한 전술을 연구하고 분석해서 확실한 전략을 가지고 조직을 이끈다. 이런 스폰서의 꺾이지 않은 기세 덕분에 파트너들은 마음껏 자신들의 기량을 뽐낼 수 있다. 좋은 스폰서들은 결국 이기는 싸움을 할 거라는 대단한 확신이 있기 때문에 파트너들은 안정감을 느끼고 그를 따른다.

좋은 스폰서는 조직에서 발생하는 복잡한 문제들을 단순화시킨다. 특히 초보들은 분위기에 민감하므로 문제가 생기면 우왕좌왕하기 쉽다. 이때 좋은 스폰서는 침소봉대하지 않고 즉각 해결책을 찾아 팀의 구멍을 메운다. 파트너들이 실수해도 책망하기보다는 큰 그림을 제시해서 다시 전진하도록 격려한다. 그들은 파트너들이 못하는 것을 보완하는 데 힘쓰기보다 강점을 찾아 끄집어내는 일에 힘쓴다.

'구동존이(求同存異)'라는 말이 있다. '공통점은 추구하고 다른 점은 일단 그대로 둔다.'라는 뜻이다. 노련한 스폰서는 분쟁이 생기면 서로 이익이 되는 방향을 찾아서 함께 추구한다. 이견이 있는 부분은 일단 접어두고 차차 해결해나가는 식으로 일을 빠르게 처리한다. 이런 조직은 미묘한 차이점으로 다투지 않고 서로 협력하여 이익이 되는 점을 더 많이 배울 수 있다. 한 연구에 따르면, 이런 긍정적 정서가 깔려있는 팀은 그렇지 않은 팀과 비교해 훨씬 높은 성과를 내는 것으로 밝혀졌다.

네트워크 사업은 휴먼 비즈니스다. 뛰어난 능력보다는 파트너의 마음을 잘 알아주는 스폰서가 빛을 발한다. 성과를 내는 것보다 인간관계가 어려운 사업인 만큼 파트너의 애환을 잘 공감해주는 인간적인 스폰서가 되어야 한다. 좋은 스폰서는 오케스트라를 이끄는 지휘자와 같다. 모순된 것을 단칼에 내치지 않고 하나로 버무리는 노력을 하면 부가가치를 창출할 수 있다. 좋은 스폰서는 파트너들이 서로 다른 것은 좋은 것이고 그것이 조직의 실력이 된다는 것을 잘 이해하고 있다. 사람이 자본이 되는 사업이므로 파트너보다 늘 희생하고 부지런하면 좋은 스폰서가 될 수 있다. 먼저 가입되었다고 다 똑같은 스폰서가 아니다.

네트워크 메신저의 촌철살인

너 혼자만 좋은 스폰서라고 생각하는 것은 소용없어. 파트너들이 인정해주는 스폰서가 되어야지.

75

리더로서 절대 하지 말아야 할 행동

Q. 리더로서 절대 하지 말아야 할 행동에는 어떤 것들이 있을까요?

네트워크 사업에서 리더는 많은 사람에게 꿈과 희망을 주는 '워너비' 같은 존재이므로 다른 일에 비해 자부심이 높다. 한편으로는 리더 뒤에 파트너들의 생계가 달려있어서 책임감도 무겁다. 조직의 리더는 스스로 공인이라 생각하고 언행에 주의해야 한다. 조직을 구축하는 데는 시간이 오래 걸리지만 무너지는 건 한순간이니 대중을 의식하고 행동하는 것에 익숙해져야 한다. 리더의 가벼운 언행이 수많은 사람에게 직·간접적으로 피해를 끼칠 수 있다. 안 좋은 행동거지로 사람들에게 나쁜 영향력을 끼칠 수 있는 위치에 있으니 스스로 자정하려는 노력이 중요하다.

복제가 중요한 네트워크 사업에서 리더는 범사에 모범을 보여야 한다. 본인이 하지 않는 것을 절대로 다른 사람에게 강요해서는 안 된다. 말하고 행동하는 것으로 증명하는 사업인 만큼 늘 언행일치의 본을 보이는 리더가 되어야 한다. 거짓말하거나 자신이 하지 않는 일을 얘기해봤자 사람들은 금방 눈치를 챈다. 신뢰가 사업의 자본인 만큼 리더는 정직해야 한다.

리더는 자신의 성공 방식을 파트너들에게 강요해서는 안 된다. 유능하고 성과가 뛰어난 리더일수록 자신의 방식만 옳다고 생각해서 다른 사람의 의견을 경청하지 않는 어리석음을 범한다. 파트너들이 네트워크 마케팅 사업을 잘 모른다고 판단하고 자신의 성공 방식만을 강요하면 꼰대가 되기 쉽다. 나이와 직급에 관계없이 자신이 과거에 성공한 방식만 강요하는 사람은 공감능력이 떨어지는데, 그 이유는 겸손하지 않기 때문이다. '내 방식이 틀릴 수도 있다.' 생각하고 파트너들을 이해하고 받아들이려는 태도가 필요하다. 겸손은 리더 자신의 성장과 함께 조직의 성공을 위해 반드시 갖추어야 할 중요한 덕목이다.

좋은 리더는 팀원들과 수직적인 관계가 아니라 수평적인 관계를 이루는 사람이다. 독선적인 리더는 파트너들을 본인 사업의 수단으로 여기고 자신이 우월해서 성공을 이루었다고 생각한다. 그들은 팀원들과 함께 이룬 성공을 파트너들과 나누지 못하니 사람들이 점점 떠날 수밖에 없다. 세계 기타 시장을 석권한 요코우치 유이치로 후지겐 회장은

"모든 성공은 다른 사람들의 도움이 있어야만 가능하다."라는 말을 남겼다. 파트너와 회원들은 네트워크 마케팅 사업에서 핵심 자본이다. 리더 혼자 잘해서 성공했다고 자만하는 순간 조직의 성장은 멈출 수밖에 없다.

사업을 경영할 때 원칙이 없는 리더가 가장 위험한 인물이다. 손자(孫子)는 장수(리더)가 갖추어야 할 5가지 덕목으로 '지신인용엄(知信仁勇嚴)'을 뽑았다. 그중에 마지막 덕목인 '엄(嚴)'은 리더가 특히 타협하기 쉬운 덕목이다. 여기서 '엄'은 파트너들을 엄하게 다루는 것이 아니라 일 처리를 엄정(嚴正)하게 한다는 것이다. 리더는 일관성을 가지고 일 처리를 하고 무슨 일이 있어도 원칙을 고수하려는 단호함이 필요하다. 온정주의(溫情主義) 문화에서 부조리하게 사업하는 것을 용인하는 순간 조직은 균열하기 시작한다.

네트워크 메신저의 촌철살인

왕관을 쓰려는 자, 그 무게를 버텨라.

76

코치님이 사업을 11년 해오면서 가장 후회됐던 점은 무엇인가요?

Q. 코치님은 네트워크 마케팅 사업을 11년 해온 것으로 알고 있습니다. 돌이켜보았을 때 후회되는 점은 무엇인가요?

우리나라에 네트워크 마케팅이 들어온 지 30년이 넘었다. 고작 11년 경력자인 내가 경험담을 얘기하자니 쑥스럽기는 하다. 다만, 나보다 경력이 짧은 네트워커들에게 도움이 되길 바란다.

요즘처럼 코로나19 팬데믹으로 경기가 어려울 때는 일찌감치 네트워크 마케팅 사업을 만난 것이 큰 행운이었고 감사한 마음이 크다. 러시아에서 유학하고 돌아와 지인의 소개로 스폰서가 주관하는 미팅에 참석했다. 귀신에 홀린 듯이 앞뒤 따지지도 않고 사인한 게 엊그제 같은데 벌써 쏜살같이 11년이 흘렀다. 매일매일 수많은 사람을 만나면서 진귀한 경험을 했다.

11년간 앞만 보고 달리느라 놓친 게 많았다. 우선, 사업을 시작하기 전에 네트워커란 무슨 일을 하는 직업인지 좀 더 진지한 성찰이 필요하다는 것을 절감한다. 우리는 단순히 제품을 파는 게 아니라 새로운 라이프 스타일을 소개하는 사람들이다. 건강과 아름다움에 관해 얘기하고 행복을 컨설팅해주는 코치다. 처음부터 내가 가장 행복한 삶을 사는 사람이었으면 사업을 더 잘했을 것이다. 늦게나마 깨닫고 삶의 균형을 이루기 위해 열심히 정신과 육체의 건강 관리에 힘쓰고 있다. 네트워크 마케팅 사업은 내가 행복해야 파트너와 회원들도 행복하게 이끌 수 있는 일이다.

처음에 사업을 시작할 때는 조직이 구축될수록 내 시간이 확보되는 사업이라는 것에 메리트를 느껴서 선택했다. 그런데 막상 사업을 시작해보니 셀프 조직을 만드는 것과 거리가 멀게 내 기질대로 일을 처리할 때가 많았다. 마음에 안 들게 일하는 파트너들에게 일일이 간섭했고, 회사 시스템이 성에 안 차면 내가 시스템을 개발한다고 깨춤을 추었다. 그러다가 점점 늘어나는 업무를 감당 못 한 적도 있다. 내가 이 일을 왜 선택했는지 이유를 잊고 눈앞에 급한 것만 해결하느라 방향을 잃었고 때론 길을 이탈하기도 했다. 그 후 네트워크 마케팅에서 왜 개인기를 절제하라고 하는지 말뜻을 잘 이해하게 되었다. 내가 아니면 안 되는 조직이 아니라 내가 없어도 돌아가는 조직을 만드는 게 핵심이다.

네트워커는 사람들에게 공감을 이끌어내고 사람을 치유하는 직업이다. 한창 현장을 뛸 때 더 많은 책을 읽지 않았던 것이 후회된다. 특별한 능력이 없는 네트워커들은 책 읽는 것에 열정을 쏟으면 그게 남는 장사다. 경험비즈니스인 네트워크 마케팅 사업은 다른 사람의 성공과 실패의 경험을 많이 보유한 사람이 빨리 성공한다. 또한 사람들을 내 편으로 많이 만드는 사람이 승자가 되는 게임이다. 내 편을 만드는 게 힘이 든다면 적어도 적을 만들지 않으면 된다. 네트워크 마케팅은 평판 사업이라는 것을 늘 기억해야 한다. 안티가 한 명 탄생하면 내가 무슨 일을 할 때마다 발목을 잡힐 수 있다.

네트워크 메신저의 촌철살인

내가 행복한 사업자가 되는 것이 성공의 지름길이야.

77

1년간 헌신하며 키운 파트너가 다른 라인을 찾아 떠났습니다

Q. 제가 1년 동안 헌신하며 키운 파트너가 얼마 전 탈퇴했습니다. 본인을 성공시켜 줄 라인을 찾아 다시 사업을 시작하겠다며. 너무 속상하고 배신감이 큰데, 어떻게 해야 하나요?

헌신하며 사업을 도운 파트너가 새로운 라인을 찾아 떠났으니 정말 속상할 것이다. 리더는 감정을 잘 추슬러야 한다. 따뜻한 남쪽 나라를 찾아 떠나는 철새는 좋은 마음으로 보내줘야 감정적으로 비참해지지 않는다. 만일 파트너가 둥지를 옮겨서 성공한다면 그에게는 잘된 일이다. 하지만 스폰서는 다른 라인에서 잘나가는 파트너를 볼 때마다 그를 성공시키지 못했다는 자괴감으로 계속 괴로울 것이다. 스폰서가 복수하는 방법은 그가 없이도 빠르게 성공한 모습을 보여주는 것이다. 반드시 성공해야 하는 이유가 하나 더 추가됐으니 이 일을 동력 삼아 계속해 보자.

파트너에게 시간과 비용을 들여 조직을 구축한 일은 네트워크 사업을 위해 한 거니까 억울해할 필요는 없다. 사업을 하다 보면 돈을 벌 때도 있고 잃을 때도 있다. 네트워크 사업을 하면서 그 파트너와 구축한 조직은 여전히 스폰서의 것으로 남으니까 손해를 본 것은 아니다.

1년간 만든 조직을 놔두고 떠나는 그 파트너의 심정은 오죽할까. 입장을 바꿔 생각해보자. 그 파트너와 일하면서 애정을 많이 쏟아 허탈한 거라면 스스로 치유해야 할 감정이다. 그와 함께한 장소에는 에너지가 있고 함께 보낸 시간에는 둘만의 추억이 있다. 이제 새로운 파트너와 다시 그 공간을 채우다 보면 빨리 회복할 수 있다.

스폰서는 파트너를 혼자 키웠다고 생각할수록 상실감이 더 클 수 있다. 조금만 더 냉정하게 바라보면 그 파트너는 회사, 스폰서와 함께 시스템 안에서 성장한 것이다. 괜찮은 파트너가 나왔을 때 스폰서 혼자 물고 빠는 것이 아니라 다양한 스폰서와 공동 양육을 해야 한다. 그래야만 파트너가 특정인을 지나치게 의존하지 않는 셀프 리더가 될 수 있다.

사람들에게는 항상 남의 떡이 커 보이는 심리가 있다. 회사 시스템이 잘 구축되어 있고 좋은 제품을 취급한다면 성공의 나머지 몫은 본인이 하기 나름이다. 떠나간 파트너는 기억에서 지우고 남아있는 파트너들과 어떻게 최대한 낙오자 없이 정상에 올라갈 것인지 궁리해 보자.

네트워크 메신저의 촌철살인

떠나는 파트너는 말없이 고이 보내드리고, 남아있는 파트너들과 성공하여 조용한 복수를 해.

78

몇 년째 직급 도전을 안 하는 파트너는 어떻게 설득해야 할까요?

Q. 네트워크 사업은 직급 도전이 중요하다고 생각합니다. 스폰서로서 몇 년째 도전하지 않는 중간 직급자에게 권유했는데 계속 거부합니다. 이런 파트너는 어떻게 설득해야 할까요?

직급 도전에 충분한 당위성을 느끼지 못하는 파트너에게 스폰서가 일방적으로 권유해서 도전하게 하면 후유증이 뒤따른다. 직급 도전의 의미, 도전했을 때의 유익을 충분히 설명해주고 스스로 공감하게 해야 한다. 스폰서가 도전은 좋은 것이라고 말해주어도 파트너는 도전 후에 혼자 겪어야 할 어려움을 두려워한다. 스폰서가 파트너의 조직을 사전에 심층 상담해주고 충분히 도전할 수 있는지의 여부를 알아봐 주어야 한다. 도전이 어렵지 않다고 판단되면 말로만 지시하지 말고 스폰서가 파트너와 함께 뛰어주면 된다. 스폰서와 함께 준비하고 이루어낸 도전을 마치면 파트너는 직급 도전은 참 유익하고 남는 장사라고 생각을 바꾼다. 그런 파트너는 도전했던 좋은 기억이 남아서 다음번에도 쉽게 도전에 응할 것이다.

파트너가 직급 도전을 회피하는 이유는 유익함보다 손실을 더 크게 신경 쓰기 때문이다. 직급 도전을 할 때 어려움을 겪어본 파트너들은 또 다시 도전할 때 쉽게 응하지 않는다. 또 욕심으로 배팅을 쳐서 조직이 녹아내린 다른 그룹의 사례를 익히 듣고 경각심이 높아진 것일 수도 있다. 그런 파트너는 도전하기보다 가만히 있는 것이 더 안전하다고 판단한다.

매슬로의 인간 욕구 5단계를 보면, 기본적인 생계가 해결되면 다음은 위협, 고통으로부터 회피하려는 욕구가 생긴다. 네트워크 사업을 시작해서 이제야 안전한 수입을 만든 파트너는 무리한 직급 도전으로 큰 돈을 잃고 싶지 않은 것이다.

그러나 정작 가장 위험한 일은 안전지대에 머물러 있는 것이다. 네트워크 마케팅 사업에서는 도전해야 조직이 정체하지 않고 위로 성장하면서 안전하다. 스폰서는 이 사실을 증명해주어야 한다. 파트너가 도전을 두려워한다면 정확한 데이터를 산출해서 충분히 가능하다고 격려해주어야 한다. 그래도 파트너가 현장을 뛰는 것에 부담을 느낀다면 스폰서가 앞장서서 장애물을 제거해주면 된다. 스폰서와 파트너가 공동의 목표를 세워서 함께 뛰면 큰 성취감과 보람을 느낄 수 있다.

네트워크 메신저의 촌철살인

직급 도전이 스폰서한테만 좋은 일이 아니라 파트너 본인에게 남는 장사라는 걸 증명해줘.

79

다른 회사로 관심이 쏠리는 파트너, 어떻게 해야 이탈을 막을까요?

Q. 지금 회사보다 더 강력한 제품이 있고 돈을 빨리 벌 수 있는 회사에 파트너들이 마음을 빼앗기고 있습니다. 가슴이 철렁 내려앉는데, 어떻게 하면 이탈을 막을 수 있을까요?

흔들리는 나뭇가지에는 새가 앉지 않는다. 리더는 무슨 일을 만나든지 근심하며 두려워하지 말고 평온하고 너그럽게 대처해야 한다. 네트워크 사업에 부정적인 요소가 있다면 리더가 우선적으로 할 일은 현재 상황을 객관적으로 판단하는 것이다. 정확한 검증 없이 들리는 얘기로만 사실을 인식하면 사소한 문제를 크게 부풀리거나 왜곡하는 오류를 범하게 된다. 혹여나 더 강력한 회사가 나타났더라도 마치 하늘이 무너질 것처럼 불안하게 받아들일 필요는 없다. 네트워크 마케팅 회사에서 회원들의 이동은 자연스러운 현상 중에 하나다.

스폰서 자신이 사업을 그만둘 것이 아니라면 멘탈을 다시 강하게 하고 방어에 전념해보자.

일반 회사도 평생직장이라는 개념이 사라진 지 오래다. 상사와 부하 간의 충성계약을 강요하는 것은 구시대의 유물이 되어가고 있다. 네트워크 사업에서는 하물며 월급을 주지도 않는데 파트너를 내 밑에 무조건 붙잡아 놓을 방도는 없다. 파트너들의 이동은 무슨 사정이 있는지 파악하고 유연하게 받아들여야 한다. 파트너들의 이탈을 무턱대고 스폰서의 잘못이나 회사의 제품 또는 마케팅에 대한 불만으로 돌리면 전체적으로 사기가 떨어질 수 있다.

아직 제대로 굴러가는 소비자 조직을 만들지 못한 파트너들 중에는 틈만 나면 더 솔깃한 정보를 듣고 다른 회사로 고개를 돌리는 사람들이 있다. 그런 파트너는 빠르게 돈을 벌어야만 하는 사정이 있거나 귀가 얇아서라고 생각하면 된다. 그 파트너가 전해주는 얘기를 사실처럼 받아들이고 즉각 반응을 보이는 건 성숙한 스폰서의 태도는 아니다. 부정적인 얘기를 듣더라도 덩달아 호들갑 떨지 말고 의연해질 필요가 있다. 특히 더 강력한 제품이란 것은 상당히 주관적인 평가다. 터무니없는 제품이 아닌데 사업자가 자사의 제품에 확신이 없다는 것은 감수성의 문제일 가능성이 크다. 제품은 내가 확신이 있을 때는 쓰면 쓸수록 좋다고 느껴지게 되어 있는 거니까.

네트워크 마케팅 회사 중에서 다른 회사와 비교해 수당을 더 풀어주는 회사는 없다. 모든 회사가 매출의 35%를 분배하기 때문에 누군가 돈을 더 많이 가져갔다면 상대적으로 적게 버는 사람이 나올 수밖에 없는 구조다. 돈을 빨리 벌 수 있다고 회사를 옮긴다면 그 파트너는 네트워크 사업의 보상 플랜을 정확히 이해하지 못한 것이다. 네트워크 사업에서 발생하는 수입의 본질적인 성격은 빠른 소득원의 창출이 아니라 꾸준히 나오는 인세 소득이 목적이 되어야 한다.

러시아에 살 때 똑같은 제품을 마주 보는 가게에서 각각 다른 가격에 파는 것을 보고 의아해했다. 나를 더 놀라게 한 것은 가격이 더 비싼 집에서 물건을 사는 사람이 있었다는 사실이다. 사람들은 늘 자유롭게 이동하기를 좋아한다. 하지만 스폰서의 실력을 떠나서 나를 마냥 따르고 좋아하는 파트너도 있다는 것을 알고 있으면 흔들리지 않는다. 리더란 어떤 환경에서도 흔들리지 않는 존재가 아니라 흔들릴 수 없는 존재가 되어야 한다. 회사와 제품에 대해 스폰서 자신이 의심이 없다면 사업에는 크게 문제가 없다. 돈만 좇아 여기저기 기웃거리는 파트너로 인해 분위기가 흐트러졌다면 조직원들의 결속력을 다지는 데 신경을 써야 한다.

네트워크 메신저의 촌철살인

다단계 투어를 다니는 사람은 언제나 그리고 어디에나 있어.

80

시시콜콜한 것까지 다 보고하는 파트너, 어떻게 해야 할까요?

Q. 소통을 잘하는 파트너가 나와서 처음엔 그분과 함께 일하는 게 재미있었습니다. 그런데 시간이 한참 지난 지금까지도 하나부터 열까지 시시콜콜 다 보고하니까 업무에 지장을 받네요. 그 파트너에게 말하려니 서운해할 것 같고 어떻게 처신해야 할까요?

파트너들의 성향은 모두 다르다. 미주알고주알 스폰서에게 보고하지 않으면 퇴근을 못 하는 파트너들이 있다. 이런 유형은 스폰서에게 의존하고 일할 때 스스로 결정을 내리지 못한다. 네트워크 사업은 스폰서도 파트너도 셀프 리더가 되어야 하는 사업이다. 파트너들의 성향을 고려해 딱 끊어버리지 말고 서서히 독립해 나갈 수 있도록 도와주자. 시시콜콜 보고하는 파트너와 개인 미팅을 줄이고 시스템으로 더 많이 합류시켜야 한다. 일일이 구두로 보고받았다면 지금부터는 활동일지를 쓰게 한 뒤 피드백을 해주면 소통 시간을 줄일 수 있다.

파트너들이 시시콜콜한 내용까지 스폰서에게 보고하는 것은 본인이 제대로 하는 건지 확신이 부족하기 때문이다. 그들을 독립시키겠다고 갑자기 "스스로 알아서 하세요."라고 안내한다면 정서적으로 큰 혼란을 겪을 수 있다. 회사마다 사업자가 매일 해야 하는 행동양식을 체크하는 8코어 또는 10코어 등의 리스트가 있다. 파트너가 먼저 8코어를 통해 하루를 점검하고 스폰서가 더블체크를 해주면 불안한 마음을 해소할 수 있다. 여태까지 밀착 케어했다면 이제는 공식 시스템에 앉히고 파트너가 스스로 고민하는 시간을 늘려줘야 한다.

사업 초기에는 사소한 것까지도 보고하게 해서 초보 파트너가 시행착오를 겪지 않게 하는 것이 좋다. 어느 정도 성장한 후에는 본인 스스로 문제해결을 할 수 있는 능력을 키워주어야 한다. 파트너가 SOS를 칠 때마다 즉각적인 해결책을 내놓으면 마마보이처럼 의사결정 능력이 떨어질 수밖에 없다. 실수하더라도 직접 해봐야만 파트너 본인의 경험이 되고 더 많은 것을 배울 수 있다. 스폰서라고 해서 파트너가 찾으면 무조건 다 받아주고 들어줘야 하는 것은 아니다. 스폰서가 먼저 보여주고 가르쳐서 파트너가 스스로 할 수 있도록 독립시키는 것이 스폰서가 할 일이다.

지나치게 의존적인 파트너를 독립시키는 좋은 방법은 작은 과제를 주고 스스로 성취하는 기쁨을 느끼게 하는 것이다. 이런 파트너들은 남들 앞에 서는 것에 소극적인 편이다. 꾸준한 격려와 칭찬을 통해 조금씩 역량을 늘려간다면 소극적인 파트너들도 나중엔 무대 체질로 바뀌는 것을 심심치 않게 볼 수 있다. 일을 더디게 익힌다고 급한 마음에 스폰서가 다 해주지 말고 파트너가 스스로 할 수 있도록 자꾸 기회를 줘야 한다. 다 함께 멀리 가려면 적당한 거리를 유지하는 것은 선택이 아니라 필수다.

네트워크 메신저의 촌철살인

서서히 파트너를 독립시켜.

81

열심히 하겠다는 말만 앞세우는 파트너는 어떻게 도와야 할까요?

Q. 파트너 중에 매일 열심히 하겠다고 말만 하고 실제로는 열심히 활동하지 않는 분들이 몇 분 있습니다. 그런 분들은 어떻게 도와줘야 할까요?

스폰서는 갈 길이 바쁘다. 그런데 늘 돈을 벌고 싶은 마음이 간절하다면서 실제로는 활동을 열심히 하지 않는 파트너들을 만나면 속이 문드러진다. 그럴 땐 상담하면서 행동으로 이어지지 않는 원인을 분석해야 한다. 열심히 할 수 있도록 제대로 가르쳐주고 활동의 난이도를 낮춰주어야 한다. 그렇게 해도 달라지는 게 없다면 그 파트너는 아직 급하지 않은 거라고 봐도 무방하다. 혹은 스폰서에게는 본인들이 전부라고 생각하고 스폰서가 대신 해주길 기대할 수도 있다. 그런 게으른 파트너와 속도를 맞추려고 기다리지 말고 스폰서는 자기 속도에 맞춰 더 바쁘게 움직이면 된다. 어느 순간 파트너도 태도를 바꿀 것이다. 게으름 피우다가 본인만 뒤처질 수도 있겠구나 하는 깨달음이 오는 것이다. 네트워크 사업은 학교가 아니라 비즈니스 현장인 만큼 느긋한 사람만 믿고 기다렸다가는 모두 다 함께 침몰할 수도 있다.

네트워크 마케팅은 말이 아니라 보이는 행동을 믿고 가는 사업이다. 각자 자신의 처지나 속도에 맞게 사업을 해나가면 되므로 파트너가 따라오지 않는다고 억지로 이끌 수는 없다. 해야 하는 이유를 찾지 못하는 사람을 억지로 끌고 갈 수는 없는 노릇이다. 말로는 성공을 외쳐도 행동으로 증명하지 않는 파트너를 딱히 스폰서가 도와줄 방법은 없다.

만약 내가 누군가를 도와야 한다면 정말 열심히 현장을 뛰는 파트너를 도울 것이다. 사업을 하는 거니까 돈을 버는 방향으로 경영해야 한다.

네트워크 메신저의 촌철살인

행동하지 않는 파트너를 네가 대신해 사업해 줄 것이 아니라면 다른 파트너를 돕겠어.

82

우리 그룹은 왜 복제가 어려운 걸까요?

Q. 네트워크 사업은 복제가 중요합니다. 우리 그룹에서 제발 저처럼 사업하는 사람이 나오면 좋겠는데 아직 제대로 저를 복제하는 사람이 없는 것 같습니다. 답답합니다. 어떻게 해야 할까요?

네트워크 사업에서 복제의 핵심 원리는 내가 좋은 원판이 되는 것이다. 파트너들은 스폰서가 멋져 보이고 존경스러우면 자연스럽게 그를 닮으려고 노력한다. 만일 내 조직이 시스템에 잘 합류하고 있는데도 복제가 더디다면 원본에 대해 객관적인 성찰이 필요하다.

"내 파트너들이 나와 같지 않다."라고 푸념하는 리더들은 파트너들에게 높은 기대치가 있어서 웬만큼 잘해도 탐탁지 않게 여긴다. 그런 스폰서 밑에 있는 조직원들은 결국 주눅이 들어 그의 곁을 떠나고 만다. 파트너들에게 칭찬이 인색한 스폰서는 예전에 자신의 모습은 어땠는지 스폰서들에게 한번 물어보자. 내 위의 스폰서도 내가 지금의 자리에 있기까지 오래 참고 기다리면서 나를 성장시켰을 것이다. 개구리가 올챙이 적 생각 못 하는 꼴이다.

네트워크 사업은 많은 사람이 한마음으로 조직을 구축한다. 그래서 나보다 남을 낫게 여기는 겸손함을 유지해야 한다. 한창 성공 가도를 달리는 스폰서일수록 자칫 교만해지기 쉬우므로 늘 자기반성이 필요하다. 스폰서가 "나는 정말 열심히 했는데" 하며 파트너를 아래로 보기 시작하면 파트너는 등을 돌릴 수 있다. 왜냐하면 파트너들은 반대로 본인들 덕분에 스폰서가 성공했다고 생각할 수도 있기 때문이다. 팀워크가 탄탄하려면 조직의 파트너들에게 의식적으로 감사하고 늘 후하게 마음을 표현해야 한다.

팀을 교란시키는 리더 중에는 앞에서는 돕는 척하면서 뒤에서는 파트너의 성장을 가로막는 행동을 하는 스폰서가 가끔 있다. 이런 나르시시트의 기질이 있는 리더는 말로는 파트너의 복제가 시급하다고 외치면서 정작 자신이 돋보이는 데만 신경을 쓴다. 이들은 평소에 자신이 얼마나 잘난 사람인지를 과시하는 것이 중요하다. 그래서 본인과 파트너가 얼마나 다른 인간인지를 증명하기에 바쁘다. 이런 리더는 자신보다 파트너가 유명해지는 것을 병적으로 싫어한다. 이런 어리석은 관종들은 네트워크 마케팅이 아니라 혼자 스포트라이트를 받는 일을 찾아야 한다. 한마디로, 나 같은 파트너가 없는 게 문제가 아니라 오히려 파트너들이 나 같지 않은 것이 다행인지도 모른다.

네트워크 메신저의 촌철살인

남을 나보다 더 낫게 여겨야 되는 사업이야.

83

리더는 찾는 걸까요, 만들어지는 걸까요?

Q. 리더는 찾는 걸까요, 만들어지는 걸까요? 생각을 듣고 싶습니다.

오래전부터 리더는 타고나는 것인가, 혹은 만들어지는 것인가에 대한 의견이 분분했다. 상반된 견해가 공존하지만, 나는 완벽한 리더는 없으며 배우고 노력하는 사람이 리더라고 말하고 싶다. 내 경험에 따르면, 많지 않아도 처음부터 타고난 리더는 분명히 존재했다. 그런 사람들은 영입이 되는 순간부터 알아서 움직이므로 조직이 빠르게 커졌다. 그러나 평범한 내 옆에는 대부분 보통 사람들이 함께 일했다. 그래서 쉬지 않고 다이아몬드를 캐면서도 평범한 파트너가 리더가 되도록 꾸준히 교육했다. 네트워크 마케팅에서는 평범한 사람이 성공한다. 그들은 처음에는 눈에 띄지 않았지만 점진적으로 잠재력을 개발하고 성장하는 리더를 수없이 보았다.

스탠퍼드대학교 캐럴 드웩 교수는《마인드셋》에서 인간에게는 두 가지 마음가짐이 있다고 주장했다. 하나는, 인간의 능력은 변하지 않는다는 '고정 마인드셋'이고, 또 한 가지는, 인간의 능력은 성장하고 변화할 수 있다는 '성장 마인드셋'이다. 캐럴 드웩 교수는 살아가면서 많은 것이 이런 마음가짐에 따라 영향을 받는다고 했다. 자신이 성장하고 있다고 믿는 사람은 정말로 성장하고, 자신이 고정되어 있다고 믿는 사람은 정말로 그렇게 된다. 과거에는 많은 사람이 재능은 이미 정해져 있고 더 나아지기 힘들다고 믿었다. 그러나 사람은 마음만 먹으면 무엇이든 배울 수 있고 훈련을 통해 실제로 더 나은 삶을 살 수 있다.

네트워크 마케팅은 특별한 기술보다 지루하게 반복하는 끈기와 꾸준함을 요구하는 사업이다. 성실함이 재능이 되고 간절함이 재주를 뛰어넘는 사업이 네트워크 비즈니스다. 이 사업에서 성공한 사람들은 하나같이 높은 정신 상태를 소유하고 절박함을 무기 삼아 긍정적인 힘을 이끌어낸다. 그러니 파트너가 특출하게 뛰어나지 않아도 그에 대한 편견을 버리고 칭찬하고 격려하면 잠재력을 끌어올릴 수 있다. 원석을 어떻게 다듬을 것인지는 스폰서의 인내와 태도에 달려 있다.

네트워크 사업은 소비자도 필요하고 부업자 그리고 전업자 모두 다 필요하다. 리더만 찾으러 다니면 지칠 수 있으므로 직급이 낮으면 낮은 대로 높으면 높은 대로 따뜻하게 맞아주어야 한다. 여신 아프로디테는 매일 정성을 다하는 피그말리온에게 감동해 조각상 갈라테이아에게 어느 날 생명을 불어넣어 주었다. 이처럼 파트너가 타고난 셀프 리더가 아닐지라도 믿음과 사랑으로 돌보면 언젠가는 그도 변화하고 성장한다. 한편, 파트너가 변화하기만을 기대하고 바꾸는 데만 너무 집착하면 서로 지치고 불만이 쌓일 수 있다.

네트워크 메신저의 촌철살인

모든 사람이 내면에 양쪽에 해당하는 요소를 다 갖고 있으니 두 가지를 동시에 해야지.

84

파트너들이 열정이 부족한데 어떻게 조직을 이끌어야 할까요?

Q. 저는 그룹에서 시행하는 일에 가장 열정적이고 도전적입니다. 최근에 파트너들이 저를 좇아오는 것을 약간 버거워한다는 느낌을 받습니다. 어떤 식으로 조직을 이끌어야 할까요?

스폰서가 지치지 않는 열정의 소유자이면 밑에 있는 파트너들은 행운이지만, 장기적으로 봤을 때는 리더가 적절하게 힘을 조절해야 한다. 적극적인 스폰서는 물 만난 고기처럼 공격적으로 리쿠르팅을 하므로 파트너들은 신규초대에 매번 그 스폰서를 부른다. 그런데 시간이 지나면서 이런 스폰서의 넘치는 에너지가 장점으로 작용하던 것이 단점으로 바뀌는 순간이 온다.

네트워크 사업은 정보전달 비즈니스라서 사업 초기에는 공격적으로 정보를 퍼트리는 사람이 조직을 빨리 구축한다. 그런데 대부분의 네트워커들은 평범한 사람들이다 보니 파트너들은 항상 에너지가 넘치는 스폰서 뒤에 숨어서 사업을 할 가능성이 커진다.

문제는 네트워크 마케팅은 복제 사업인데, 시간이 지나도 그런 열정 넘치는 스폰서를 복제하는 파트너가 없다는 것이다. 스폰서가 너무 잘 하니까 기가 죽고 어쩌다 본인이 하면 고객들의 반응이 신통치 않으니 점점 안 나서는 악순환이 생긴다. 열정이 넘쳤던 나 역시도 뒤늦게 복제의 중요성을 깨닫고 개인기를 절제하고 권한 위임에 힘썼다. 먼저 내가 하는 것을 파트너에게 보여주고 훈련시킨 뒤 중간 리더를 중심으로 철저히 분리 독립을 시켰다. 처음에 파트너들은 자신이 없으니까 틈만 나면 본인들의 장소로 나를 초청했지만 꿋꿋하게 그들 스스로 하게 맡겼다.

특히 네트워크 사업에서는 스폰서가 강의를 잘하면 그 스폰서에 대한 의존도가 높다. 그 강사는 강의를 무기로 적극적으로 유망 파트너를 리쿠르팅 해내기 때문이다. 그러나 스타강사가 있는 조직의 팀원들은 스스로 하는 힘이 약해진다는 말이 있다. 스폰서가 너무 뛰어나면 파트너가 섣불리 그 뒤를 이어 시도할 엄두를 못 낸다. 일타강사가 되는 게 사업 목표가 아니라면 파트너가 조금 성에 안 차더라도 자주 무대에 세워야 한다.

스폰서처럼 완벽하게 못할까 봐 부담을 갖는 파트너를 격려하는 방법이 있다. 그것은 눈높이에 맞춰서 가르쳐주고 과정을 칭찬해 주는 것이다. "잘했어요."라고 평가내리지 말고 "열심히 준비하는 모습이 멋집니다."라고 칭찬해주자. 기량이 뛰어난 스폰서는 기대치가 높으니 자칫 파트너에게 명령조로 충고하는 실수를 범한다. 파트너들의 마음을 한 번 잃게 되면 더욱 복제가 어려워져서 결국 혼자서만 일해야 된다. 네트워크 마케팅은 꼭 완벽하다고 사업이 잘 되는 것도 아니다. 욕심을 조금 내려놓는 여유가 필요하다. 스폰서가 만능일수록 복제가 점점 더 어려워지므로 파트너를 믿고 한 발 물러서 보자.

네트워크 메신저의 촌철살인

잘난 스폰서는 파트너를 힘들게 해! 몸에 힘을 빼!

85

천천히 사업을 진행하겠다는 파트너는 어떻게 해야 바뀔까요?

Q. 본인은 바쁠 게 없다면서 천천히 사업을 진행하겠다고 말하는 파트너가 있습니다. 그분도 본인 밑에 신규 파트너가 나올 텐데……. 그 파트너가 실망할 수도 있는데, 미래를 위해서라도 생각을 바꿔야 하는 거 아닐까요?

네트워크 사업은 각자의 사정에 따라 사업 속도를 내가 결정할 수 있다는 점이 큰 장점이다. 사업하게 된 계기, 벌고 싶은 소득의 크기 그리고 추구하는 라이프 스타일도 다 제각각이다. 스폰서는 파트너마다 노동과 삶에 대한 가치관이 다르다는 것을 인정하고 존중해주어야 한다. 그리고 거기에 맞는 사업 진행 방법과 속도를 안내해주는 것이 최선이다.

처음에 사업을 소개할 때는 각자 처지에 맞게 진행하는 사업이라고 안내하다가 나중에는 파트너의 사업 속도를 문제 삼는 이유는 무엇일까? 내 사업의 속도가 늦어질까 봐 신경이 쓰이는 건지, 정말 파트너의 미래를 위한 염려인지를 따져봐야 한다.

파트너 중에는 경제적으로 절박해서 빠르게 사업을 진행해야만 하는 사람이 있다. 그런 파트너들은 사업 진행을 전광석화처럼 재빠르게 일을 처리한다. 반면에 천성적으로 무슨 일을 하든 차근차근 진행하는 것을 좋아하고 실제로 급하지 않은 환경에서 일하는 파트너들도 있다. 네트워크 사업은 꼭 돈을 벌기 위해서라기보다는 함께 활동하는 것 자체에 즐거움을 느끼고 참여하는 사업자들도 꽤 많다. 이런 사람들에게 빠르게 사업 진행을 하라고 재촉하면 아예 겁을 먹고 뒤로 물러날 가능성이 크다. 공격적으로 하지 않아도 꾸준히 하고, 포기하지만 않으면 누구나 성공할 수 있다는 느낌을 줘야 더 많은 사람이 유입되고 조직이 커질 수 있다.

당장 돈 버는 게 급하지 않은 파트너는 스폰서가 사업 진행을 빨리 하라고 재촉해도 사업을 서두르지 않는다. 스폰서가 파트너의 성장을 문제 삼아 조급한 모습을 보이면 오히려 스폰서가 자기를 위해 푸시한다고 생각한다. 속도가 느린 파트너를 자극하는 최고의 방법은 스폰서가 열심히 하는 모습, 승급도 하고 돈을 벌면서 발전하는 모습을 보여주는 것이다. 사연 속의 고민러의 말처럼, 미래의 하부 파트너가 나와서 불만을 삼으면 그때는 그들끼리 정리해서 사업 속도를 결정할 것이다.

네트워크 메신저의 촌철살인

사업의 진행 속도는 자신이 결정하게 놔두고, 미래의 하부 파트너가 거들 때까지 기다려.

86

사업 초기부터 동고동락한 파트너가 사업을 그만두었습니다

Q. 얼마 전 사업 초기부터 동고동락한 파트너가 사업을 그만두었습니다. 제 잘못인 것만 같아 스스로 자괴감이 들고 마음이 너무 힘드네요. 어떻게 극복해 나가야 할까요?

출입구가 넓은 네트워크 사업을 하면서 오래전부터 함께 한 파트너가 이탈될 때 스폰서들은 감정적으로 힘들다. 그만두지는 않지만 열심히 후원해도 성장하지 않는 파트너 때문에 자신의 무능력함을 호소하는 스폰서들도 있다. 아무리 노련한 스폰서라도 이런 일을 자주 겪는다면 태연하게 대처하기가 어렵다. 그러나 시간이 흘러도 파트너가 성장하지 않거나 심지어 파트너가 그만두는 일은 스폰서의 잘못이 아니다. 사업을 그만두는 것이 더 이득이라고 판단한 파트너의 선택일 뿐이다. 스폰서는 과거를 돌아볼 수는 있지만 되돌릴 수 없는 일에 매몰되어서는 안 된다. 현재 할 수 있는 것에 더 집중해서 이탈하는 사람보다 유입시키는 사람을 더 늘리면 된다.

사람의 마음에는 본능적으로 남 탓을 하려는 회로가 존재한다. 이에 반해 사업 초기부터 동고동락한 파트너가 사업을 그만둔 것을 자신의 잘못으로 돌리는 마음은 오히려 훌륭하다. 이런 스폰서는 파트너에 대한 공감과 연민이 크고 먼저 자기를 성찰하는 겸손한 사람이라고 할 수 있다. 그러나 리더의 과도한 자기비판은 자칫 자신감을 저하시키고 조직 전체의 사기를 꺾을 수도 있다.

사실 이런 생각은 깊이 들어가면 자기를 탓함으로써 상황을 합리화시키려는 또 다른 방어기제일 수도 있다. 내 탓이 아니라면 조직원 누군가의 잘못으로 돌려야 하므로 자신의 잘못으로 치부해야 마음이 편한 것이다. 아무리 탁월한 리더도 모두를 끌고 가야겠다는 불가능한 목표를 세우면 자존감이 낮아질 수밖에 없다.

글로벌 기업 켈리델리의 켈리 최 회장은 "세상에서 가장 큰 실패는 한 번도 실패하지 않는 것"이라고 했다. 리더는 일어난 상황을 객관적으로 분석하고 바꿀 수 있는 것을 선택해서 집중하고 변화하려고 노력해야 한다. 동고동락한 파트너의 도중 하차를 통해 조직이 새롭게 배우는 것이 있었다면 그 사건 자체는 큰 교훈이 된 것이다. 혹여나 스폰서가 그 파트너에게 잘못했더라도 그것이 사업을 중단할 치명적인 이유는 안 된다. 역경을 이기는 것은 파트너의 몫이다. 파트너가 그만둔 것에 대한 죄책감에서 벗어나야 한다.

나 때문에 파트너가 그만두었다고 생각하는 리더는 파트너의 성공 역시도 본인의 노력 덕분이라고 착각에 빠질 수 있다. 이런 태도는 시스템을 복제시키는 네트워크 사업에서 파트너는 특정인의 영향을 크게 받는다고 생각하는 편협한 사고방식이다. 이런 좁은 시야에서 빨리 벗어나려면 리더로서 새로운 목표를 세우고 팀의 위치를 재점검해 볼 필요가 있다. 옆에 있어주는 것 자체만으로도 나를 좋아하는 다른 파트너들과 담소를 나누다 보면 새로운 목표가 금세 생길 것이다. 동고동락한 파트너가 그만두어서 지금은 마음이 매우 힘들겠지만 스폰서가 잘못해서 일어난 일이 아닌 만큼 일단 지금은 버티고 견뎌야 한다.

네트워크 메신저의 촌철살인

파트너는 너 때문에 사업을 하고 또 너 때문에 그만두지 않아.

87

저의 승급 계획에 동참하지 않는 파트너에게 실망감이 큽니다

Q. 연말에 승급을 계획하고 있어 주력 파트너와 미팅했습니다. 기대와는 달리 파트너는 함께 도전하기 어렵다고 했습니다. 제가 평소에 아끼고 도움을 많이 준 파트너라 솔직히 실망감이 큽니다. 어떻게 받아들여야 할까요?

좋아하는 스폰서의 승급이 달려있는 일이라 해도 직급 도전은 돈이 개입되는 만큼 민감한 문제다. 서로 이해관계가 얽혀있으니 이를 계기로 파트너들의 있는 그대로의 마음을 확인하는 계기가 된 것이다. 믿었던 파트너가 승급에 협조하지 않는다고 해서 감정적으로 받아들일 필요는 없다. 직급 도전은 파트너에겐 현실적인 문제일 뿐, 스폰서를 존경하는 마음이 적어서가 아니다. 도전을 변경할 수 없다면 파트너가 도전할 수 있도록 조건을 완화해 주고 도움을 주면 된다. 혹시 파트너의 심경에 문제가 생긴 것이라면 스폰서로서 파트너에게 협조가 필요하다고 거꾸로 도움을 요청하자. 파트너의 존재감을 인정해주면 그도 기꺼이 동참할 수 있다.

파트너들은 도전할 만한 준비가 부족하고 여력이 없는데 스폰서 혼자 의욕이 앞서서 무리하게 도전을 감행하면 자칫 조직이 와해될 수도 있다. 더군다나 직급 도전에 대해 공동의 목표가 파트너들과 제대로 공유되지 않았을 때는 스폰서의 직급에 희생됐다고 생각하기 쉽다. 먼저, 조직의 성장과 모두의 성장을 위해서는 직급 도전이 최선이 될 수 있다는 공감대가 형성되어야 한다. 그래야만 파트너들은 도전하는 것이 스스로 성장하고 변화하는 기회라고 여긴다. 스폰서만의 도전이 아니라 조직 전체의 도전이 되어야 뒷짐 지고 강 건너 불구경하는 사람이 없을 것이다.

팀 전체가 큰 승급을 앞두고 있다면, 스폰서가 앞장서서 계획을 짜고 파트너들에게 적극적으로 협조를 구해야 한다. 스폰서가 도전하니까 파트너들은 당연히 따라올 거라고 착각해서는 안 된다. 파트너 중에는 "도전해야 성장한다."라는 얘기를 들으면 스폰서에게만 좋은 게 직급 도전이라고 생각하는 사람이 있다. '도전은 당신에게 필요하다.'라고 포장하지 말고 파트너들의 도움이 필요하다고 솔직하게 협조를 구하는 게 빠르다. 네트워크 사업은 사람의 마음을 다루는 사업인 만큼 도전할 때는 조금이라도 꼼수를 부리지 말고 클리어하게 진행해야 한다. 협조하는 이에게 감사하면서 도전하는 스폰서가 더 큰 희생을 한다면 사람을 남기는 직급 도전이 될 것이다.

네트워크 메신저의 촌철살인

도전 계획을 변경할 생각이 없다면 자세를 낮춰서 파트너에게 도움을 요청해.

88

매너리즘에 빠진 조직 분위기를 싹 바꾸는 방법

Q. 코로나 팬데믹 기간에 잘 버텨오긴 했는데, 그룹이 조금은 매너리즘에 빠져있는 느낌입니다. 이런 분위기를 일신시킬 수 있는 획기적인 방법이 없을까요?

리더는 변화에 민감하게 반응하고 발 빠르게 대처해야 한다. 네트워크 마케팅은 스폰서를 복제하는 사업이므로 리더가 안주하는 즉시 조직은 정체하기 시작한다. 지금 당장은 드러나지 않아도 해야 할 것을 미루고 오랫동안 하지 않으면 언젠가 나쁜 결과가 나타난다.

코로나 팬데믹 기간에 네트워크 조직은 극명하게 두 그룹으로 나누어졌다. 한 그룹은 평소와 다르게 다양한 시도를 하면서 스스로 생존을 모색했다. 다른 그룹은 천재지변에 무기력함을 느끼면서 코로나가 끝나기만을 손꼽아 기다렸다. 코로나19가 시작되었을 때 2년 넘게 이어질 거라고 예상한 사람들은 드물었다. 그러나 적극적인 사업자들은 문제의 심각성을 자각하고 다양한 변화를 시도했다.

다이어트를 할 때도 예전과 똑같은 방법으로 하는데도 어느 순간 체중 감량이 더딘 정체기가 온다. 우리 몸 안에 저항성이 있어서 예전으로 돌아가려는 습성이 있기 때문이다. 이것을 극복하려면 점진적으로 과부하를 줘서 식단이나 운동을 달리해야 체중에 변화가 생긴다.

사람들은 누구나 변화를 싫어하고 익숙한 것에 안주하기를 좋아한다. 조직이 정체되었다면 지금까지와는 다르게 사업을 진행해볼 것을 권유한다. 다양한 방법을 새롭게 시도해서 코로나19 이전보다 사업에 더 힘을 쏟아야 한다.

네트워크 사업에서 팀 전체의 분위기를 단숨에 끌어올리는 방법을 꼽으라면 승급에 도전하는 것이다. 코로나 팬데믹 기간 동안 모든 조직의 사업이 똑같이 위축된 것은 아니었다. 네트워크 사업은 보여주는 것이 강력한 무기임을 아는 리더들은 갑절로 힘들었지만 어렵게 도전에 성공하여 팀원들의 사기를 끌어올렸다. 그렇게 깨어있는 리더가 있는 팀은 매 승급식마다 본인들의 잔치로 만들고 다 같이 열정을 불태웠다. 그렇지 않은 팀들은 강의는 많이 참석했지만 정작 승급식 때는 들러리만 하니 팀원들의 사기가 떨어질 수밖에 없었다.

사람들은 목표에 관해 얘기하면 새롭게 희망을 품고 다시 힘을 낸다. 네트워크 마케팅은 목표가 사람을 성장시키는 사업이다. 목표에 관해 얘기하면 파트너들은 구체적인 목표를 설정할 것이고 그런 사람들은 성장하려는 의지를 보인다.

스폰서가 주축이 되어 성공한 사람들에 관한 얘기를 나누는 독서모임을 만들어 보는 것도 좋은 방법이다. 팀원들끼리 돌아가면서 서로 스피치를 공유하면 팀 승급이라는 공동의 목표로 자연스럽게 연결될 수 있다. 단, 파트너에게 지시하지 말고 스폰서가 먼저 설쳐서 일을 만들어 보자. 스폰서가 새로운 마음가짐으로 일하면 파트너들도 지금과는 다르게 따라올 것이다.

네트워크 메신저의 촌철살인

너부터 바꿔!

89

앞에선 고맙다고 하고 뒤에서는 서운하다고 말하는 파트너

Q. 사업에 어려움을 겪는 파트너가 상담을 마치고 돌아갔습니다. 저의 사례를 설명하면서 진심을 다해 알려주었습니다. 그 파트너는 도움이 많이 되었다며 고마워했습니다. 그런데 며칠 후 저에게 상담받은 파트너가 서운했다며 다른 사람에게 불평하고 다닌다는 얘기를 전해 들었습니다. 너무 황당해서 파트너에게 상담해주기가 겁이 나네요. 어디서부터 잘못된 것일까요?

법륜 스님은 즉문즉설에서 사람들이 물어보지 않는 것은 답하지 않는다고 했다. 아마도 그 파트너는 해결책이 아니라 위로를 받고 싶었던 것은 아닐까. 네트워크 사업을 하면서 스폰서는 파트너와 상담할 때 과유불급(過猶不及)에 주의해야 한다. 정도를 지나침은 미치지 못함과 같다. 스폰서는 현장 경험은 풍부하지만 상담 전문가는 아니므로 조심스럽게 의견을 건넬 필요가 있다. 전문가들은 변하려는 의지가 있는 사람들에게만 구체적인 해결책을 제시한다. 사람은 기본적으로 '자신은 잘못이 없다.'라고 생각하는 경향이 있기 때문이다. 오은영 박사님은 "좋은 상담이란 해결책을 내려주는 것이 목적이 아니라 스스로 일어날 수 있도록 힘을 길러 주는 것"이라고 했다.

나는 어릴 적부터 남들을 가르치기 좋아했다. 늘 오지랖이 넓어서 종종 구설에 휘말리곤 했다. 그 당시엔 내가 상대방에게 애정이 많아서 알려줄 것은 반드시 알려주어야 한다는 믿음이 밑바탕이 되어 충고했다. 이제 와서 생각해보니 오히려 상대방에 대한 공감능력이 부족하고 자만심이 큰 것이었다. 그래서 지금은 파트너가 상담을 요청하면 그가 시행착오를 겪으며 성장한다는 것을 인정하고 성급하게 해결책을 제시하지 않는다.

사람들은 다른 사람이 자신을 지적하고 비난하는 것을 싫어한다. 경험이 풍부한 스폰서들은 상담을 요청해도 조언을 자제하는 편이다. 어차피 현명한 사람은 조언을 안 해도 잘할 것이고, 어리석은 사람은 알려준 대로 하지 않기 때문이다. 나 같은 경우는 상담을 요청해온 파트너들에게 단도직입적으로 물어본다.

"위로를 원하세요, 조언을 원하세요?"

현실적인 조언이 필요해서 상담하고도 변하지 않거나 심지어 기분 나빠 하는 파트너가 있다면 그건 그 사람의 문제다.

스폰서와 정기적으로 상담하는 파트너들은 네트워크 사업에서 길을 잃지 않는다. 그러나 스폰서가 일방적으로 지적하고 설교한다면 아무도 듣고 싶지 않을 것이다. 파트너가 스스로 말할 수 있게 열린 질문을 던지고 진짜 원하는 내면의 소리를 끄집어내야 한다. 상담해야 하는 위치에 있는 스폰서라면 독서량을 늘려 다양한 사람의 얘기에 폭넓게 공감하는 능력을 키우는 것이 도움이 된다. 제각각 처지가 다른 파트너들을 많이 상담하다 보면 그들의 마음이 보이고 앞길에 대한 혜안도 생겨서 해결책도 제시할 수 있다. 상담을 잘하기 위해서는 훈련이 필요하다. 파트너들을 위로해주면서도 실질적인 해결책을 내놓는 족집게 스폰서가 되어보자.

네트워크 메신저의 촌철살인

요구하기 전에는 조언하지 마!

90

스폰서와 파트너가 사이가 안 좋은데 중간에서 어떤 역할을 해야 하나요?

Q. 저는 지금의 스폰서님도 좋고 열심히 하는 파트너도 감사할 따름입니다. 그런데 파트너가 제 스폰서님이 자기와 성향이 맞지 않는다며 다음부터는 저만 만나자고 하네요. 저는 어떻게 처신해야 할까요?

현명한 사업자는 스폰서의 다양한 경험을 빨리 복제하여 내 조직을 구축하는 데 활용한다. 비즈니스를 하는 것이니 스폰서와 성향이 맞지 않는 것을 굳이 문제 삼지 않는다. 오히려 다른 것에 매력을 느끼고 시너지를 일으킬 방도를 찾는다.

좋은 스폰서는 시스템에 맞는 원칙이 있고, 소신도 일관성이 있다. 파트너의 고집과 취향에 따라 흔들리지 않는 이유는 누구든지 이해하고 따를 수 있는 체계화된 매뉴얼이 있기 때문이다.

만약 파트너가 내 스폰서와 맞지 않아서 둘만 만나고 싶어 한다면, 나는 시스템대로 사업을 하고 그 파트너는 내 스폰서의 시스템 안에서 만나자고 해야 한다. 내 스폰서의 시스템을 벗어나서 둘이 따로 만나기 시작하는 순간 복제는 어렵고 자유는 멀어진다.

나는 사업 초기에 제품 설명이 뛰어난 스폰서님을 후원하는 자리에 모시고 다녔다. 설명이 끝나면 곧바로 구매로 이어지니까 스폰서님과 함께하는 자리가 신이 났다. 시간이 흐르면서 스폰서님의 강압적인 스타일에 불만을 품는 파트너들이 하나둘 생겨나기 시작했다. 그때 파트너들은 나에게 다음부터는 혼자 와달라고 말했다. 그러나 나는 그들의 말에 크게 동요하지 않고 제품설명회를 동일한 방식으로 이어갔다. 얼마 후 그들에게도 파트너가 생기고 성과가 나오니까 내 스폰서에 대한 불만이 잠잠해졌다. 파트너는 사업이 성장함에 따라 생각과 태도가 바뀐다. 파트너들의 말에 즉각적인 대응은 피하고 일관된 체계를 유지하려고 노력하는 것이 필요하다.

초보 사업자는 자신보다 경험과 지식이 풍부한 스폰서들의 노하우가 처음엔 대단해 보인다. 이 시기에는 누구나 스폰서의 모든 것을 따라 하고 싶고 스폰서의 말이 곧 법처럼 느껴진다. 때론 이해가 안 되는 얘기를 듣더라도 본인들이 모르는 뭔가가 있겠지 하며 무조건 순종한다. 그러나 자신에게도 적지 않은 조직이 생기면서 파트너들의 말이 더 크게 들리기 시작한다. 파트너들이 불편하게 생각하는 부분에 동조하면서 스폰서에게 불만을 표시하는 사업자들이 생겨난다. 그러나 파트너들의 의견보다는 스폰서의 경험이 사업을 더 옳은 방향으로 안내한다는 믿음을 가져야 한다. 파트너가 하는 말에 신경 쓰기보다 표준화된 조직의 시스템을 구축하는 일에 힘을 써야 한다. 랄프 네이더의 말처럼 "리더십의 올바른 기능은 지도자를 더 많이 양성하는 것이지 추종자를 더 많이 만드는 게 아니다."

네트워크 메신저의 촌철살인

너만 찾는 스폰서가 되는 순간 너에겐 자유가 없어.

4장

행운의 기회를 만드는 네트워커를 위한 웰씽킹

91

컴맹인데 꼭 SNS 마케팅을 해야 하나요?

Q. 저는 컴맹이고 기계를 잘 다루지 못합니다. 최근에는 너도나도 인스타그램이나 유튜브를 하던데, 네트워커라면 꼭 SNS 마케팅을 해야 하나요?

네트워크 마케팅 회사마다 매일매일 해야 할 To do list를 안내하고 있다. 10코어 혹은 8코어 같은 항목을 보면 책 읽기, 미팅하기, 사업 설명하기, 심지어 운동하기 같은 항목도 있다. 거기에 SNS 마케팅을 하라는 항목은 없지만, 포스트 코로나에는 데일리 루틴으로 넣고 싶다.

네트워크 마케팅 사업은 매일 누군가에게 **가**서 **만**나고 **이**야기해야 성과물이 일어나는 '가만이' 사업이라고도 부른다. 코로나19가 시작되면서 만나는 것 자체에 제약이 생겼고 SNS 마케팅을 사업에 적극적으로 활용하는 네트워커들이 늘어났다.

끊임없이 소비자나 유망 파트너를 만날 수 있다면 굳이 SNS 활동을 안 해도 된다. 그런데 코로나 시국에 사람들을 만나는 것 자체에 제약을 받고 있다면 SNS에 취미가 있고 없고를 떠나서 해볼 것을 권장한다. 가끔 컴맹이라서 네트워크 사업을 하는 게 어렵다고 얘기하는 사업자들을 만난다. 네트워크 마케팅은 인터넷으로 매출을 관리하는 사업인데, 컴맹이라는 걸 떳떳하게 얘기하는 건 곤란하다. 최소한 기본적인 것은 배우려고 노력해야 한다. 글로벌 비즈니스를 하는 회사에 다니면서 외국인을 만나는 것이 너무 두렵다고 말하는 것과 똑같은 것이다.

기계를 다루는 것을 어려워하는 사람들은 기술적인 것을 활용하지 못하는 것보다는 새로운 변화를 받아들이고 적응하는 것에 먼저 거부감을 느끼는 것이다. 찰스 다윈은 "살아남는 종은 가장 강한 종이 아니라 변화에 가장 잘 적응하는 종이다."라고 했다. 코로나19 감염이 늘어나면서 2020년에는 모든 사업자에게 멘붕이 왔고 네트워크 산업의 전체 매출이 약간 주춤했었다. 하지만 각 회사는 재빠르게 비대면 사업을 시도하고 적응하면서 2021년에는 매출이 다시 회복되었다. '기계 다루는 게 어렵다. 나와 안 맞는다.'라는 생각은 시대를 앞서가는 트렌디한 사업을 하는 네트워커들에겐 어울리지 않는다.

사실 대부분의 SNS 매체는 아주 직관적으로 만들어져서 기본적인 것을 습득하는 데 어려움 없이 누구나 쉽게 배울 수 있다. 문제는 겨우 배워서 어렵게 게시물을 올렸는데 사람들의 반응이 없으니 흥미를 금방 잃는다는 것이다. 게시물이나 콘텐츠를 올려서 사람들에게 소비되어야 재미가 생긴다. 먼저 SNS 마케팅을 시작할 때 누가 읽을 것인지 정확한 타깃을 정하고 채널의 뚜렷한 목적을 설정해야 한다. 유튜브 채널을 시작할 때 나는 모객, 파트너 교육, 지식 기부, 퍼스널 브랜딩이라는 목표를 세웠다. 내가 세운 목표에 따라 콘텐츠를 올려야 일관성 있는 흐름을 유지할 수 있다.

대부분의 사업자들은 인스타그램에 게시물을 만들 때 강박적으로 본인의 사진을 찍어 올린다. 네트워크 마케팅을 잘하려면 평소에 마케팅을 몸에 습관처럼 쌓아두면 좋다. 마케팅은 내가 의도하는 바를 상대방이 하게끔 만드는 행위다. '오늘 호캉스를 남편과 다녀왔다.'라며 단순히 자랑질하면 사람들의 주의를 끌기 힘들다. 이왕이면 그 호텔에 갔더니 이런 좋은 점과 혜택이 있었다는 정보성 글을 덧붙여야 한다. 읽는 독자가 뭐라도 얻어갈 것이 있는 게시물을 꾸준히 올리면 사람들은 반응하게 되어 있다.

그렇게 게시물을 꾸준히 올리면 나를 응원하고 좋아하는 팬들이 생기고 그런 사람은 앞으로 뭘 하든 먹고사는 문제는 해결할 수 있다. SNS 마케팅은 돈이 드는 일도 아닌데, 왜 이 좋은 걸 안 할까? 문화를 소비하는 방식이 바뀌었으니 이 변화가 오히려 큰 기회라고 여겨야 한다. 어렵지 않으니까 변화하려고 마음먹고 쉬운 것부터 배워서 일단 포스팅해보자. 컴맹 스폰서가 SNS를 시작했다는 사실만으로도 열정을 느끼는 파트너가 생길 것이다.

네트워크 메신저의 촌철살인

명단의 고갈 문제를 겪고 있다면 SNS 매체와 친해지려고 노력해.

92

매일 하면 좋은 루틴은 어떤 게 있을까요?

Q. 행복한 네트워커가 되기 위해 매일매일 실천하면 좋은 루틴은 어떤 게 있을까요?

행복한 사업자가 되려면 내가 생각하는 행복의 기준이 정해져 있어야 한다. 이런 기준이 없으면 나보다 우위에 있는 타인을 만나면 끊임없이 비교의식에 빠질 수 있다. 불철주야 앞만 보고 뛰었는데 육체와 정신은 행복과 멀어져 있었다고 말하는 사람들을 종종 본다. 네트워크 사업을 하는 이유와 사업의 최종 골인 지점을 종이에 적어놓고 출발을 해보자. 정기적으로 스스로 평가하고 내가 어디쯤 왔는지 체크하면 행복한 네트워커로 일할 수 있다.

열정적인 네트워커들은 초반에 조직을 구축하기 위해 직장인들보다 훨씬 고강도의 업무들을 소화해낸다. 나도 전국을 누비면서 끼니를 차에서 김밥으로 대충 해결하던 적이 많았다. 파트너들이 줄줄이 잡아놓은 미팅을 하면서 이렇게 열심히 하고 있으니 내 미래는 밝다고 스스로 위로했다. 그때는 오로지 눈앞에 보이는 성공만을 좇으며 경주마처럼 달렸던 것 같다. 그렇게 앞만 보고 달리다 보니 계절이 바뀌는 줄도 모르고 도중에 멈추는 것도 쉽지 않았다.

네트워크 사업은 조직을 구축하는 데 반드시 일정한 시간이 요구된다. 이 사업을 3년 안에 끝낼 것이 아니라면 평생의 직업인 만큼 체력과 에너지 관리를 잘 안배해야 한다. 열정이 불타오르는 초보 사업자는 삶의 밸런스를 조절하며 사업하기가 쉽지 않다. 몸이 축나도 스트레스가 쌓여도 돈을 벌면 모든 게 해결되는 줄 알고 스스로를 혹사시킨다. 열심히 뛸수록 조직은 커지고 사람들의 칭찬은 더 크게 들리니 그 달콤함에 빠져 점점 쉬는 게 여의치 않다.

어느 날, 할 엘로드의 《21세기 네트워크 마케팅을 위한 미라클 모닝》을 읽었다. '성공한 네트워커들은 성공과 행복을 지속하기 위해 일부러 시간을 빼둔다.'라는 문장이 눈에 들어왔다. 매일 아침 눈을 뜨면 육체와 정신을 재충전하기 위해 고요한 시간을 갖고, 본인만의 아침 루틴을 시스템화해서 행하고 있었다. 그들은 매일 같은 시간에 반복을 통해 그것을 자연스럽게 습관으로 만들었다. 결국 나중엔 애쓰지 않아도 무의식적으로 건강한 루틴을 지키며 사업을 해 나가고 있었다.

네트워크 마케팅은 매일매일 많은 사람을 만나면서 꿈과 비전에 관해서 얘기해야 하는 사업이다. 네트워커는 늘 자신감과 확신에 차 있어야 한다. 그러기 위해서는 건강한 육체와 정신이 뒷받침되어야 한다. 매일 30분이라도 운동하여 체력이 방전되지 않도록 해놓아야 나중에 조직이 커져도 큰 기회를 감당할 수 있다. 운동을 하면 정서적인 행복감이 높아지고 스트레스 해소에도 도움이 된다.

수많은 사람을 만나야 성공하는 것이 네트워크 사업이기 때문에 만나는 사람들의 감정을 이해하기 위해 발생하는 나의 감정 소모량이 적지 않다. 그래서 네트워크 사업자는 내 감정을 잘 다스리고 통제해야 한다. 종교생활을 하거나 명상, 독서를 통해 자신의 마음을 들여다보는 훈련도 도움이 된다. 특히 독서는 지식을 쌓을 뿐만 아니라 사업의 방향성을 잃었을 때 나를 객관적으로 돌아보게 한다. 사람들에게 선한 영향력을 끼치는 네트워커인 만큼 매일 행복을 느낄 수 있도록 몸과 마음의 소리를 잘 들어보자.

네트워크 메신저의 촌철살인

균형 잡힌 삶을 위해 체력과 에너지 관리를 잘해야 해.

93

한쪽 줄이 엄청 커진 뒤 사업을 시작하는데, 어떤 역할을 해야 하나요?

Q. 지인의 권유로 3년 전에 두 줄 바이너리 마케팅에 가입해서 제품만 쓰고 있었습니다. 운이 좋게도 가만히 있었는데 한쪽 줄에 많은 리더가 배출되면서 조직이 엄청 커졌습니다. 위치상 제가 그들의 스폰서인데 본격적으로 사업을 시작하게 되면 저는 어떤 역할을 해야 하나요?

한쪽 줄이지만 이미 리더들이 형성되어 있으니 절반의 성공을 거머쥔 운이 좋은 사업자다. 선택도 실력이다. 아무것도 안 했는데 이런 일이 생긴 게 아니라 긍정적으로 정보를 수용한 결과다. 사업에 늦게 합류했다고 사람들의 눈치를 볼 필요는 없다. 단순히 소비자로 시작했다가 한쪽 그룹이 형성된 것을 확인하고 사업에 뛰어드는 사업자는 비일비재하다. 좌우 다른 볼륨을 가진 사업자는 처음에는 각각의 라인에서 다른 역할을 해야 빠르게 조직을 키울 수 있다.

사업을 하러 나왔을 때 대실적 파트너들이 눈치를 줄 수도 있다는 점을 이해하면 마음이 한결 편하다. 한쪽이 커진 뒤 뒤늦게 사업에 뛰어들었다고 해서 잘못한 것은 아니다. 다만, 처음부터 무에서 유를 만들어내는 파트너들의 눈으로 보면 사업이 불공평하다고 느낄 수는 있다. 바이너리 마케팅은 아무리 한쪽이 커진 채로 나와도 반대쪽을 못 키우면 소득이 안 되는데도 말이다. 파트너들은 이론은 이해하지만 이런 상황에 맞닥뜨리면 마케팅이 불러일으키는 이 갈등구조에 대부분 심리적으로 어려움을 느낀다.

뒤늦게 뛰어든 사업자가 갈등을 완벽하게 뛰어넘는 방법은 빠르게 반대쪽을 키워 마침내 성공에 이르는 것이다. 뒤늦게 사업에 합류했지만 돈을 버는 스폰서가 되면 결국에는 좌우 양쪽 파트너들에게 영향력을 끼치게 된다. 리더인 파트너들이 일하는 동안 처음엔 철저히 배움에 힘쓰는 게 좋다.

이미 커진 조직에 그동안 기여한 것이 없으니 커피나 점심을 사주면서 파트너들과 친밀감을 쌓아보자. 늘 환한 미소로 파트너를 맞아주면 결국엔 필요한 사람이 될 수 있다. 사업을 뒤늦게 시작했더라도 대실적을 안일하게 생각하지 말고 조금씩 역할을 해야 한다. 바이너리 마케팅에서는 한 줄만 잘해서 성공의 자리까지 가는 사업자는 단 한 사람도 없다.

뒤늦게 나온 사업자는 더 많이 공부하고 집중해서 활동해야 한다. 목표를 갖고 뛰지 않으면 한 줄이 구축된 뒤 나온 것이 아무런 보탬이 되지 않는다. 두 줄 바이너리 마케팅은 소실적을 기준으로 수당을 받는 사업이므로 내가 처음부터 직접 발로 뛴 소실적 매출이 온전한 실력으로 평가를 받는다. 한쪽 그룹에 아무리 리더가 많아도 그건 본인의 실력과는 아무런 관계가 없는 것이다. 대실적 파트너들과는 좋은 관계를 유지하고 시간을 벌면서 소실적을 빠르게 키워 마침내 돈 버는 스폰서가 되어야 한다.

실력을 쌓아 소실적을 키워 성공하게 되면 파트너들은 늦게 시작한 나의 과거를 기억하지 못한다. 그리고 늦게 사업을 시작했더라도 스폰서라는 이유만으로 따르는 파트너가 분명히 있다. 파트너들은 의존적이기 때문에 시스템에 합류한 스폰서가 많을수록 좋아한다. 그래서 현명하게 좌우 각각 다른 역할을 수행하면서 빠르게 소실적 조직을 키워내야 한다. 본격적으로 사업에 뛰어들어 돈을 벌기 시작하면 파트너들이 인정하고 따라오게 되어 있다.

네트워크 메신저의 촌철살인

파트너들이 자리를 만들어주면 그때 너는 그 자리에 앉고 당분간은 밥값을 결제해.

94

사업의 비전을 보았는데 남편이 반대합니다

Q. 최근 친구의 소개로 컨벤션에 다녀온 뒤 가슴이 설렙니다. 제품도 마음에 들고 스폰서님들도 하나같이 좋으신 분들이라 빨리 사업을 본격적으로 시작하고 싶습니다. 그런데 남편은 10년 전 다단계 사업을 하다가 크게 금전적 손해를 본 적이 있어서 극구 반대할 것 같네요. 남편이 못 하게 말리면 집안의 평화를 위해 안 하는 게 좋은 걸까요?

남편이 다단계 사업을 하다가 금전적 손해를 본 적이 있으니 자라 보고 놀란 가슴 솥뚜껑 보고 놀랄 수도 있을 것이다. 그러나 내 생각엔 질문한 분의 이런 반응은 너무 앞서나간다는 생각이 든다. 남편에게 얘기하면 "그동안 외벌이로 힘들었는데 좋은 생각이다."라고 나올 수도 있다. 우리가 걱정하고 고민하는 85%의 문제는 현실적으로 일어나지 않을 일이라고 한다. 정말 남편의 의견이 궁금하다면 "여보, 네트워크 사업에 대해 어떻게 생각해?"라고 물어보자. 이렇게 말 꺼내기조차 어렵다면 네트워크 제품들이 눈에 띌 만큼 집으로 주문해보자. 10년 전 다단계 사업을 해봤던 남편이라면 갑자기 쌓인 택배박스를 보고 깜짝 놀라서 반드시 물어볼 것이다. 자연스럽게 대화하면서 남편의 의향을 알아볼 수 있다.

남편의 반대보다 더 중요한 것은 내 마음을 정확하게 확인하는 것이다. 실제로 많은 주부 사업자들은 네트워크 마케팅 사업의 걸림돌로 남편의 반대를 이유로 꼽는다. 가족의 인생을 변화시키는 사업에 도전하는데 남편의 반대가 걸림돌이라면 애당초 권유를 하고 싶지 않다. 남편의 반대는 이 사업을 하는데 난관의 시작일 뿐 앞으로 수없는 거절이 기다리고 있다. 해야 할 이유가 분명한 사람은 그럼에도 불구하고 헤쳐나가게 되어 있다. 지금 가장 큰 문제는 본인에게 남편을 설득할 만큼의 사업을 꼭 해야 하는 간절함이 없다는 것이다.

이 사업에서 성공하겠다는 결심이 섰다면 의외로 남편은 설득하기 쉽다. 남편을 내 편으로 만든다면 든든한 지원자가 되는 것은 확실하다. 그런데 남편이 우호적인 태도를 보이기까지는 시간이 걸린다. 네트워크 마케팅으로 돈을 벌면 남편의 반대가 자연스럽게 응원으로 바뀐다. 돈을 벌면서 성숙하고 변화된 모습을 보이려고 애를 쓰면 남편의 태도가 얼마든지 달라질 수 있다.

사회생활을 오래 해온 남편을 이성과 논리로 설득하려고 해서는 안 된다. 남편의 마음은 말이 아니라 따뜻한 사랑으로 녹일 수 있다. 밖에서 일하더라도 가정에서는 육아, 살림에 소홀히 하면 안 된다. 처음에는 힘들겠지만 이런 고생하는 시간이 영원히 지속되지는 않는다. 네트워크 사업으로 돈을 벌기 시작하면 남편이 마음을 열고 집안일을 함께하며 아내를 적극적으로 도와준다. 남편에게 자주 드림보드를 읽어주면 어느새 꿈을 응원하는 파트너가 될 것이다.

남편이 10년 전 다단계 사업을 해서 금전적 손해를 보았다는 것은 그 당시 상당히 열정적으로 사업에 임했다는 얘기다. 어쩌면 남편은 다른 돌파구를 간절히 원하고, 추가 수입을 바랄 수도 있다. 예단하지 말고 진솔하게 부부의 미래에 관해 진지한 얘기를 나눠보자. 남편에게 금전적으로 도움이 되고 싶다고 얘기하면서 절대로 집안일에는 지장을 주지 않겠다고 약속하자. 어쩌면 다음 날 아침에 남편은 콧노래를 부르면서 출근할 수도 있다.

네고해

네트워크 메신저의 촌철살인

네 인생을 만들어 가는데 남편 핑계는 그만 대.

95

남편이 사업을 눈곱만큼도 도와주지 않아요

Q. 다른 집 남편들은 사람도 소개해주고 종종 물건도 팔아온다고 합니다. 온종일 미팅하고 피곤해서 귀가했는데 밥 먹고 설거지조차 안 해놓은 남편을 보면 너무 화가 납니다. 제가 참으면서 계속 일해야 되는 거겠죠?

온종일 미팅하고 늦게 귀가하면 손 하나 까딱하기 싫은 주부 사업자들의 마음을 이해한다. 그런데 남편이 사업을 방해하지 않고 시비 걸지 않는 것만으로도 좋은 환경에 있다고 생각해야 한다. 네트워크 사업자 중에는 남편의 지나친 편견으로 너무 어렵게 사업을 해나가는 사람들이 꽤 있다. 그런 사업자들의 얘기를 들어보니, 하루라도 싸우지 않고 평안히 잠드는 것이 소원이라고 했다. 이 사업을 선택했다고 가족들이 무조건 동참하고 도와주길 기대하는 것은 이기적인 마음이다. 남편이 도와주면 고맙지만 내가 하던 역할을 남편이 대신 안

한다고 불만을 품기 시작하면 불평은 점점 커진다.

나보다 더 좋은 환경에서 일하는 사람과 비교하기 시작하면 욕망은 끝이 없기에 행복하지 않다. 네트워크 사업을 하는 궁극적인 목적은 행복한 삶인데, 남과 비교해서 쌓인 불만이 일하고 가정으로 돌아와서도 힐링을 할 수 없게 만든다. 밤늦게까지 일하고 돌아와서 피곤하겠지만, 온종일 직장 일에 시달린 남편도 마찬가지로 힘들 것이다. 남편은 퇴근하고 귀가했을 때 보글보글 끓는 찌개에 따뜻한 밥이 차려진 밥상이 얼마나 그리울까? 역지사지의 마음으로 상대를 헤아려보자.

남편의 간병 생활을 10년간 하면서 스트레스를 많이 받았다는 어느 부인의 에세이를 읽은 적이 있다. 남편을 하늘나라로 먼저 보내고 어느 날 창밖을 바라보다가 자기도 모르게 "여보, 밖에 눈이 와요."라고 얘기했다고 한다. 남편이 곁에 없다는 걸 알아차리고, 몸이 아픈 남편이라도 곁에만 있어 주었으면 하고 바랐다고 한다.

우리는 매일 보는 가족이 늘 곁에 있을 것처럼 착각하며 살아간다. 세상에 당연하고 영원한 것은 없다. 이 사실을 늘 인지한다면 내 가족을 대하는 태도가 달라질 것이다. 지금 곁에 있는 남편도 퇴근하고 어두컴컴한 집에 문을 열고 들어와서 혼자 덩그러니 있는 모습을 생각하면 애잔하게 느껴지지 않는가?

처음에 네트워크 사업을 시작할 때는 가족을 행복하게 해주려는 마음으로 선택했을 것이다. 어느 순간 일에 피로감이 누적되면 만사가 짜증스러울 때가 있다. 그러나 수입이 늘고 여유가 생기면 옆에서 쿨쿨 잠자는 남편을 보기만 해도 예쁘게 보인다. 그날이 올 때까지 건강한 남편에게 감사하면서 잘 참고 더 멋진 목표를 세워보자. '우리 남편, 내가 3년 안에 은퇴시켜줘야지!' 이런 새로운 목표를 세우면 갑자기 힘이 불끈불끈 솟으면서 생활의 활력이 생길 것이다. "고맙고 사랑한다."는 얘기를 자주 할수록 사업도 잘 될 것이다.

네트워크 메신저의 촌철살인

남편이 방해만 안 하면 좋겠다는 사업자들도 있으니 본인은 행복한 거야.

96

죽마고우와 사업을 함께하고 싶은데 반응이 신통치 않아요

Q. 저에게는 함께 성공하고 싶은 죽마고우가 있습니다. 그 친구는 낙천적이고 현실에 만족하기 때문에 굳이 이 사업을 해야 할 필요성을 못 느낀다고 얘기합니다. 이 사업을 함께하고 싶은데, 친구의 마음을 어떻게 바꿀 수 있을까요?

네트워크 사업의 필요성을 못 느끼는 친구이지만, 함께하면 심리적으로나 사업적으로 도움을 받을 수 있을 것이다. 그러나 함께 하고 싶은 마음이 너무 앞서서 현실에 만족하는 친구가 얼마나 어리석은지 증명하려고 해서는 안 된다. 돈이 없어서 노년에도 일하는 사람들을 들먹이거나 불의의 사고를 당했는데도 치료비를 마련하지 못해 발을 동동거리는 사례를 얘기하는 건 오만한 태도다. 성공은 지극히 주관적인 개념이고 모두가 성공을 바라는 것도 아니다. 진심으로 친구에게 사업의 기회를 소개하고 싶다면 네트워크 지식을 자랑하기보다 차라리 스폰서의 설명회에 초대를 해보자.

네트워크 마케팅은 스스로 필요성을 발견해야만 지속하여 앞으로 나아갈 수 있는 사업이다. 아무리 훌륭한 사업이라 해도 모두가 이 산업에 뛰어들어야 하는 건 아니다. 현실에 만족하는 그 친구는 이 사업이 다른 사람을 돕고 선한 영향력을 끼치는 사업이라는 걸 알게 되면 관심을 가질 수도 있다. 사업을 함께하면 나에게도 도움이 된다고 직접적으로 얘기하면 친구는 어떡해서든 도와주려고 할 것이다.

죽마고우가 함께 사업하길 바라는 마음이 진심이라면 솔직하게 요청하는 게 가장 좋은 방법이다. "친구야, 나 혼자 하니까 외로워. 같이 좋은 강의도 듣고 함께 도움이 되는 정보도 공부하면 힘이 될 것 같아."라고 얘기해보자. 물론 친구가 옆에 있어주겠다고 해도 사업은 반드시 혼자 헤쳐나가야 할 부분이 있다. 리더가 되어야 하는 네트워크 사업을 하다 보면 누구나 외로운 순간이 오는데, 그럴 때 나 자신만이 나를 온전히 통제할 수 있다. 사업을 제대로 하기로 결심했다면 외로움을 친구 삼을 수 있어야 한다. 시간이 지나서 조직이 커지면 매일 주야로 파트너들의 전화가 오고 눈코 뜰 새 없이 바빠지게 될 것이다.

네트워크 메신저의 촌철살인

목이 마르지 않은 나귀에게 억지로 물을 먹이는 건 쉬운 일이 아니야.

97

사업과 육아를 어떻게 하면 지혜롭게 병행할 수 있을까요?

Q. 선배에게 이 사업을 처음 소개받았을 때 주부가 아이를 양육하면서 동시에 할 수 있는 일이라서 메리트를 느꼈습니다. 그런데 사업을 진행해보니 일과 육아를 병행하는 것은 절대 쉬운 일이 아닌 것 같아요. 늦게 귀가할 때면 아이들에게 죄책감이 드는데 어떻게 지혜롭게 헤쳐나가야 할까요?

아이가 없는 나는 자녀를 둔 전국의 사업자들이 위대하게 느껴진다. 어린이집에 아이를 데려다주고 출근하는 파트너들을 보면 정말 엄마는 위대하다는 말이 저절로 나온다. 육아와 사업을 동시에 병행하는 것은 절대로 쉬운 일이 아니다. 그러나 아이를 키우면서 일할 수 있는 직업을 찾는다면 네트워크 마케팅은 최고의 직업이다. 대부분 조직에서는 아이가 아파서 며칠 직장에 출근을 못 하면 눈치를 주고 더는 나오지 말라고 얘기할 것이다. 그러나 네트워크 마케팅은 나의 근무 시간을 기본적으로 내가 결정할 수 있으므로 여성에게는 최고의 사업이라고 할 수 있다.

아이와 늘 24시간 붙어 있는다고 반드시 좋은 엄마가 되는 것은 아니다. 오은영 박사님은 지나친 부모의 간섭과 보호는 자녀의 성장을 오히려 저해하는 요인이 될 수 있다고 지적했다. 그러면서 부모는 옆에서 아이를 돕는 역할을 충실히 하라고 당부했다. 자녀의 정서가 안정적으로 발달하기 위해서는 부모와 함께 긴 시간을 보내는 것보다 짧더라도 친밀한 관계를 갖는 것이 중요하다. 온종일 밖에서 일하고 돌아온 날은 꼭 안아주면서 반드시 30분이라도 의미있는 시간을 자녀와 함께 가지려고 노력해보자. 바쁘게 일하는 엄마를 둔 자녀라도 화목한 가정에서 자란 아이의 정서는 독립적이면서도 건강하다.

주부 사업자들은 아이들 때문에 마음껏 사업에 시간을 할애하지 못한다고 불만을 터뜨린다.

"아이만 없다면 장거리 후원을 마음대로 갈 수 있을 텐데."

"아이를 맡길 곳이 없어서 1박 2일 컨벤션을 참석 못 하니 사업 속도가 느려요."

그들은 환경의 제약 때문에 스트레스를 받고 힘들어한다. 하지만 아이가 자라고 수입이 늘면 더 좋은 환경에서 일할 수 있다는 믿음을 가져야 한다. 사랑하는 아이를 돌보면서 내 커리어를 쌓을 수 있다는 자부심이 있어야 사업이 성장한다.

켈리델리 회장 켈리 최는 사업에 실패해 큰 빚을 졌지만 늦은 나이에 재기해 성공했다. 더 놀라운 사실은 사업이 엄청 바빴던 40대 초반에 결혼과 동시에 아기를 낳았다는 것이다. 그녀는 사업뿐만 아니라 육아도 훌륭하게 해냈다. 그녀는 평소에 딸을 자립적으로 키우는 것으로 유명하다. 24시간 함께 있는 것보다 엄마의 멋진 모습을 보여주는 게 자녀에게는 최고의 교육이 된다는 것을 입증한 셈이다. 사업과 육아를 병행하기는 쉽지 않지만 둘 다 잘하는 사업자가 내 주위에도 많다.

네트워커 엄마들은 끊임없이 공부한다. 그 모습을 보고 자란 자녀들 역시도 스스로 공부를 곧잘 한다. 또 자본주의 사회에서 자녀가 무언가 도전할 때 부모가 아낌없이 지원해 줄 수 있다면 훌륭한 일이다. "얘들아, 돈을 벌기 위해 직업을 구하지 마라. 돈 버는 일은 엄마가 끝내놓았으니 네가 하고 싶은 일을 찾으렴." 이렇게 말할 수 있다면 얼마나 멋진 일인가? 일하고 집에 늦게 돌아오는 것도 미안하지만 아이가 하고 싶은 걸 돈이 없어서 못 해준다면 미안한 마음이 몇 배로 클 것이다.

네트워크 메신저의 촌철살인

훌륭하게 자란 워킹맘들의 자녀들이 많아.

98

일확천금을 버는 도구인가요? 아니면 그 반대인가요?

Q. 네트워크 마케팅 사업을 누구는 서민이 일확천금을 버는 도구라고 설명합니다. 어떤 이는 요행을 바라면 안 되는 사업이라고 말합니다. 정답은 어디에 가깝습니까?

'일확천금'의 사전적인 의미는 한꺼번에 많은 돈을 얻는다는 것이다. 로또복권에 당첨돼서 본인의 노력 없이 벼락부자가 되었을 때 이런 표현을 쓴다. 네트워크 사업으로 탄탄한 소비자 조직을 구축하면 연금복권에 당첨된 것처럼 매달 소득이 나오니까 그렇게 표현할 수도 있다. 네트워크 사업은 타인의 시간과 노력을 레버리지해서 자산을 구축하는 것이기에 내 노력만으로 일구었다고 말할 수는 없다. 단, 불로소득과 다른 점은 조직이 만들어지기 전까지는 나의 인내와 노력이 필요하다는 것이다. 평범한 사람에게 큰돈을 벌 수 있는 기회를 제공하는 일인 것은 틀림없지만 저절로 이루어지는 일은 아니다.

네트워크 사업의 소득은 언제쯤이면 일확천금처럼 불어날 수 있을까? 내 하부에 능력이 뛰어난 일명 '대발이' 사업자가 들어오면 순식간에 조직이 커지면서 수입이 껑충 뛸 수 있다. 이런 마케팅의 특징 때문에 도전의식을 불러일으키기도 하고 한편으로는 사행성의 욕망을 부추기기도 한다. 그러나 보통 사람들이 인생을 역전할 수 있는 엄청난 기회임에는 틀림없다.

중국 지사가 오픈되고 짧은 시간에 두 단계나 직급이 오르고 월수입이 수천만 원 상향된 사업자들을 본 적이 있다. 네트워크 사업은 하부에 어떤 사업자가 나오느냐에 따라 잭팟이 터지는 흥미로운 사업이다.

나보다 능력이 뛰어난 '대발이' 사업자는 대개 평범한 사람 주위에서는 쉽게 찾아보기 힘들다. '유유상종'이라고 내 주위 사람들의 수준은 나와 거의 비슷하기 때문이다. 나보다 뛰어난 사람과 함께 일하려면 거절을 개의치 않고 끊임없이 기회를 노리는 시도를 해야 한다. 뼈를 깎는 노력으로 나를 변화시키면 나를 돕는 뛰어난 파트너들이 들어오게 된다. 결국 운도 내가 노력해서 내 편으로 만드는 것이다. 황소 뒷걸음치다 쥐 잡는 행운은 네트워크 사업에서도 거의 일어나지 않는다. 본인의 그릇에 맞는 대가를 지불해야 행운도 찾아오는 것이다.

네트워크 사업은 초기에 많은 땀과 인내를 요구한다. 나보다 뛰어난 파트너들이 합류하는 순간부터 '우리'로 확장되면서 처음엔 나 혼자만 쓰던 에너지와 시간이 점점 줄어든다. 결국 네트워크 사업은 투자한 노력과 시간의 양과 비례해서 결과가 나타나는 공정한 사업이다. 내가 무엇을 어떻게 사업했는가에 따라 거기에 합당한 보상을 받게 된다. 나는 11년 동안 열심히 사업했고 그 결과 현재 인세 소득을 매달 2,000만 원 이상 꾸준히 받고 있다. 순간순간 힘든 일도 많았지만 지금 뒤돌아보니 나야말로 로또복권에 당첨된 행운아였다.

네트워크 메신저의 촌철살인

이상은 높게, 발걸음은 총총총.

99

마음이 여린데 어떻게 하면 상처 안 받고 사업을 할까요?

Q. 최근 대학 동기가 사업에 합류해서 좋기도 하지만 한편으로는 염려가 되네요. 마음이 너무 여린 친구인데 사업을 하다 혹여나 상처를 받지 않을까 마음이 쓰입니다. 친구를 어떻게 성공시켜야 할지 어깨가 무겁습니다. 조언 부탁드립니다.

서로 속사정을 잘 아는 친구와 사업을 함께하면 의지가 되고 좋은 점이 많다. 그러나 비즈니스를 할 때는 적절한 거리를 잘 유지해야 좋은 스폰서, 파트너 관계로 오래 갈 수 있다. 부모가 자녀를 독립적인 인격체로 키워내듯이, 친구에게 좋은 스폰서가 되려면 그가 겪게 될 어려움을 염려해서 먼저 제거해주면 안 된다. 네트워크 사업에서도 성공은 본인이 스스로 해내야 하는 것이다. 옆에서 친구를 도와줄 수는 있겠지만 스폰서가 파트너를 성공시키는 것은 아니다.

네트워크 마케팅 사업을 하다 보면 100% 상처를 안 받을 수 없다. 인생을 바꿔줄 네트워크 사업에 도전하면서 좋은 일만 겪을 수는 없다. 사업하면서 겪게 되는 어려움으로 친구가 상처를 받는다면 그것 또한 온전히 친구가 스스로 극복해야 할 감정의 문제다. 친구의 정서적인 면까지 모든 걸 책임져 줄 수는 없다. 다만, 옆에서 한결같이 친구를 격려하고 믿어주면 된다. 일일이 문제를 해결하면서 본인이 성장하고 실력을 쌓는 기회를 스폰서라는 이름으로 빼앗아서는 안 된다.

좋은 스폰서는 헬리콥터 맘처럼 친구 주변을 맴돌면서 온갖 일에 참여하지 않는다. 넘어져 본 경험이 있는 스폰서는 파트너가 아플까 봐 길에 박힌 돌부리를 모조리 뽑아버리는 실수를 범한다. 그런데 간과하면 안 되는 사실이 있다. 파트너들은 넘어졌어도 의외로 쉽게 툭툭 털고 일어날 수도 있다. 친구 역시도 생각한 것보다 훨씬 정신력이 단단할 수도 있다. 내가 아니면 안 된다는 오만한 마음을 내려놓고 그 시간에 내 성장에 더 집중해서 전력 질주를 해보자. 그러다 보면 어느새 내 뒤에 바짝 따라붙어 달려오는 친구를 발견할 수 있을 것이다.

네트워크 메신저의 촌철살인

친구에게 우산은 빌려주되 직접 씌워주지는 마.

100

좋은 이미지를 주기 위해 당장 할 수 있는 게 무엇일까요?

Q. 저는 외모에 자신이 없는 편인데 네트워크 사업은 이미지가 중요하다고 하네요. 다이어트를 하려고 해도 금방 성과가 나는 게 아니고 성형은 무서워서 엄두를 못 냅니다. 제가 외모 변화를 위해 지금 당장 할 수 있는 게 무엇일까요?

타인과 관계를 맺고 살아가는 모든 사람은 직종에 상관없이 보이는 것에 영향을 크게 받는다. 메라비언 박사는 사람들이 무언가를 결정할 때 55%는 시각적인 요소에 영향을 받는다고 밝혔다. 그래서 탁월한 리더는 첫인상을 결정하는 데 중요하게 작용하는 이미지를 좋게 만드는 데 신경을 쓴다. 외적 이미지는 생김새뿐만 아니라 그 사람의 내면의 소리가 밖으로 드러나는 것이다.

리 아이아코카는 "성공은 당신이 아는 지식 덕분이 아니라 당신이 아는 사람들과 그들에게 비춰지는 당신의 이미지를 통해 찾아온다."라고 했다. 유능한 리더들은 사람들이 나를 처음 보았을 때 느끼는 첫인상 관리에 많은 신경을 쓴다. 첫인상이 나에 대한 최초의 이미지이며 관계의 시작이기 때문이다. 사람의 뇌는 한번 기억하면 41시간 동안은 그 정보를 유지하려 하기 때문에 사실상 첫인상이 끝인상이 되기 쉽다. 사람들은 대부분 나의 진짜 속마음보다 겉으로 보이는 이미지를 바탕으로 나를 상상하고 판단한다. 그래서 성공적인 비즈니스를 원한다면 자신감 있고 신뢰감을 주는 네트워커로서의 이미지 연출은 필수다.

리더는 자신의 긍정적인 자아 이미지를 외면으로 잘 표현할 수 있어야 한다. 돈이 안 들면서 가장 효과가 큰 트레이닝은 입꼬리를 올리는 미소 연습을 하는 것이다. 영업인에게 가장 좋은 인상은 자신감 있는 미소로 부드럽고 친절한 인상을 남기는 것이다. '얼굴'이란 말은 '얼이 담긴 꼴'이라는 뜻을 가지고 있다. 날마다 거울을 보면서 남을 기쁘게 해주는 생각을 하면 사람들이 좋아하는 얼굴로 바꿀 수 있다. '웃음이 적은 사람은 작은 성공밖에 못 한다.'라는 말이 있는데, 미소 연습만 잘해도 사람의 마음을 편안하게 해주고 포용력 있는 사람이란 인상을 줄 수 있어서 큰 성공을 할 수 있다.

어떤 네트워커들은 일반 영업자들과 비교해서 외모 관리에 소홀한 경향이 있는데, 그 점이 늘 아쉽다. 네트워크 마케팅의 보상 플랜이 내가 직접 판매에 개입하지 않은 매출까지 내가 공유하므로 아무래도 방판 영업자보다는 사람을 만날 때 긴장감이 좀 떨어지는 면도 있다. 그러나 내 파트너를 위해서라면 언제라도 자랑하고 싶은 스폰서의 외적인 모습을 유지하려고 노력해야 한다. 리더의 외모 관리는 취향의 문제가 아니라 고객에 대한 존중이며 파트너들에 대한 배려다. 내 얼굴과 모습을 보는 것은 내가 아니고 고객들과 파트너들이기 때문이다.

외모를 관리하는 것은 억지로 인위적인 성형을 하라는 것이 아니다. 나의 매력적인 모습을 고유하게 표현할 수 있는 몇 가지 방법이 있다. 그중에 으뜸은 여성의 최고의 성형이라고 불리는 다이어트다. 단기간에 무리한 계획을 잡으면 요요를 반복하게 된다. 한 달에 1~2kg 정도의 감량을 목표로 꾸준히 노력하면 누구나 변신할 수 있다. 돈 안 드는 최고의 성형 중 또 하나는 나에게 어울리는 패션과 메이크업을 찾는 것이다. 이를 통해 나의 단점을 가리고 장점을 극대화하면 당당한 나를 발견하고 더 자신감 있는 태도로 일할 수 있다. 이런 노력이 모두 좋은 리더가 되기 위한 훈련이고 프로 네트워커들이 갖춰야 하는 매너다.

네트워크 메신저의 촌철살인

시술이 아니라 건강한 생활 습관만으로도 충분히 이미지 관리가 가능해.

101

회사 임원을 처음 만나는데 무슨 얘기를 해야 할까요?

Q. 저는 평생 집안일만 하다가 네트워크 사업을 만나 동네 주부들 상대로 제품을 알리며 사업하고 있습니다. 다음 주에 파트너가 이전 직장 상사였던 남자 전무님을 만나달라고 하는데 그분을 만나서 무슨 얘기를 해야 할까요?

가정주부가 다양한 스펙트럼의 직장인을 만나서 사업의 비전을 전한다는 것은 멋진 일이다. 전문가 이미지를 보여주기 위해 커리어우먼 차림으로 나가자. 지나친 긴장은 금물이다. 직장에 오래 근무한 사람이 미팅에 나온다는 건 명확한 목적을 가지고 있을 가능성이 크다. 무턱대고 일방적인 얘기를 늘어놓는다면 상대는 따분해서 하품을 할지도 모른다. 적절한 경청과 질문에 통해 그가 해결 받고 싶어 하는 문제를 파악하고 원하는 답을 잘 제시한다면 성공적으로 미팅을 마칠 수 있다.

직장생활을 오래 한 중역이 얻고 싶은 정보는 무엇일까? 아마도 그는 네트워크 사업을 부업으로 하면서 얻을 수 있는 추가소득에 관심이 있을 것이다. 퇴근하고 자투리 시간으로도 충분히 돈을 벌 수 있는 일이라는 것에 중점을 두고 설명해야 한다. 단, 정보를 인식할 때 남성과 여성은 생물학적으로 다른 구조이므로 주부들과는 다른 방식으로 접근하는 게 좋다. 연구에 따르면, 여성들은 이야기를 들을 때 뇌의 양쪽을 모두 사용해서 듣는 반면에 남성은 주로 좌뇌만 사용한다고 밝혀졌다. 그런 이유로 남성에게는 장황한 설명은 피하고 간결하고 명확하게 얘기해야 한다. 또한 남성은 시각이 여성보다 더 발달한 만큼 공신력 있는 자료와 데이터 등을 제시해주면 효과가 있다.

많은 여성 사업자들이 남성과 미팅한 뒤에 매출이 곧바로 일어나지 않는다고 불만을 얘기한다. 생필품 구매는 거의 부인이 하므로 남성들은 제품 사용에 각별한 관심이 없다. 그래서 미팅이 끝나기 전 네트워크 사업은 제품 체험이 선행되어야 입소문으로 널리 광고가 되는 사업이라는 특징을 알려줘야 한다. 그렇게 부인을 통해 구매를 유도해서 제품의 자가 체험을 하게 한다. 만약 제품이 마음에 들어 주변인들을 모으기 시작하면 특별히 제품을 무료로 체험할 기회를 주겠다고 하면서 구매층을 넓힐 수 있다. 네트워크 마케팅 사업자는 성별, 연령, 직업에 따라 카멜레온처럼 맞춤형으로 사람을 대응해야 한다.

네트워크 메신저의 촌철살인

남성들에겐 뭐니 뭐니 해도 '머니' 얘기를 잘 꺼내야지.

102

스폰서님이 소득이 적어져서 사업에 신경을 덜 씁니다

Q. 저를 리쿠르팅하신 스폰서님께서 저보다 소득이 적어지시면서 사업을 하는 둥 마는 둥 하십니다. 코로나가 확산된 시기에 더욱 뜸하게 보이시는데 어떻게 하면 쏙 들어가 버린 스폰서님을 다시 나오게 할 수 있을까요?

네트워크 사업에서는 사람들의 이탈이 빈번하다. 나보다 먼저 가입한 스폰서라 해도 모두가 나와 끝까지 간다는 보장은 없다. 네트워크 마케팅에서는 먼저 시작했다고 반드시 더 큰 돈을 버는 게 보장되지 않기 때문이다.

일은 지금처럼 업 라인 스폰서들과 함께 해 나가면 되고 남은 건 마음의 정리뿐이다. 직속 스폰서가 사라진 일은 안타깝지만, 빨리 잊어버리고 함께하는 파트너들을 보살피는 일에 전념하자. 스폰서가 돈을 못 버는데 그를 설득해서 다시 현장으로 끌고 나오는 파트너는 여태껏 본 적이 없다. 시간과 열정을 꼭 필요한 곳에 쓰는 것도 사업자의 중요한 자질이다.

파트너들이 많이 하는 오해 중에 하나는 먼저 사업을 시작한 사람이 돈을 더 많이 벌고 매출도 앞선다는 것이다. 물론 사업을 먼저 시작한 그들은 하루라도 더 노력했고 많은 사람을 만났을 가능성이 크다. 하지만 매일매일의 활동량이 반드시 성과로 이어지는 것은 아니다. 그런데도 파트너들은 본인이 열심히 하면 상위 스폰서가 반드시 득을 본다고 생각한다. 스폰서도 다른 쪽 조직을 키워야만 돈을 벌 수 있다. 엄밀히 말하면 바로 밑의 파트너가 올린 매출로 스폰서가 돈을 버는 건 아니다.

왜 굳이 파트너도 아닌 스폰서까지 신경 쓰면서 다시 나오게 하려는 걸까? 사업자들은 본인에게 정보를 주었던 스폰서는 처음부터 끝까지 본인과 함께하기를 기대한다. 하지만 나를 가입한 스폰서라도 본인의 형편에 따라 얼마든지 사업을 그만둘 수 있다. 그만둔 스폰서가 안타까워서 그러는 것이라면 언제라도 돌아올 수 있도록 묵묵하게 조직을 키워놓으면 된다. 스폰서가 돈을 벌 수 있게 기다려주고 배려해주는 파트너가 있다면 정말 성숙한 사람이다. 아마도 그 스폰서에겐 지금 그런 배려와 이해가 필요한 시점일 것이다.

네트워크 메신저의 촌철살인

함께하는 파트너들을 보살피는데 더 힘을 쓰겠어.

103

경제적으로 어려워서 제품을 못 쓰는데 어떻게 사업해야 할까요?

Q. 제가 경제적으로 좀 난감한 상황에 놓여있습니다. 형편이 어려워서 제품을 못 쓰고 있는데 어떤 식으로 제품을 소개하고 사람을 추천할 수 있을까요?

네트워크 마케팅은 현명한 소비생활을 통해 소비가 지출로 끝나지 않고 소득으로 이어지게 하는 유통의 혁명이다. 특별한 능력이 없는 사람도 본인이 써보고 좋은 제품을 인맥을 활용해 입소문 내는 마케팅이다. 진입장벽이 낮은 네트워크 사업은 누구나 도전할 수 있지만 아무나 성공할 수는 없다. 그리고 그 '아무나'에 해당되는 제일 강력한 부류가 제품을 쓸 형편이 안 되는 사람이다. 다시 말하지만, 네트워크 사업은 제품을 파는 일이 아니라 내가 써보고 좋은 것을 알리는 사업이다. 생필품조차 사서 쓸 형편이 안 되는 사람은 당장은 사업을 하기보다는 월급을 받는 직장생활이 더 맞다.

대부분 생필품을 취급하는 네트워크 사업은 내가 써보지 않고서는 제품을 알릴 수가 없다. 양심 때문이라도 내가 감동을 느끼지 않고서 좋다고 말하기가 힘들다. 혹여나 제품을 써보지 않고도 판매하는 능력이 있다면 그 사람은 굳이 영업 마진도 남지 않는 네트워크 사업과는 어울리지 않는다. 물건을 파는 능력이 탁월한 사람은 차라리 방판 영업을 하는 게 훨씬 이득이다. 네트워커들은 세일즈보다 좋은 것을 알리는 구전 광고에 훨씬 더 특화된 사람들이다.

네트워크 메신저의 촌철살인

네트워크 사업에서 최소한의 자격 조건은 제품 사용이야.

104

유튜브 채널을 만들고 싶은데 어떻게 해야 할까요?

Q. 유튜브가 대세인 만큼 한번 해볼까 하는데, 아직 성공하지 못한 제가 만드는 채널을 사람들이 봐줄까요? 초보 사업자가 사업을 진행하는 과정을 영상으로 올려볼까 하는데 괜찮을까요?

할까 말까 고민될 때는 뭐라도 시도해보는 것이 건설적이다. 초보 사업자들이 유튜브를 시작한다면 긴 호흡으로 장기적인 안목을 가지고 사업에 활용하라고 권유하고 싶다. 영상을 올리려는 이유, 내 영상의 타깃 그리고 어떤 콘텐츠를 다룰 것인지를 우선 고민해보자. 이왕 시작할 거라면 사람들이 소비하는 영상을 올려야 반응을 얻어 계속 이어나갈 수 있다. 그러나 초보들의 콘텐츠는 아직 유명하지 않으므로 인기가 없을 가능성이 크다. 게다가 경험이 풍부하지 않아서 사람들의 공감대를 이끌어내는 힘이 부족할 수도 있다. 처음부터 구독자를 늘리겠다는 욕심보다는 활동일지를 쓴다는 자세로 차곡차곡 기록을 남겨보자. 사업하면서 겪는 모든 경험이 시간이 지나면 내가 하는 사업의 엄청난 레버리지가 될 수 있다.

특히 코로나 팬데믹으로 유튜브는 네트워커들에게 정보를 전하고 회원들을 교육하는 강력한 플랫폼으로 떠올랐다. 특히 명단의 고갈이 가장 큰 문제인 사업자들에게는 유튜브 활동이 조직 구축에 도움이 될 수 있다.

점점 더 많은 사업자들이 너도나도 콘텐츠를 찍어내지만 구독자에게 소비되는 차별화된 영상은 따로 있다. 핵심은 내가 하고 싶은 얘기만 하는 것이 아니라 상대방이 궁금해할 내용을 다루고 문제점을 해결해 주는 채널이 되는 것이다. 콘텐츠를 만들 때 내가 하고 싶은 얘기 반, 사람들이 궁금해할 얘기 반, 이런 식으로 짜면 지치지 않고 해 나갈 수 있다.

초보 사업자들은 아직 경험이 미숙하니 사업자들을 가르치는 교육 콘텐츠는 피하는 게 좋다. 즐겁게 사업하는 모습을 브이로그 식으로 남기면 사람들의 공감대를 얻을 수 있다. 사업을 막 시작한 초보 사업자는 편집에 과도한 시간을 뺏기면 금방 지칠 수가 있으니 시간 안배를 잘 해야 한다.

네트워크 메신저의 촌철살인

뭐든 시도하는 건 신성한 거야. 단, 주객전도가 되어서는 안 돼.

105

긍정 확언이 도움이 되는데 왜 실적이 좋아지지 않을까요?

Q. 스폰서님과 단톡방에서 매일매일 감사일기도 적고 자기 확언을 외친 지 1년째입니다. 이런 활동이 긍정적인 멘탈을 붙드는 데는 많은 도움이 되는데 왜 현실에서는 좋은 결과로 이어지지 않을까요?

"생생하게 꿈꾸면 반드시 이루어진다."라는 끌어당김의 법칙은 과학적인 이론이다. 사람들이 만들어낸 미신이 아니라 입증된 뇌 과학과 관련된 얘기다. 그러므로 이 법칙이 제대로 작동이 되려면 먼저 인간의 뇌 구조에 대한 이해가 필요하다. 과학자들은 인간의 뇌는 현실과 가상의 것을 쉽게 구분하지 못한다는 사실을 밝혀냈다. 그래서 원하는 것이 있으면 그것을 인간의 오감을 통해 사실인 것처럼 느끼면 뇌를 속일 수 있다. 많은 사람이 마법의 주문을 읊조리지만 삶이 변하지 않는 이유는 마음으로 믿지 않기 때문이다. 몸의 오감을 통해 보고, 느끼고, 냄새 맡음으로써 생생하게 감정을 느껴야 제대로 끌어당김의 법칙을 활용할 수 있다.

불공정하게 느껴지겠지만, 어떤 이는 아주 조금만 노력하는데도 쉽게 성공과 부를 얻고, 어떤 이는 굉장히 많이 노력하지만 실패를 하기도 한다. 그것은 인간의 최고의 자산인 신비로운 뇌를 어떻게 활용하느냐와 아주 연관이 깊다.

20세기에 뇌 영상 촬영 기술의 발달로 인간의 뇌를 좀 더 구체적으로 연구할 수 있게 되었다. 뇌를 구성하는 860억 개의 뉴런은 천분의 1초 단위로 쏟아지는 정보를 자기식의 패턴으로 처리하고 보관한다는 것을 밝혀냈다. 뇌가 정보를 처리하는 방식에 따라 사람의 자존감, 삶의 목표, 회복탄력성 등이 영향을 받는다. 이런 뇌의 힘을 깨닫고 그 힘을 제대로 활용하는 트레이닝을 한다면 인간의 삶은 얼마든지 새롭게 바뀔 수 있다.

사람마다 외부 세계의 정보를 인식하는 자신만의 고착화된 패턴이 있다. 모임에서 매번 똑같은 자리에 앉는 것과 같이 사람은 익숙한 패턴에서 좀처럼 벗어나지 않으려는 성향이 있다. 이런 행동의 원인을 과학자들은 밝혀냈다. 인간의 뇌 안에는 보일러 온도조절 장치와 유사한 장치가 있다고 한다. 즉, 우리의 뇌는 내버려 두면 원래 세팅되어진 '자동조종 장치'에 의해서 굴러간다는 것이다. 한편 인간의 뇌는 유연해서 트레이닝을 하면 사고방식마저 바꿀 수 있다는 것이 연구를 통해 입증되었다. 그래서 훌륭한 리더들은 예측하지 못한 사건이 일어났을 때를 대비하여 평소에 의지적으로 긍정을 택하는 훈련을 한다. 그들은 뇌의 신경가소성의 원리를 이해하고 이 원리를 이용해 새로운 프레임을 창조한다.

네트워크 사업을 하는 리더들은 성공에 다가가기 위해 다양한 방법을 통해 무의식을 통제하고 관리한다. 실제로 바라는 것을 이루지 못하는 이유 중 하나는 본인이 원하는 것과 셀프 이미지가 너무 상이하기 때문이다. 이때는 액션보드 같은 시각화 훈련을 통해 꾸준히 자아의식을 끌어올리는 훈련이 도움이 된다. 원하는 것을 현재형으로 단호하게 외치면서 매일 아침 확언으로 시작하는 것도 긍정적인 자아상을 만드는 데 효과적이다. 끌어당김의 법칙이 작동하려면 원하는 것에 집중하고 시각화해서 결국 행동으로 옮겨야 한다. 그러면 원하는 것이 실현된다. 행운은 결코 우연의 산물이 아니다. 삶은 거저 얻어지지 않는다.

네트워크 메신저의 촌철살인

잠재의식 사용설명서를 먼저 잘 읽고 따라해 봐.

106

직급자 몇 명이 이탈한 후 번아웃 상태입니다

Q. 시작과 동시에 열정적으로 사업한 덕분에 빠르게 성장해서 지금의 위치에까지 왔습니다. 그런데 최근 중간 직급자 몇 명이 동시에 이탈한 이후로 만사가 귀찮고 일이 손에 잡히지 않습니다. 파트너들에게 늘 좋은 모습을 보여주어야 하는데 예전처럼 열심히 하는 게 쉽지 않네요. 좋은 말씀 부탁드려도 될까요?

빠르게 성공을 쟁취한 리더 중에는 이유 없는 정체감에 한 번 빠진 후 헤어 나오지 못해 힘들어하는 분들이 있다. 여태껏 무슨 힘으로 그렇게 미친 듯이 일했나 싶고, 이럴 때는 사업이고 뭐고 다 때려치우고 싶은 생각마저 든다. 특히 파트너들이 이탈되는 실패를 맛볼 때는 자신의 능력이 부족한 것 같아서 자괴감이 든다. 이런 마음 깊은 곳을 들여다보면 또다시 실패하지는 않을까 하는 두려움이 존재한다. 이런 정체기에서 벗어나려면 나를 일깨울 수 있는 가슴 떨리는 본질적인 목표를 다시 세워야 한다. 그래도 마음이 옴짝달싹 움직이지 않고 파업을 계속한다면 자신을 채찍질하는 것이 아니라 스스로 마음을 달래줘야 한다.

전속력으로 눈앞에 목표만 좇아서 달려온 리더들은 모든 에너지가 고갈되어 다음 단계로 넘어가는 데 어려움을 겪는다. 가령 무언가를 배울 때 처음에는 빠르게 실력이 늘었다가 어느 순간 진전이 없는 상태로 정체되는 현상을 겪는 것도 마찬가지다. 이런 정체기를 겪는 사람들은 그전에 보여주기식의 단기적인 성과에 매달리다가 에너지를 다 소진해 버린 것이다. 이런 사람들은 전반전에서 전력 질주한 탓에 현재는 번아웃 상태에 빠진 것이다. 멈추지 않고 꾸준히 앞을 향해 나아가려면 눈앞의 나무가 아닌 숲 전체를 바라보는 안목이 중요하다. 반드시 성공해야만 하는 가슴 뛰는 목표가 있는 사람들은 잠시 쉬어갈 수는 있어도 영원히 넘어지지는 않는다.

매슬로 박사는 인간의 욕구 중 최상위 단계에 있는 자아실현의 욕구가 채워지면 자신의 최고의 역량을 발휘할 수 있다고 주장했다. 사람들은 자신의 이익만을 위해서 일하는 데 한계를 느끼는 존재다. 다른 사람들에게 기여할 때 더 높은 목표를 세우고 끊임없이 달려갈 수 있다. 지금은 잠시 지쳤지만 파트너들의 성공을 돕는 새로운 계획을 세운다면 열정이 다시 솟아오를 것이다. 스폰서와 파트너가 함께 성공하는 방향으로 전략을 새롭게 짠다면 다같이 하는 사업인 만큼 쉽게 포기하지 않고 꾸준히 할 수 있을 것이다.

사업할 때는 사람들과 맺는 관계가 중요하지만 무엇보다 내 마음과의 관계를 잘 관리해야 한다. 하지만 사업하다 보면 가장 내 편이어야 할 내 속마음이 때론 나를 가장 많이 괴롭히기도 한다. 파트너는 잘 위로해주면서 자신에겐 너무나 엄격한 잣대를 들이밀기 때문이다. 리더가 되면 더 많은 책임감과 도전이 주어지니까 실수나 실패에 대해 민감해지기 마련이다. 그러나 적절한 비판을 넘어 과도한 자기비판을 한다면 리더는 번아웃이 되고 만다. 그렇게 정신의 고갈상태가 계속되면 성공 경험을 축적하고 조직을 확장하는 데 큰 걸림돌이 될 수도 있다. 내 인생의 가장 소중한 파트너이자 친구는 내 마음이므로 그동안 소홀히 대했던 내 마음도 돌봐주어야 한다.

네트워크 메신저의 촌철살인

너는 그동안 충분히 노력했고 훌륭한 성과를 냈어. 지금은 다른 사람이 아닌 네 마음에 편지를 쓸 때야.

107

말을 함부로 하는 스폰서가 있어서 스트레스가 심합니다

Q. 늘 말을 함부로 하는 스폰서 때문에 스트레스를 많이 받습니다. 제가 어떻게 해야 그분이 말을 가려서 할까요?

관계에서 상대를 만족시켜야 한다는 의무감에 빠진 사람들은 자신의 감정을 솔직하게 표현하는데 서투르다. 이런 사람들은 자신의 감정을 상대방이 착취하도록 허용했기 때문에 모욕을 당하는 것이다. 인간에게는 자신보다 약하고 어리숙한 사람들에게 우위를 점령해 함부로 말하고 지배하려는 습성이 있다. 그런 사람의 비위를 습관적으로 맞춰준다면 앞으로도 존중받기를 기대하기는 어렵다.

네트워크 사업은 일반 조직의 상명하복 문화와는 다른 수평적인 조직이다. 선을 침범하는 스폰서에게 솔직하게 내 마음을 얘기한다고 무슨 큰일이 생기지 않는다. 스폰서는 내가 힘들어한다는 사실을 모를 뿐이지 나를 잃고 싶지는 않을 것이다.

함부로 말하는 사람을 상대하다 보면 인간에 대한 신뢰를 잃고 나 또한 똑같은 사람이 될까 봐 그저 참는 사람들이 많다. 그러나 내가 스폰서에게 무조건 친절하게만 대한다면 더 비참한 대접을 받게 될 것이다. 만만하게 보이는 사람에게 함부로 말하는 인간이 의외로 많다. 이런 인간은 내 감정을 착취하는 것을 즐기고 내가 중단하기 전까지는 잘해줄수록 막말을 한다. 그래서 절대로 나약한 방식으로 대해서는 안 된다. 계속해서 희생자 역할을 맡기에는 나 자신은 너무 소중하므로 스스로 내 자리를 만들어가야 한다. 무례한 스폰서나 파트너에 맞서서 나 자신을 단단히 지키는 대화법을 익히면 내 사업의 통제권을 획득할 수 있다.

일반 기업은 수직적인 문화여서 상사에게 함부로 본인의 의사를 얘기하는 것이 어렵다. 그러나 네트워크 마케팅 조직은 수평적인 데다 파트너와 스폰서는 기브 앤 테이크 관계다. 스폰서가 하는 말이니 불쾌해도 무조건 참고 견디는 것은 건강한 관계가 아니다. 각자 리더가 되어야 하는 사업인데 내가 없어지는 느낌을 받으면서까지 참는 것은 옳은 일이 아니다. 여태까지 "예스"로만 대답했다면 나의 생각을 표현하고 조율하는 시도를 해보자. 스폰서는 처음엔 당황할 수 있어도 금세 적응해서 새로운 대화법에 익숙해질 것이다. 그렇게 해야 스폰서와의 관계를 오래 지속할 수 있다.

스폰서에게 편안하게 내 감정을 표현하려면 우선 스폰서를 인간적으로 이해하려는 시도를 하는 것이 도움이 된다. 사실은 스폰서도 주변인에게 상처를 받은 사람 중에 한 명이라는 것을 이해하는 순간 그에 대한 연민이 생긴다. '당신도 그러고 싶어서 그러는 게 아니겠지요.'라는 마음이 들면 조금은 편하게 느껴진다. 샘 혼이 쓴《함부로 말하는 사람과 대화하는 법》에는 무례한 스폰서 앞에서 감정을 숨기지 않고 자신 있게 얘기하는 방법이 나와 있다. 대화할 때 의도적으로 자세를 고쳐 앉으면 상대방이 나를 만만하게 보지 않는다. 그동안 대화할 때 고개를 숙였다면 이제는 고개를 들고 가슴을 펴고 얘기해보자. 깔끔한 옷을 차려입고 명료한 화법을 구사하는 것도 나를 가볍게 보지 않도록 만드는 좋은 방법이다.

네트워크 메신저의 촌철살인

이제는 기다리지만 말고 스스로 구원해!

108

스폰서님이 다른 리더의 유튜브 영상 보는 것을 탐탁지 않게 여깁니다

Q. 다양한 사업자들의 영상이 유튜브에 공유됩니다. 더 많은 것을 공부할 수 있어서 좋습니다. 그런데 그룹의 스폰서님들은 저희가 유튜브 보는 것을 그다지 좋아하지 않으시는 것 같아요. 무슨 이유가 있는 걸까요?

이것은 마치 학생이 시험공부를 하는데 교과서 중심으로 하느냐, 참고서 위주로 공부하느냐 같은 문제다. 참고서에 의존해 공부하는 학생은 높은 점수를 받을 수 있지만 학교 선생님에 대한 존경심은 낮을 수 있다. 또한 주로 혼자서 공부하다 보니 친구들과 어울리면서 배울 수 있는 것을 놓치는 부분도 있다. 네트워크 마케팅도 정보만 익히면 되는 것이 아니라 사람들과 자주 만나면서 팀워크를 이루는 휴먼을 해야 하는 피플 사업이다. 참고서는 모르는 게 있을 때 참고만 하고 제대로 성공하려면 교과서 중심으로 배우고 기본기를 충실히 해야 한다.

사업자들이 타 라인 스폰서의 유튜브 강의를 쉽게 접하게 되면서 스폰서들은 파트너를 관리하는 데 어려움을 겪고 있다. 처음에는 유튜브로 시공간을 초월하여 더 많은 사람을 동시에 교육할 수 있다는 장점이 부각되었다. 하지만 교과서보다 자극적인 참고서를 더 신뢰하는 파트너들이 늘어나면서 팀워크가 허술해지는 역효과도 생겼다. 늘 스폰서를 통해서 똑같은 내용을 반복해서 교육받는데 언제부터인가 스폰서의 정보가 지루하고 유치하게 느껴지기 시작했다. 이런 이유로 스폰서를 낮게 평가하고 유튜브 내용을 더 재미있고 강력하게 여긴다면 스폰서와의 갈등을 초래할 수밖에 없다. 지식 중심이 아니라 사람 중심으로 문화가 뿌리내려야 조직은 오랫동안 지속될 수 있다.

네트워크 사업에서 스폰서는 가장 단순하고 올바른 교과서이자 성공의 길잡이다. 유능한 스폰서는 언제나 시스템에 접목되어 있고 말이 아니라 행동으로 증명하는 사람들이다. 그들은 본인이 얼마나 지식이 뛰어난지 뽐내는 대신 똑같은 것을 반복해서 즐겁게 가르친다. 정보 전달 중심의 조직은 처음에는 사람들이 좋아할 만한 눈에 확 띄는 정보를 순식간에 퍼뜨린다. 그러면 사람들은 몰리지만 응집력이 약해져서 조직의 붕괴가 일어날 수도 있다. 한편, 현란한 내용은 없지만 인간적인 가치와 철학을 꾸준히 공유하는 조직은 마니아들이 점차 형성된다. 결국 정보로만 이루어진 조직은 더 신선한 정보가 나오는 순간 그쪽으로 사람들이 이동할 것이다.

사람들은 똑같은 내용을 반복해서 듣는 것을 싫어해서 단순한 성공의 원리가 되풀이되면 거기에 만성이 된다. 초기의 설렘과 열정이 식을 때쯤 외부강사를 초청하여 새로운 정보를 접하게 되면 식었던 열정을 다시 살릴 수 있다.

SNS 마케팅이 네트워커들에게는 도움이 되는 부분이 크기 때문에 막을 수는 없다. 하지만 사업자들이 무턱대고 유튜브를 더 신뢰한다면 같은 철학을 공유하는 조직 간에 불편한 결과를 낳을 수도 있다. 언택트 시대에 유튜브 시청을 피할 수 없다면 팀에 적합한 외부 강사를 선택하고 적절하게 활용하는 것이 리더들에게 요구되는 지혜다. 네트워크 사업에 성공하려면 기본에 충실하고 지식 전달이 아닌 관계 중심의 사업을 하는 데 힘써야 한다.

네트워크 메신저의 촌철살인

네 입에 맛있는 음식보다 몸에 건강한 것을 섭취해야 돼.

109

저를 도와주는 스폰서의 역량이 부족하면 어떻게 해야 하나요?

Q. 요즘은 스폰서를 골라서 간다는 말도 있더라고요. 저를 도와줄 스폰서의 역량이 너무 작으면 저는 어떻게 해야 할까요?

네트워크 사업에서 회사 선정과 레그(스폰서)의 선택 그리고 시스템의 유무는 성공과 직결된 필수 요소다. 스폰서의 역량이 뛰어나면 좋겠지만 반대인 경우에는 성공하지 못하는 것은 아닌데 나 혼자 힘들게 사업을 헤쳐나가야 한다. 문제는 나를 도와줄 스폰서를 고른다는 것은 부모를 내가 선택하는 것처럼 힘든 일이다. 나에겐 아직 실력 있는 스폰서를 분별하는 힘이 적고 또 그 스폰서가 영원히 나를 돕는다는 보장이 없다. 스폰서도 언제든지 흔들릴 수 있는 연약한 사람이기 때문에 팔려나가는 제품력과 튼튼한 시스템을 보유한 회사를 선택할 수 있는 안목이 더 중요하다. 그래도 스폰서의 역량 때문에 성공이 어렵다고 판단된다면 거기에 발목이 잡히느니 새롭게 결단을 해보자.

한결같은 태도로 시스템에 접목되어 성심껏 나를 후원해주는 스폰서를 만나는 일은 네트워커에겐 행운 같은 일이다. 초보들은 사업을 시작하면 본인을 가입시킨 스폰서는 모두가 본인들을 도울 수 있다고 오해한다. 네트워크 사업에서 스폰서란 단지 정보를 준 사람을 의미하는 게 아니다. 가까이서 내 현장을 후원해주고 항상 시스템에 합류되어 있는 사람을 스폰서라고 말할 수 있다. 만약 그런 스폰서가 가까이 없다면 다시 시작하는 것보다는 위로 계속 올라가 나를 붙잡아 줄 수 있는 업 라인 스폰서를 찾아내야 한다. 내가 그들의 소실적에 위치한 스폰서를 찾으면 그들이 나를 적극적으로 도와줄 수 있다.

시스템이 잘 갖추어져 있고 좋은 제품을 보유한 회사라면 스폰서의 역량이 부족하더라도 포기하지만 않으면 누구라도 성공할 수 있다. 그러나 파트너들은 대부분 스폰서에게 도움받기를 기대한다. 또 타 라인의 스폰서와 비교하는 순간 내 마음엔 만족이 없고 끊임없이 불만이 생긴다.

스폰서의 역량은 내가 해결할 수 있는 문제가 아니다. 내가 스스로 장수가 되어 사업을 해 나가겠다고 마음을 먹어야 내 마음이 정리될 것이다. 그러나 여전히 마음에 괴로움이 남는다면 계속 매여 있는 것보다 아예 새롭게 시작하라고 권유하고 싶다. 단, 여태까지 함께한 사람들의 신뢰를 저버리면서까지 새로 시작할 만큼의 가치 있는 선택인지는 고심해볼 문제다.

네트워크 메신저의 촌철살인

바꿀 수 있는 일이라면 결단하고 바꾸면 되는 것이고, 바꿀 수 없는 일이라면 네 마음을 바꿔.

110

열심히 하는 파트너에게 연결해 주고 싶은 업 라인 스폰서가 없습니다

Q. 최근 열심히 하는 파트너가 나와서 좋긴 한데 연결해 주고 싶은 업 라인 스폰서가 없습니다. 제가 더 열심히 뛰어야 하는 걸까요?

네트워크 사업은 나에게 주어진 환경에 감사한 마음을 품고 서로 신뢰하는 게 중요한 사업이다. 내 마음에 쏙 들지 않더라도 스폰서가 잘하는 점을 찾아 다른 사람들 앞에서 추켜세워 주면 그 스폰서는 더 열심히 할 것이다. 내 눈에는 별로인 스폰서라도 그 자리까지 저절로 간 스폰서는 없다. 사람의 성격과 취향 등은 다 달라서 나와 잘 안 맞는 스폰서를 유독 좋아하고 따르는 파트너들도 있다. 스폰서가 시스템에 참석하고 있다면 안심하고 그냥 맡겨야 한다. 그렇지 않고 매사를 매의 눈으로 관리하려 들면 조직에서 가장 바쁜 사람이 될 것이다.

연결해 주고 싶은 스폰서가 없다는 것은 과도한 욕심이 불러일으킨 파트너에 대한 과잉 사랑이다. 네트워크 사업에서는 완벽주의 성향의 사업자가 꼭 사업을 잘하는 것은 아니다. 각 개인이 조금 부족하더라도 서로 배려해주며 돕는 모습에서 팀워크는 더 끈끈해질 수 있다. 내가 아니면 안 된다는 생각으로 파트너를 우산 씌워주면 나와 안 맞는 파트너의 스폰서는 또 그 파트너를 과잉보호하게 될 것이다. 네트워크 사업은 주도적으로 스스로 경영하는 사업이다. 전체 조직이 시스템에 잘 접목되어 있다면 너무 예민하게 따지지 않아도 목표가 있는 사람은 제대로 가게 되어 있다. 좀 부족한 스폰서와 파트너도 시스템 안에만 있으면 모두 함께 갈 수 있다는 것을 증명해내야 하는 사업이다.

네트워크 메신저의 촌철살인

연결해주고 싶은 업 라인 스폰서가 없으면 시스템에 맡기고 파트너와 함께 앉아있어 줘.

111

한 번 탈퇴하고 다시 시작하고 싶어 하는 사업자는 환영해주어야 하나요?

Q. 타 라인에서 탈퇴하고 우리 라인 쪽으로 오고 싶어 하는 사람이 있는데, 무조건 환영해야 하나요?

사업자가 한 명이라도 아쉬운 형편이라면 내 사업에 합류하고 싶다는 사람이 있다는 것만으로도 기뻐해야 할 일이다. 그러나 네트워크 사업에서는 경력자가 들어온다고 해서 무조건 플러스 요인만 생기는 건 아니다. 일장일단이 있다. 장점은 빠르게 활용하고 단점은 주의하고 보완해서 일해야 한다. 경력자가 예전 라인에서 어떤 문제로 그만두었는지는 겪어보지 않고서는 정확히 모른다. 하지만 함께하기로 결정했다면 그를 신뢰하되 경력자라는 사실을 너무 의식하지 않고 새롭게 가르친다는 마음으로 임해야 한다. 조직마다 다른 사람들과 다른 문화로 일하기 때문이다.

한번 사업을 경험해 본 사업자는 가입과 동시에 제품을 소비하고 시스템 정착률이 높은 편이다. 또 탈퇴하고 다시 시작할 만큼 본인의 목표가 간절한 사업자이기도 하다. 반면 다른 조직에서 다른 식으로 배웠기 때문에 초반에 일하면서 충돌이 있을 수도 있다. 한번 해본 사업이라 이미 다 안다는 식으로 나오는 사업자도 있다. 반대로 내가 '이 파트너는 이 정도는 이미 다 알고 있을 것이다.'라고 과잉 기대감을 가졌다가 실망하는 일도 벌어진다. 네트워크 사업의 구조를 한번 경험해본 경력자 중에는 초보자와 비교해 매사에 계산적으로 행동하며 몸을 사리는 사람도 있다.

한번 일을 해본 뒤에 탈퇴한 사람과 함께 일한다는 것은 복불복 같은 결과를 가져다준다. 그 파트너에 대한 편견을 버리고 평소와 별반 다르지 않게 사업하는 게 좋다. 긁지 않은 복권이 내 손에 들어온 사실에 감사하되 그저 복권 덕을 보겠다는 심보는 버려야 한다. 그 파트너 또한 내가 이전 스폰서랑은 다를 거라고 기대하는 만큼 작은 것에도 실망할 우려가 있다. 로마에 왔으면 로마의 법을 가르쳐야 한다. 그 파트너가 새내기의 자세로 새롭게 배우도록 해야 한다. 내 손때가 묻지 않은 조직은 없다는 마음으로 처음부터 다시 가르쳐야 한다.

네트워크 메신저의 촌철살인

복불복이야!

112

MZ세대 딸이 어떻게 하면 이 사업에 관심을 보일까요?

Q. 대학생 딸아이는 영어를 곧잘 하고 사교성이 좋습니다. 취업이 어려운 요즘, 졸업 후 저와 함께 글로벌 사업을 함께하자고 제안했습니다. 아예 관심조차 보이지 않는데 젊은 세대들에게는 어떤 식으로 소개해야 할까요?

스포츠 선수나 연예인에게 자신의 직업을 자녀에게 권하겠냐고 물으면 대답이 제각각이다. 아직까지 사회적으로 널리 확산되지 않은 네트워크 사업을 자녀에게 권할 수 있는 부모는 행복한 사업자임에 틀림없다. 그런데 그 이유가 본인이 하는 일이 너무 가치 있는 일이라서 소개하고 싶은 사업자만 있는 게 아니다. 자신의 사업을 좀 도와줬으면 좋겠다는 이유에서 자녀에게 강요하는 사업자도 있다. 나이가 젊을 때는 될 수 있으면 다양한 경험을 쌓는 게 살아가면서 엄청 중요하다. 네트워크 사업은 평생 하는 사업인 만큼 서두를 필요는 없다. 누구나 '엄마 때문에 시간을 낭비했다.'라는 원망의 소리를 듣고 싶어 하지 않을 테니까.

MZ세대는 관심이 생기면 스스로 그 분야에 적극적으로 동참하며, 개인의 행복을 우선으로 여긴다. 그러니 단순히 엄마를 도와달라는 말은 설득력이 없다. 기존의 부모 세대와는 달리 MZ세대는 함께하고 희생하는 것에 대해 다른 공감대를 가지고 있다. 아무리 가족이라고 해도 자신의 정확한 가치관과 철학에 상충되면 따르지 않는다. 대신 내가 사업을 시작하고 개인적으로 행복해하는 모습을 보여주는 것에 힘써야 한다. 직접 얘기하기보다는 SNS를 통해서 나의 일상을 공유하면 가랑비에 옷 젖는 줄 모르고 엄마의 새로운 삶을 동경할 수도 있다.

MZ세대들은 실패를 두려워하지 않고 선입견이나 고정관념이 별로 없기 때문에 네트워크 사업을 권유하기가 수월하다. 또한 그들은 SNS로 인적 네트워크를 빠르게 구축하는 능력이 강점이다. 네트워크 마케팅 사업을 처음부터 강요하지 말고 처음에는 작은 역할을 주고 보상을 늘려 가면 점점 관심을 가질 것이다. 재테크에 관심이 많은 세대이므로 네트워크 사업으로 성공한 영 리더들의 강의에 초대하는 것도 좋은 방법이다. 유창한 외국어 실력 덕분에 글로벌 사업으로 성공한 사업자들의 이야기도 큰 동기부여가 될 수 있다. 무엇을 하든지 강요하지 않고 스스로 고민하고 선택하도록 유도하는 게 핵심이다.

네트워크 메신저의 촌철살인

MZ세대에게는 가르치지 말고 네가 잘나가는 것을 보여줘!

113

파트너가 말과 행동이 너무 느려서 답답합니다

Q. 파트너가 행동이 너무 느려서 답답합니다. 특히 대화하다 보면 속이 터질 때가 있습니다. 저에게 문제가 있는 건가요? 제가 파트너를 어떻게 대해야 할까요?

오래전에 나도 스폰서님과 이 문제로 상담한 적이 있다. "우리 라인에서 저만 일하는 것 같아요."라고 푸념을 늘어놓았다. 그랬더니 스폰서님이 딱 한마디를 했다. "나는 그냥 내가 해."

"나만 한다."와 "내가 한다."는 한 음절의 차이이다. 이 말은 사업자의 마음이 얼마나 다른지 잘 대변해주고 있다.

나와 같은 속도로 사업하는 파트너가 나올 때까지는 아직 나는 마트 사장이고 파트너는 고마운 고객이다. 그는 본인 스스로 사업자가 아니라 애용 소비자라고 생각할 수도 있다. 그런 회원을 재촉하면 오히려 자기를 대하는 나의 태도가 달라졌다고 혼란에 빠질 수 있다.

처음엔 사업에 합류하기만 하면 간도 쓸개도 다 빼줄 것처럼 하다가 시간이 지나면서 태도가 싹 돌변하는 스폰서들이 꽤 많다. 처음에 기대한 만큼 파트너가 부응을 하지 못하기 때문이다. 반대로 파트너는 스폰서의 바뀐 태도를 보면서 자신을 돈벌이의 도구로만 본다고 실망한다. 처음 서로를 향한 좋은 마음은 온데간데없고 서로 하찮게 여기는 순간 팀워크엔 금이 간다. 부족한 나를 스폰서라 믿고 지금까지 파트너가 함께한 것은 당연한 일이 아니다. "든 자리는 몰라도 난 자리는 안다."라는 말이 있다. 나태주 시인의 시처럼 답답한 파트너도 자세히 보면 예쁜 구석이 있으니 있을 때 잘하자.

네트워크 메신저의 촌철살인

있을 때 잘해! 후회하지 말고!

114

줌 세미나를 할 때 비디오를 끄고 편하게 들으면 안 되나요?

Q. 줌 세미나의 장점은 시공간을 초월해 언제 어디서나 강의를 들을 수 있다는 것입니다. 지난주에 비디오를 켜지 않고 줌 세미나에 참석했다가 상위 스폰서로부터 지적을 받았습니다. 집에서 듣는 건데 비디오를 끄고 편하게 들으면 안 되나요?

코로나19로 대면 강의장이 줌으로 옮겨지면서 편리한 점도 있지만 리더들의 고민도 늘게 되었다. 비대면 교육은 학생들한테 하듯 흐트러짐 없는 태도로 교육에 참석하도록 하는 데 한계가 있다. 매번 반복되는 스폰서의 잔소리는 파트너와 갈등을 불러일으킬 수 있는 여지가 충분히 있다. 그러므로 줌 세미나를 시청할 때 지켜야 하는 유의사항을 만들어 매뉴얼화할 필요가 있다. 네트워크 사업에는 강제 조항은 없지만 해야 할 것과 하지 말아야 할 것들의 규칙이 없으면 조직의 기강이 약해질 것이다. 초보 사업자들을 유치하기 위해서는 정보 전달이 핵심이지만 기존 사업자들을 키우는 힘은 열정과 문화의 공유에 있다.

초보 네트워커들이 범하는 흔한 실수 중에 하나는 정보를 전달받는 일이 교육의 유일한 목적이라고 생각하는 것이다. 언젠가 유명한 동기부여 강사가 자신의 유튜브 채널에 올라온 구독자의 댓글을 읽고 난감함을 표한 적이 있다. 구독자의 댓글은 "지금 러닝머신 위를 뛰면서 선생님 강의를 듣는데 너무 좋습니다."라는 것이었다. 강사는 자신의 강의를 TV 시청하듯 듣고 보는 구독자의 자세를 꼬집었다. 네트워크 사업은 지식 전달보다 사람 간의 열정이 공유되면서 끈끈하게 유대감으로 엮어지는 팀워크를 만드는 사업이다. 줌으로 세미나를 할 때도 서로 열정이 전파되려면 강사를 포함한 모든 회원이 표정과 복장에도 신경을 써야 한다.

네트워크 마케팅처럼 복제가 중요한 사업에서는 무엇을 하든지 항상 스폰서를 존중하고 파트너를 의식해서 행동해야 한다. 특히 줌 화면에 서로의 모습이 자세히 보이기 때문에 파트너에게 비치는 내 모습을 사전에 점검할 필요가 있다. 또한 현명한 사업자라면 강사의 흐름에 거슬리는 행동은 자제해야 한다.

만약 내가 강의를 하는데 청중들이 하나같이 비디오를 꺼놓은 시커먼 화면을 보고 강의한다면 기분이 어떨까? 성숙한 사업자라면 자신의 파트너들이 있든 없든 늘 일하는 복장으로 앉아 있는 것이 기본이다. 그런 사람들은 형제 라인 사업자까지도 배려하는 성숙한 사람들이다. 훌륭한 그룹은 강사가 강의하는 동안 마치 전체가 오케스트라 단원이 된 듯 각자 역할에 일조한다.

네트워크 메신저의 촌철살인

강사는 마이크를 잡고, 사업자들은 앉아서 열정몰이를 하는 거야.

115

자신감 넘치는 모습, 겸손한 모습 중 어떤 게 나을까요?

Q. 고객들에게 자신감 넘치게 들이대는 게 나을까요? 아니면 겸손하게 대하는 게 나을까요?

겸손하지만 자신감 넘치는 태도로 고객을 대하는 게 좋다. 내가 고객을 대할 때의 태도는 평소에 내가 스스로 어떤 일을 하는 사람인지 정의를 내리는 것에 영향을 받는다. 일을 잘하는 네트워커는 단순히 제품을 판매하는 게 아니고 차원이 더 높은 일을 수행한다고 생각한다. 소비자에게 새로운 소비습관에 관해 얘기해주고 경제적 부를 누릴 수 있도록 안내해주는 컨설턴트의 역할을 하고 있다고 느낀다. 그러기 위해선 고객에게 친절하게 다가가고, 중저음의 톤으로 무게감을 실어 부드럽게 얘기해야 한다. 네트워커는 언제 누구를 만나더라도 인생의 해결책을 제시해주는 여유 있는 태도를 지닌 사람이어야 한다.

많은 사람을 사로잡고 싶다면 강압적인 방법을 사용해서는 안 된다. 그렇다고 무조건 친절하기만 하면 만만하게 보고 잡상인 취급을 당할 가능성이 크다. 그래서 온순하지만 자기중심을 잘 잡고 강단 있게 메시지를 전달할 줄 알아야 한다. 이러한 특성을 가진 사람들을 가리켜 '부드러운 카리스마'가 있다고 표현한다. 개그맨 유재석 씨가 여기에 해당한다. 이런 사람들은 겸손한 성품의 소유자로 누구와도 잘 어울리지만 자신의 철학이 확고해 함부로 대할 수 없게 만든다. 사람들은 본인보다 정신이 우위에 있는 사람들의 철학에 열광한다.

자기중심이 잘 잡혀있는 사업자들은 평소에 여유 있는 눈빛과 행동에서부터 남다름이 느껴진다. 그러나 여유로운 태도를 지니고 있어도 전문성이 없으면 타인을 설득할 수 없다. 뷰티와 헬스 산업에 종사하는 만큼 고객들에게 해결책을 제시할 정도의 제품에 관한 지식은 있어야 한다. 돈과 시간의 자유에 관해서 얘기해야 하므로 인생과 행복에 대한 본인만의 확고한 철학을 가지고 고객을 만나야 한다. 결국 나만의 철학과 삶에 대한 자세에서 고객들은 아우라를 느끼고 나를 추종하게 될 것이다.

네트워크 메신저의 촌철살인

부드러운 카리스마를 쌓아서 아우라가 느껴지게 해.

116

관계가 불편할 때 스폰서가 먼저 화해를 청해야 하는 거 아닌가요?

Q. 저는 상위 스폰서와 사이가 좋지 않습니다. 사업하는 데 크게 불편함을 느끼지 못하는데 파트너들이 제 눈치를 보는 것 같습니다. 화해의 액션을 취해야 한다면 스폰서니까 먼저 다가와 주어야 하는 거 아닌가요?

네트워크 마케팅을 할 때 지혜로운 사업자는 절대로 적을 쉽게 만들지 않는다. 이 사업이 사람의 마음을 움직이는 사업이고 평판이 중요한 사업임을 알기 때문이다. 모두가 내 편이 될 수는 없지만 최소한 타인에게 발목을 잡히지 않으려면 상대방을 자극하는 언행은 피해야 한다.

스폰서 없이도 사업을 잘할 것 같지만, 스폰서와 사이가 안 좋으면 결국엔 내 사업에는 손해다. 특히 스폰서끼리 사이가 좋지 않으면 파트너들은 어쩔 수 없이 둘의 눈치를 볼 수밖에 없다. 파트너를 위해서 또는 스폰서를 위해서 내 사업을 하는데 불편한 관계는 스스로 나서서 정리하는 게 좋다.

사이가 안 좋은 부모 사이에서 자란 자녀들은 정서적인 어려움을 겪는다. 성인이 되어서도 어린 시절에 겪은 마음의 상처로 고생하기도 한다. 특히 네트워크 사업은 스폰서들이 서로 대하는 태도와 문화들이 그대로 그룹에 복제된다. 파트너들은 자신이 본 대로 자연스럽게 자신의 파트너를 대한다. 서로를 위해주는 따뜻한 분위기에서 사업하는 파트너들은 훨씬 창의적이고 자신감 있게 사업을 한다. 스폰서니까 먼저 다가와 주는 것이 맞지 않냐고? 오히려 스폰서니까 먼저 사과하기 어렵고 급하지 않을 수도 있다. 사업을 잘하고 싶다면 내 감정을 분리하고 이성적으로 득실을 따져보면서 사업해야 한다.

네트워크 메신저의 촌철살인
꿈이 큰 사람이 도량이 더 넓은 거야.

117

파트너가 다재다능해서 감사한데 자꾸 저와 비교가 되네요

Q. 저에게는 뭐든지 스스로 알아서 잘하는 파트너가 있습니다. 사람들이 그 파트너를 좋아하고 잘 따릅니다. 저로서는 너무 감사한 일이지만, 때로는 저와 비교가 돼서 너무 위축되고 마음이 힘듭니다. 저는 어떻게 해야 할까요?

내가 손꼽는 답답한 사업자가 있다. 본인의 파트너들과 마음속으로 경쟁하는 스폰서다. 이들은 무엇을 위해 사업하는지 방향을 잘 모르고, 누가 아군인지 적군인지도 분간하지 못한다. 네트워크 사업에 성공하는 사람들은 비위에 좀 거슬려도 파트너의 마음을 수용하고 뒤에서 돈을 세는 사람들이다. 파트너와 스스로 비교하는 사람들은 눈에 보이지 않는 인기를 의식하고 인정 욕구가 더 중요하다. 나를 뽐내고 내가 주연이 되려고 한다면 그건 네트워크 사업에서 하수들이 하는 짓이다. 내가 성공하려면 파트너를 주연으로 만들어 성과를 내게 해야 한다. 그러면 결국 내가 빛이 난다. 사람들이 자녀를 모두 명문대에 보낸 부모에게 배우려고 애쓰는 이치와 같다.

네트워크 사업에서는 위로 올라갈수록 돈도 벌고 사람들에게 인정도 받고 명예가 따른다. 무대에서 인정받는 사업자들 중에는 돈을 벌기도 전에 인기를 누리는 데 익숙해져 곤란함을 겪는 사람도 있다. 네트워크 사업은 열정을 공유하는 교육 사업이라 교육에 뛰어난 몇몇 강사들은 연예인 못지않은 인기를 누린다. 그러나 그들의 그룹이 오랫동안 성장하지 못하면 스포트라이트를 받기 좋아하는 그들은 스스로 무너지고 만다. 이런 함정에 빠지지 않으려면 네트워크 사업을 하는 본질적인 목적과 목표에 맞게 사업을 해야 한다. 내가 사업하는 목적이 인기가 아니라면 나는 조연이 되고 파트너를 무대에 자주 세워 주연으로 빛나게 해야 한다. 그렇지 않으면 최종적으로 나만 뛰게 될 수도 있다.

네트워크 메신저의 촌철살인

배부른 소리로 들려. 그런 파트너가 있으면 업어줘야 해.

118

스폰서님이 형제 라인과 과도한 교류를 피하라고 하시는데, 왜 그럴까요?

Q. 저는 우리 라인, 타 라인 할 것 없이 두루두루 잘 지내는 걸 좋아합니다. 스폰서님은 형제 라인과 너무 긴밀히 교류하지 말라고 하시는데, 왜 그럴까요?

형제 라인의 사업자들도 내 스폰서의 한쪽이니까 그들과 좋은 관계를 유지하는 게 좋다. 스폰서는 그들과 잘 지내지 말라는 것이 아니라 과도한 교류를 피하라는 뜻으로 말한 것이다. 엄밀히 말하면, 형제 라인 사업자들이 주는 실질적인 도움은 없다.

사업자 중에는 아침 조회를 끝내고 현장으로 곧바로 나가지 않고 형제 라인 사람들과 넋두리를 풀어놓는 것으로 일정을 시작하는 사람이 있다. 분명한 목적 없이 얘기를 주고받다 보면 쉽게 부정적인 얘기에 빠져들게 된다. '남의 떡이 더 커 보인다.'라는 속담처럼 왠지 다른 사람이

하는 일은 쉬워 보이고 더 좋아 보이기 때문이다. 모든 라인의 환경은 서로 다른데 똑같은 잣대로 비교하면 불만을 유발시킬 수 있다. 사업에 해가 되는 행동은 원천 차단하는 것이 정답이다.

네트워크 사업을 하다 보면 사람들을 만나면서 많은 정보를 공유하게 된다. 현명한 네트워커들은 본인이 듣고 말하는 것을 잘 관리한다. 사업에 도움이 되지 않는 얘기는 함부로 하지 않을뿐더러 멘탈을 지키기 위해 가려서 듣는다. 특히 형제 라인 사업자들끼리는 타 라인 사업자들보다 비교적 허물없이 얘기를 주고받기 때문에 더더욱 조심할 필요가 있다. 같은 스폰서 밑에서 자칫 시기와 질투하는 마음이 더 클 수 있기 때문이다. 이것을 방지하려면 시간 관리에 힘쓰고 업무에 도움이 안 되는 사담은 자제하려고 노력해야 한다. 내 일에 집중하고 내 조직에 감사하는 마음이 있으면 시기하는 마음이 커지는 것을 막을 수 있다.

네트워크 메신저의 촌철살인

스폰서와 상담하면 해결책을 제시해주지만, 형제 라인 사업자와 나누는 사담은 네 사업을 교란시킬 수 있어.

119

스폰서님이 예전보다 저를 안 도와주시는데 어떻게 반응해야 하나요?

Q. 스폰서님과 한 줄을 공유하는 두 줄 바이너리 마케팅 사업을 하고 있습니다. 처음엔 스폰서님께서 공통 줄에 사람도 잘 가입하시고 많이 힘을 쓰시더니 점점 갈수록 힘을 빼시는 듯한 느낌입니다. 스폰서님께서 저를 열심히 도와주지 않는데 어떻게 반응해야 하나요?

두 줄 바이너리 사업에서 스폰서가 소실적을 중심으로 라인을 집중적으로 키우는 것은 당연한 일이다. 내 스폰서가 처음과 비교해 힘을 빼는 건 도덕적으로 비난 받아야 하는 것이 아니라 사업적인 포지션의 문제다. 바이너리 사업을 하다 보면 대실적, 소실적은 언제든지 바뀔 수 있으므로 구분하지 않고 둘 다 키우는 것이 정석이다. 그런데 내 스폰서가 처음부터 아예 돕지 않은 건 아니었으니 어느 정도 이해가 되는 부분이다. 그래도 스폰서가 나를 돌봐주기 바란다면 스폰서의 소실적이 되어야 한다. 그러면 스폰서는 다시 나를 돌보게 될 것이다. 그러나 스폰서의 도움을 받으려고 일부러 실적이 줄어들기를 원하는 사업자는 없을 것이다.

처음에 스폰서의 도움을 받아 조직을 키웠다면 이제는 독립해서 스폰서에게 도움이 되는 파트너가 되겠다고 마음을 먹어야 한다. 내 스폰서도 돈을 벌어야 언제까지나 내 옆에 있을 수 있다. 스폰서가 다른 쪽 후원에 힘을 쓰도록 배려하는 파트너가 진정 성숙한 사업자다. 더러는 스폰서에게 내 일은 스스로 할 테니 신경 쓰지 말고 반대쪽 하시라고 큰소리치는 파트너들도 있다. 모든 파트너가 스폰서의 도움에 의지하고 그것에 익숙한 건 아니다. 누군가에게 힘이 되어주고 싶다는 마음으로 사업하는 파트너도 많이 있다. 내가 그런 파트너가 된다면 스폰서들은 춤을 출 것이다.

네트워크 메신저의 촌철살인

도움을 받는 스폰서의 소실적이 되기보다 도움을 뛰어넘는 스폰서의 대실적이 되기를 욕심내야지.

120

스폰서님이 리더십이 부족한데 어떻게 보완해야 할까요?

Q. 제 스폰서님은 훌륭한 인품을 가진 분입니다. 늘 섬겨주시고 파트너들을 잘 보살펴주십니다. 그런데 다른 그룹과 비교해 리더로서 카리스마가 부족하여 강력한 통솔력은 없으십니다. 우리 그룹만 뒤처지는 것 같은 느낌이 있는데 어떻게 보완해야 할까요?

네트워크 사업에서 탄탄한 조직을 구축하기 위해 꼭 필요한 최고의 실력은 인품이다. 스폰서가 훌륭한 인품의 소유자라면 대단한 행운을 얻은 것이다. 기술적인 테크닉은 훈련으로 배울 수 있지만 사람의 인성은 쉽게 바뀌지 않는다. 스폰서의 부족한 면은 내가 좋은 참모가 되어 보완해주면 된다. 모든 훌륭한 리더 뒤에는 그를 빛나게 해준 헌신적인 참모의 역할이 컸다.

처음에 조직을 키울 때는 리더에게 강력한 카리스마나 유려한 말솜씨가 있으면 파트너들을 이끄는 데 도움이 된다. 그러나 네트워크 사업에서 스폰서의 리더십이 뛰어날수록 그 조직의 구성원들은 소극적이고 수동적으로 일하는 경향이 있다. 리더가 강력한 통솔력을 발휘하는 것도 강약을 조절해서 지혜롭게 해야 한다. 오히려 네트워크 사업에서는 스폰서가 인내와 포용력이 없으면 결코 파트너들과 끝까지 함께 갈 수가 없다. 요즘에 파트너를 섬기고 도와주면서 개개인의 잠재력을 이끌어내는 서번트 리더십이 더 높이 평가받는 이유다.

네트워크 메신저의 촌철살인

반짝 조직이 아닌 롱런 하는 조직이 되려면 서번트 리더십이 중요해.

미래의 행복을 바라면서 오늘의 행복을 미루지 말라

내가 경험한 네트워크 마케팅 사업은 뿌린 만큼 거두는 농부의 법칙이 적용된다. 세상에서 가장 공평한 사업 중에 하나라고 말하고 싶다.

기계와 인간 사이에 놓인 경계가 허물어지는 4차 산업혁명 시대에 사람의 손길을 갈망하는 인간 중심의 산업이 네트워크 마케팅이다. 그래서 내가 기본적으로 사람을 좋아하고 사람들을 돕는 정보를 제공하는 일을 즐거워한다면 나도 좋고 너도 좋은 형태의 사업을 하길 바란다. 남을 돕는 것을 좋아하는 사람에겐 이보다 더 좋은 도구가 없을 것이다. 또 계속해서 배우는 걸 즐기는 사람이라면 네트워크 마케팅을 반드시 직업으로 가져보라고 권유하고 싶다. 네트워커가 직업인으로서 자부심이 있는 이유는 직급과 소득이 늘어남과 동시에 마음도 성장한다는 것이다.

그러나 그렇게 되기까지 나만 특별한 존재라는 생각을 내려놓고 삶이 별것 아님을 받아들이기까지는 내적 고통이 수반된다. 그래서 끊임없이 자신을 객관적으로 성찰하고 남을 나보다 더 낫게 여기는 지혜가 필요하다. 네트워크 마케팅은 누구나 도전할 수 있지만 모두가 성공하는 사업은 아니다. 수많은 대가를 지불하면서 자기 정체성과 삶의 주도권을 회복시키겠다는 다부진 의지가 있는 사람만이 완주할 수 있는 마라톤 같은 경주이다.

나는 이 책을 통해서 자신의 삶을 주인으로 살겠다고 다짐하며 달려나가는 전국의 네트워커들을 격려하고 싶었다. 조금이나마 내가 실제로 경험했던 지혜들을 나누어 주려고 노력했다. 그런데 글을 다 쓰고 보니, 사업자들의 마음을 더 많이 어루만져 줄 수 있었을 텐데 나 또한 꼰대처럼 지루한 잔소리를 너무 늘어놓지 않았나 싶다. 수많은 실수를 하더라도 자신의 행동에 책임을 진다면 여러분은 봐줄 만한 사업자라는 말을 꼭 해주고 싶다.

나는 11년 동안 네트워크 마케팅 사업을 하면서 행복이라는 파랑새를 발견하게 되었다고 감히 말할 수 있다. 내가 깨달은 행복은 나 스스로 만족하는 삶이다. 인생을 살면서 피할 수 없는 수많은 일을 겪게 되는데 거기에 반응하는 내 태도를 만족할 만한 수준으로 내가 선택하면 된다. 내가 노력해서 바꿀 수 있는 일이라면 더 많은 노력을 쏟아부으면 된다. 내가 노력해도 바뀌지 않는 일이라면 내 마음이라도 달래주어야 한다.

법륜 스님은 “조건이 나쁠 때는 좋아지기만 바라느라 눈이 멀고 조건이 좋아지면 이제는 그 좋은 조건이 사라질까 봐 전전긍긍한다. 그러느라 한 번도 제대로 행복해 보지 못한 사이 시간은 쏜살같이 흘러간다.” 라고 말씀하셨다. 지금도 가족과 본인의 의미 있는 삶을 위해서 도전하는 전국의 네트워커들에게 미래의 행복을 바라면서 오늘의 행복을 미루지 말라는 말씀을 드리고 싶다. 직업인으로서 네트워커는 지금 내가 행복해야 다른 사람에게 행복한 삶을 안내할 수 있기 때문이다. 부디 경제적 자유를 획득해서 인간다운 삶을 살게 해주는 이 도구를 통해 행복한 척이 아닌 지금부터 당장 행복한 삶을 살아가길 응원한다.

그러나 혹시 여러분 중에 내가 잘못하지 않았는데도 상황이 따라주지 않는다면 일단은 버텨보라는 말씀을 드리고 싶다. 나 또한 앞으로 더 깊이 나 자신과 주위를 성찰하는 구도자로 살아갈 것을 약속드린다.

네트워크 메신저 ISU코치